Under Vitus Bering's Command/
Под командованием Витуса Беринга

BERINGIANA is a series of publications relating broadly to the explorer
Vitus Bering. Its scope encompasses Danish-Russian relations, exploration of the
North Pacific, Russian eighteenth-century culture and history, Siberian studies,
the history of Russian America.

Series Editor: Peter Ulf Møller at the Slavic Department, Aarhus University

The logo of the BERINGIANA series, designed by Lotte Bruun Rasmussen, is a free
variation on Vitus Bering's coat-of-arms. Its "bear" (German: Bär) and "ring" com-
ponents are drawn from the explorer's surname.

Under Vitus Bering's Command

New Perspectives on the Russian Kamchatka Expeditions

Под командованием Витуса Беринга
Новые перспективы в изучении Камчатских экспедиций

Edited by Peter Ulf Møller and Natasha Okhotina Lind
Под редакцией Петера Ульфа Мёллера и Натальи Охотиной-Линд

AARHUS UNIVERSITY PRESS

Under Vitus Bering's Command,
New Perspectives on the Russian Kamchatka Expeditions
Edited by Peter Ulf Møller and Natasha Okhotina Lind
© The authors and Aarhus University Press 2003
Publishing editor: Anette Juul Hansen
Cover: Lotte Bruun Rasmussen
Cover illustration: Vitus Bering? Portrait by an unknown artist,
mid-eighteenth century. The Navy Museum, St. Petersburg.
The small oil-painting (34 x 36 cm) belonged to Bering's great-
granddaughter, E.A. Tregubova, who lived in Moscow. She
donated it to the museum in 1945. Now disputed, it was long
considered a portrait of the seafarer.
Printed by Narayana Press, Gylling
ISBN 87 7288 932 2

Aarhus University Press
Langelandsgade 177
DK-8200 Århus N

Fax (+45) 89 42 53 70
www.unipress.dk

This publication has been supported by grants from the
Carlsberg Foundation and
Aarhus University Research Foundation

Contents/Содержание

Editors' Introduction

Most of the essays in this anthology originated in an international workshop on "recent results and new perspectives in the study of Vitus Bering and the two Russian Kamchatka-Expeditions".[1] The purpose of the workshop was to share insights from the increasing volume of research in several countries on these early eighteenth-century voyages of exploration, and to develop contacts and co-operation among scholars in this field. The participants were invited to focus on an aspect of their research that would give an idea of their current work's direction.

The anthology includes most of the formal presentations given at the workshop, but not all, regrettably. Nor does it reflect the many valuable contributions made by the participants in the course of the discussions.[2] On the other hand it publishes three essays that were not presented at the workshop,[3] and two other *addenda*.

The workshop's organisers – now also the editors of the resulting volume – would like to thank all workshop participants and all contributors to the anthology for their stimulating input. We are grateful to Anna Halager for permission to publish her translation of the Okhotsk letters, and to Gyldendal Publishers for allowing an English version of the letters, first printed in the original German and in Danish translation as part of a Gyldendal publication.[4] Julian Lewis and Patricia Lund-dahl kindly helped us edit articles submitted in English. Many thanks also to the Carlsberg Foundation and the Aarhus University Research Foundation for supporting publication of this book.

One clear theme in the recent study of Bering's expeditions has been the continuing debate on the real purpose of his first voyage. Carol Urness's paper takes us to the heart of this discussion. It began in 1977 when the American historian Raymond H. Fisher challenged the traditional view that Peter the Great had instructed Bering to find out whether Asia and America are separated or joined. Fisher argued that Bering's orders were in fact to find the route from Kamchatka to America. His interpretation found support in the work of the Russian scholar Boris Polevoi, who had been arguing along similar lines for some time.

Urness's 1987 book, *Bering's First Expedition: A re-examination based on eighteenth-century books, maps, and manuscripts,* was a major contribution to this discussion. Challenging both Fisher and Polevoi, she argued that the expedition's main task was mapping. Her contribution to the present volume summarizes her position and outlines plans for further research and publication.

Another distinct direction has been the renewed efforts, from several sides, to make a larger quantity of source material accessible to researchers. Russian archives hold an impressive volume of documents related to the Kamchatka Expeditions, especially the Second, and only a fraction of these have been published. It is quite clear, from various historiographic points of view, that much more deserves to be brought to light.

Several of the workshop participants are engaged in the study and publication of archival documents. Tatyana S. Fedorova is one who may even be said to have led the way. She was compiler-in-chief of an anthology of documents on Russian expeditions to the Northern Pacific in the first half of the eighteenth century, which included a selection of documents on the Kamchatka Expeditions (mostly from the Russian State Navy Archive in St. Petersburg).[5] When this anthology appeared in 1984, it was clearly the most important source publication in the field since A. Pokrovskii's bicentennial Bering volume in 1941.[6]

Fedorova's present contribution stems from her pre-eminent knowledge of the archival material. Her article deals with letters of denunciation and complaint written to the authorities in St. Petersburg by individual expedition members. These form a fascinating and relatively unresearched (though sadly abundant) category of sources, one that tells its own gloomy story about the atmosphere surrounding the expedition as time dragged on.

A somewhat different angle on the private life of the expedition officers is to be found in Natasha Okhotina Lind's contribution. Its title highlights the curious fact that Bering's wife, Anna Christina, brought a clavichord with her all the way from St. Petersburg to Okhotsk – and back again. It is equally remarkable that Bering brought his wife and their two youngest children with him all the way to the Pacific coast. Lind's article provides a very substantial update of information on the Captain-Commander's family life. This is largely based on sixteen recently discovered private letters, written by members of the Bering household in Okhotsk in February 1740. The complete text of the letters, originally in German, appears in English translation by Anna Halager in the Addenda section of the present volume.

Kamchatka Expedition documents are scattered in great numbers over several Russian archives. To some extent, this is the result of the historical development of the archival system and its individual institutions. Basically, however, it reflects the hierarchical government structure to which the Second Kamchatka Expedition was responsible in the days of Empress Anna Ioannovna. Bering and his Expedition had several masters. The expedition leadership had to submit reports to three organs of government: the Admiralty College, the Senate, and the Cabinet of Ministers. In addition, the Academic detachment of the Second Expedition belonged under the Academy of Sciences. Consequently, the main deposits of documents are in the Russian State Navy Archive (RGAVMF), the Russian State Archive for Ancient Documents (RGADA), and the St. Petersburg branch of the Archive of the Russian Academy of Sciences (PFA RAN).

The fact that the Second Kamchatka Expedition was involved with several arms of government over an extended period of time, makes it an interesting case from the perspective of administrative history and law, as pointed out by the Moscow archivist Evgenii E. Rychalovskii. His paper focuses on the role played by the Cabinet of Ministers in the governmental management of the Expedition. The Cabinet, headed *de facto* by Vice-Chancellor A.I. Osterman, held a unique position among the highest institutions of government in the years 1731-1741. Rychalovskii outlines briefly the emergence and the functions of the Cabinet, and the increasing power of the Ministers. His thoroughly documented study moves on to examine the relations between the Cabinet, on the one hand, and the Senate, the Admiralty College, and the Siberian Office (Sibirskii prikaz), on the other.

Special attention is given to Osterman's personal role in launching and controlling the Expedition. The Okhotsk letters indicate that Bering and his wife were personally acquainted with Osterman. Rychalovskii's findings confirm the existence of a personal relationship, with Osterman acting initially as Bering's protector, but later assuming a more critical posture. An unrealized project to replace Bering as commander of the Expedition with Spangberg in 1740 seems to bear Osterman's imprint.

Archaeology is another new direction in the study of the Kamchatka Expeditions. At the workshop, Danish archaeologist Svend E. Albrethsen, a participant in the Danish-Russian expedition to Bering Island in 1991, gave the workshop an informal presentation with slides from the various stages of the archaeological work, the results of which included

the unearthing of Bering's skeleton.[7] A further result of this discovery
has been that the identity of the only known portrait of Vitus Bering,
reproduced on the cover of this volume, is now being questioned by
experts in forensic medicine who claim that the excavated skull does
not match the proportions of the portrait's face. Reconstructions on
the basis of the scull have lead to the appearance of new experimental
images of Bering in Russia.

Not only the visual image of Bering, but also the verbal ones, have
been subjects to change. Peter Ulf Møller's article is a comparative study
of the images of Bering in Russian and in Danish historiography of the
Expeditions, in their order of appearance, from the eighteenth century through the twentieth. Russian historiography has, most broadly
speaking, been divided between praising the Expeditions' achievements
and criticising their foreign leadership. This contradiction in terms,
or "voprekizm" ("in-spite-of-ness"), to use a term from Soviet literary criticism, became an important indication of political correctness
under post-war Stalinism, when the ideological struggle against "cosmopolitanism" also made itself felt in what was being written about the
Expeditions. Unsurprisingly and probably without exception, Danish
historiography is well-disposed towards the Danish sailor who became
a famous explorer in the Russian service. Danish writers find favour-
able interpretations of the few, crucial episodes that usually provide
the starting point for more critical renderings of Bering.

The author of the article is hopeful that further publications of archival documents will cast further light on Bering's activities and take
creators of his future images beyond the current stereotypes. After all,
few sailors have written as much as Bering did, albeit that most of his
writing was in bureaucratic prose.

The professors from the Academy of Sciences who travelled with
the Second Expedition, were, of course, far more prolific writers than
Bering. The study of their output, both published and unpublished, and
the publication or republication of parts of it, forms another distinct
direction in recent work on the Expedition. Six of the contributions to
this volume may be seen as parts of this process.

The first is by Dittmar Dahlmann, who recently edited an abbreviated and annotated new edition of Johann Georg Gmelin's four volumes
of *Reise durch Sibirien von dem Jahre 1733-1743*, originally published in
Göttingen 1751-52.[8] His essay on Gmelin and the Second Kamchatka
Expedition provides an introduction to the Academic detachment, its

members and tasks, as well as to the "methodisation" of scientific journeys, of which the Kamchatka Expedition was "the first highlight",
marking the beginning of the era of expeditions. The focus of the essay is, however, on the "inner structure" of the expedition, including
differences in goals, social, economic and cultural backgrounds, and
salaries among the participants. It offers a key to understanding the
many personal conflicts that marred the great undertaking.

Dahlmann argues convincingly that "the people involved here had
hierarchies in their heads, and attempted to magnify their glory, their
reputation and their survival". He refuses to call the problems that the
German scholar Georg Wilhelm Steller had with Bering and his naval
officers during the American voyage "a tragic conflict". Instead, they
were an inevitable and necessary argument between people pursuing
different goals and interests. The governmental institutions in charge
of the expedition never paid any serious attention to these conflicts.
But recent scholarship does, as Fedorova's essay also shows.

Professor Gmelin was responsible for natural history research within
the Academic detachment. No less important was his colleague and
compatriot, Gerhard Friedrich Müller, responsible for ethnography
and history, including the history of the expedition itself. Müller left
an enormous collection of manuscripts. A considerable part of them
(though not all) are in Müller's personal archive (fond 21) in the St.
Petersburg branch of the Archive of the Russian Academy of Sciences
(PFA RAN). Another important depository for Müller documents is
the RGADA in Moscow.

At the time of the workshop, Vladimir S. Sobolev was still director of the PFA RAN in St. Petersburg. His paper offers a very useful
overview of the contents of the Müller archive. Roughly one-third of
the 1,250 files relate to the Second Kamchatka Expedition. Sobolev is
now Director of the Navy Archive (RGAVMF), also in St. Petersburg.
He has been very active in international co-operation on publication
projects and is co-founder with Wieland Hintzsche of the German-
Russian publication series *Quellen zur Geschichte Sibiriens und Alaskas
aus russischen Archiven,* published in Halle and Moscow.

Gudrun Bucher has been using material from the Müller Archive at
PFA RAN, St. Petersburg to study the ethnographical dimension of the
Academician's work. During the Second Kamchatka Expedition Müller was to describe the many different Siberian peoples. In his efforts
to accomplish this task in a systematic way, he eventually compiled a

list of no fewer than 923 questions to be answered in each description of an aboriginal Siberian people. The questionnaire was set down by Müller in an instruction of 1740 to Johann Eberhard Fischer, who was being sent out from St. Petersburg to replace him as historian with the Expedition.

As Bucher sees it, the Second Kamchatka Expedition's contribution to the development of ethnography as a separate science has been much neglected in the history of ethnography so far. In fact, Müller had created the new science, later to be called ethnography. Only the name was missing, although Müller came quite close by using the German term "Völker-Beschreibung". Bucher is also the author of a recently published doctoral dissertation on Müller and ethnography.[9]

Aleksandr Khr. Elert has also been to the archives to study Müller's documents. He is the author of several books and articles on Müller and the indigenous peoples of Siberia, including his doctoral dissertation.[10] The present article is based on Müller's unfinished "Description of the Siberian Peoples" and other unpublished ethnographic works in RGADA that have not previously been the object of scientific investigation.

Russian contacts with different Siberian peoples took various forms. Elert's article reminds us of the vastness of Siberia by focusing on regional differences in the ways in which the Russian colonisers and the indigenous peoples of Siberia met and lived with each other. Müller's ethnographic works throw historical light on this important question. Unlike his "History of Siberia" (published in parts), where the relations between the Russians and the Siberian aborigines are seen only from the Russian side, they testify to his detailed understanding of the other side as well. Müller also understood that the Russian side was not the same everywhere, and that the specific composition of the Russian population in different places was important. In Müller's opinion, however, only the Russian peasants exercised a "civilising" and useful influence on the aborigines.

Dittmar Dahlmann's second contribution to our volume is also on Müller. It introduces his personal correspondences with two learned friends, the mathematician Leonhard Euler and the geographer Anton Friedrich Büsching, one during and one after the Second Kamchatka Expedition. Both correspondences provide a variety of interesting, curious, and often surprising information about the three distinguished letter writers. Everyday expedition life appears in glimpses, and we also learn about the academic discussions that arose in Europe when information about the Second Kamchatka Expedition eventually began to leak out of Russia.

Though only a junior member of the Academic Detachment, Steller may well be the most widely known of the German scholars on the expedition as he actually travelled with Bering, accompanying him on his last voyage, to Alaska. He was also a prolific writer. His diary from the American voyage, edited by Pallas and published posthumously in 1793, gave a highly readable eyewitness account with dramatic highlights such as the wreck of Bering's ship on an unknown island and the Captain-Commander's death.[11] The whole adventurous voyage was narrated with vigour and even passion, and harsh judgements were passed on fellow travellers. Müller's earlier, more scholarly account seems very buttoned-up by comparison.

Neither Pallas' edition, nor the earlier, also posthumous publication of Steller's description of Kamchatka,[12] exhaust Steller's body of writing. Wieland Hintzsche, editor-in-chief of the publication series *Quellen zur Geschichte Sibiriens und Alaskas aus russischen Archiven* mentioned above, has been tracking down original Steller documents in Russian archives for years. His workshop paper gives an overview of Steller's travel journal. There is evidence that Steller kept a journal from his departure from St. Petersburg in 1737 to his return to Kamchatka from Bering Island in 1742, and perhaps even up to his departure from Kamchatka. Several parts of it have been found, but not all. Hintzsche, in co-operation with others, has published several volumes of Steller's literary remains.[13]

Natasha Okhotina Lind's second contribution is partly an article, partly a publication of archival material. It takes us into a fateful period in the study of the Kamchatka Expeditions in the Soviet Union, when the recreation of the past was most directly affected by events in the present. It examines the grandiose academic plans to mark the bicentenary of Bering's death in December 1941, which were upset by Hitler's attack in June. It also looks at a prominent Russian scholar in this field, the historian A.I. Andreev, who was arrested in 1929 in connection with the infamous "Academic trial", on the basis of charges fabricated by the OGPU, and was exiled to Siberia until 1935. His published work includes the much admired 1940 edition of the account of the Second Kamchatka Expedition by Bering's lieutenant, the Swede Sven Waxell.[14] Many of Andreev's works about Siberia and the Kamchatka Expeditions were never published, but some have been preserved in Andreev's personal archive in the St. Petersburg branch of the Academy Archive (PFA RAN). Lind reproduces his outline for a large unpublished anthology of documents. After the war scholars had to take new ideological guidelines into consideration. Lind's publication of two readers' *dicta* on a rejected book by S.I. Baskin, provides samples of the academic atmosphere under post-war Stalinism.

The Addenda section provides an English rendering, as noted, of the Bering family's private letters from Okhotsk in February 1740, by Anna Halager. In addition, it contains a bibliography on Bering and the Kamchatka Expeditions, compiled by Peter Ulf Møller.

Natasha Okhotina Lind   Peter Ulf Møller

Notes

1   Held at the University of Copenhagen 4-5 December 1998, with 21 registered participants from Canada, Denmark, England, Germany, the Netherlands, Russia, Switzerland, and the United States, and funded by the Carlsberg Foundation as part of a research grant.

2   The workshop also benefited from papers by Rudolf Mumenthaler-Stofer, Sigurd Rambusch, Han F. Vermeulen, and Christiaan Zandt, from informal presentations by Svend E. Albrethsen, Jan Oelker, and Ulli Wannhoff, and from the active participation of Hans Bagger, James R. Gibson, Anna Halager, and Keith Hill.

3   By Aleksandr Elert and Dittmar Dahlman, both on G.F. Müller, and Natasha Okhotina Lind, on A.I. Andreev.

4   In: Natasha Okhotina Lind & Peter Ulf Møller (1997) *Kommandøren og konen. Arkivfund om danske deltagere i Vitus Berings ekspeditioner.* Copenhagen: Gyldendal. The Okhotsk Letters were transcribed from the German manuscript and translated into Danish by Leif Hernø.

5   Т.С. Федорова (отв. сост.) (1984) *Русские экспедиции по изучению северной части Тихого океана в первой половине XVIII в. Сборник документов* (= Исследования русских на Тихом океане в XVIII - первой половине XIX в.), Москва.

6   Покровский, А. (ред.) (1941) *Экспедиция Беринга*, сборник документов, Москва.

7   Cf. Albrethsen, Svend E. (1993) "Vitus Bering's second Kamchatka expedition — the journey to America and archaeological excavations on Bering Island", in: Jacobsen, N. Kingo (ed) *Vitus Bering 1741-1991*, English edition. Copenhagen (= Kulturgeografiske skrifter, bd. 13, nr. 2), pp. 66-96.

8   Gmelin, Johann Georg (1999) *Expedition ins unbekannte Sibirien* (= Fremde Kulturen in alten Berichten, Band 7). Herausgegeben, eingeleitet und erläutert von Dittmar Dahlmann, Sigmaringen.

9   Gudrun Bucher (2002) *"Von Beschreibung der Sitten und Gebräuche der Völcker": die Instruktionen Gerhard Friedrich Müllers und ihre Bedeutung für die Geschichte der Ethnologie under der Geschichtswissenschaft,* Stuttgart (= Quellen und Studien zur Geschichte des östlichen Europa, 63).

10   Элерт, А.Х. (1999) *Народы Сибири в трудах Г.Ф. Миллера,* Новосибирск.

11   Steller, Georg Wilhelm (1793) *Reise von Kamtschatka nach Amerika mit dem Commandeur-Capitän Bering...,* Ed. Peter Simon Pallas, St. Petersburg.

12   Steller, Georg Wilhelm (1774) *Beschreibung von dem Lande Kamtschatka,* Frankfurt und Leipzig.

13   Штеллер, Георг Вильгельм (1998) *Письма и документы 1740.* Ред. коллегия тома Виланд Хинтцше, Томас Николь, Ольга Владимировна Новохатко. Москва (= Источники по истории Сибири и Аляски из российских архивов, том I).
     Steller, Georg Wilhelm (2000) *Briefe und Dokumente 1740.* Herausgegeben von Wieland Hintzsche, Thomas Nickol und Ol'ga Vladimirovna Novochatko, Halle (= Quellen zur Geschichte Sibiriens und Alaskas aus russischen Archiven, Band I).
     Steller, Georg Wilhelm, Stepan Krašeninnikov, Johann Eberhard Fischer (2000) *Reisetagebücher 1735 bis 1743.* Bearb. von Wieland Hintzsche unter Mitarbeit von Thomas Nickol, Ol'ga Vladimirovna Novochatko, Dietmar Schulze, Halle (= Quellen zur Geschichte Sibiriens und Alaskas aus russischen Archiven, Band II).
     Steller, Georg Wilhelm (2001) *Briefe und Dokumente 1739.* Bearb. von Wieland Hintzsche unter Mitarbeit von Thomas Nickol, Ol'ga Vladimirovna Novochatko, Dietmar Schulze, Halle (= Quellen zur Geschichte Sibiriens und Alaskas aus russischen Archiven, Band III).

14   Ваксель, Свен (1940) *Вторая камчатская экспедиция Витуса Беринга.* Под редакцией А.И. Андреева. Перевод с рукописи на немецком языке Ю.И. Бронштейна, Ленинград – Москва.

—

The First Kamchatka Expedition in Focus

Carol Urness
(James Ford Bell Library, University of Minnesota)

The title for this presentation was chosen because the research I have done in Russian history, using 18th century sources primarily, focuses on the First Kamchatka Expedition of 1725-30. Underlying this research has been the question: "Why was this expedition undertaken?" Since the purpose has been debated, identifying the purpose or purposes of the expedition is important to the reputations of the Russian Navy, which carried out the expedition; of the instigator of the expedition and the founder of the Russian Navy, Peter the Great; of its officers: Vitus Bering, Alexei Chirikov, Martin Spanberg; and of other members of the expedition. Why did these men travel from St. Petersburg to Kamchatka and beyond on a journey that lasted from the beginning of 1725 to March 1, 1730? Why did they build a ship in Kamchatka and sail it northward along the coast?

I believe that the First Kamchatka Expedition has been belittled by those researchers who have assumed: 1. That the expedition was sent to explore the eastern end of a possible Northeast Passage from Europe to the East or 2. That the purpose of the expedition was to find a route to America from Kamchatka. I concluded, nearly two decades ago, that the primary purpose of the Expedition was to make an accurate map of Russia from Tobolsk eastward. I am not the first person to stress the importance of mapping. Nor do I say that mapping was the only purpose. But literature on the expedition continues to be tainted with the "failure syndrome" related, on the one hand, to those who adhere to the Northeast Passage purpose (since the ship did not sail westward far enough to prove the possibility of reaching the Kolyma River) or on the other, by the proponents of the "find America" purpose. The expedition did not attempt to find America, and did not view America on the passage through Bering Strait. (I have never been able to understand what difference the sighting would have made in any case). Both the Northeast Passage and the "find America" adherents have put too narrow focus on the expedition in my opinion. The economic purpose of discovering new sources for furs is obvious. The political importance of the expedition for Russian control over Siberia is clear; for example, Vitus Bering submitted recommendations for the government and development of Kamchatka. Mapping, in my view, was the single most important purpose of the expedition. It was not the only purpose. In my research on the expedition I have found nothing that has changed my views on the importance of mapping.

Captain James Cook receives high praise for his work in mapping during all of his voyages, particularly his expedition to the North Pacific, when he visited many areas that the Kamchatka expeditions had mapped decades earlier. While the great map resulting from the First Kamchatka Expedition preceded Cook by many years, it remained unrecognized as a major accomplishment in the history of cartography. That is a shame. The outward course of the expedition, from St. Petersburg to Kamchatka and on through the Bering Strait, is roughly equal in distance to a journey from Point Barrow, Alaska southward through Central America to Bogota, Columbia. The map that was made during the expedition was the first to show accurately Russia east of Tobolsk. In spite of this, the expedition is usually considered to be only a puny effort before the grandiose Second Kamchatka Expedition.

How important is a map? One good reason to make a map is to establish claims to ownership. The mapping done in France and Sweden could have been the model for Peter the Great. Still, he had a strong interest in mapping which may have developed without any foreign influence. Peter the Great owned maps, he studied maps, and he ordered maps to be made of Russia by Russians and by foreign mapmakers (Cornelius Cruys, *Nieuw pas-kaart boek*, [Atlas of the Don River] Amsterdam: H. Doncker, 1704). In Paris, the Jacques Cassini map on the floor of the Royal Observatory was continually refined by astronomical observations from distant parts of the earth. When Peter the Great was in Paris in 1717 he no doubt visited the Observatory and saw the Cassini map. At least we know that he discussed geography knowledgeably with Guillaume Delisle during this visit. In any case, Peter the Great's interest in maps is well-documented (Urness, 1993, 24-34; Hughes, 1998).

Raymond H. Fisher's *Bering's Voyages: Whither and Why?* was published in 1977. This book, which built on earlier research and writing by Boris P. Polevoi, declared the longstanding belief that the First Kamchatka Expedition was ordered to explore the North Pacific as part of the search for a Northeast Passage wrong. Instead, Fisher and Polevoi proposed the thesis that Peter the Great had wanted Bering to sail to America, by a route southeast along a land called Essonis (or Jedso, Jesso) on some early maps. I thought it was an interesting idea and that the book was convincing. But I noted that Fisher had not used a number of eighteenth-century travelers' accounts and maps that are in the James Ford Bell Library at the University of Minnesota. I began my own research by studying these sources. I did not find much support for the Fisher/Polevoi thesis. I did find much interest on the part of 18th century commentators who noted the importance to western Europe of discovering a Northeast Passage.

Some of the authors I studied were Nicolaas Witsen, Evert Isbrand-szoon Ides, Philippe Avril, John Perry, Friedrich Christian Weber, Peter Henry Bruce, and Johann Bernard Müller. These men commented on the Russian route for trade with China and/or the Northeast Passage. The result: these observers reported that the interior route to China was said to be difficult, but it worked. Russia already had what Europeans coveted: trade with China (Foust, 1969). The Russian search for a northern sea route had not ended, but the prospects for it were poor, not because of any land barrier, but because of ice. For example, Bruce (1692-1757) wrote that the Russians "found that it [a Northeast Passage] was impracticable, by reason of the many large shoals of ice, like islands, floating upon those seas." (Bruce, 1782, 175). The area of the Ob River was little known because of the hostility toward the Russians of the people living there.

Many Russian maps of the 17th and 18th centuries reproduced in the *Atlas geograficheskikh otkrytii v Sibiri i v severo-zapadnoi Amerike*, edited by A.V. Efimov, show no land connection between Asia and America. Worth particular note is the map by Atlasov dating from 1699. Several of these maps were made prior to the First Kamchatka Expedition. My research on maps of Russia made by European mapmakers showed similar results. The early maps of Nicolaas Witsen (1687) and Guillaume Delisle (1706, following Witsen) showed an unclosed promontory in the northeast corner of Asia ("whose end is unknown"). These maps have been cited as evidence that the expedition was exploring the area to determine whether Asia and America were joined, in connection with the search for a Northeast Passage. But Witsen (1705) and Delisle (1720) made maps with the promontory in the northeast closed, and no land connection between the two continents. These maps were based on information received from Russia. In addition, the Ides book, published in 1704, which Witsen said he wrote, cites the difficulty of sailing around "Ice Cape" on account of the ice. The map with the book shows northeastern Siberia without any promontory at all. The barrier to a Northeast Passage was declared to be ice, not land.

The brief three-point instructions Peter the Great gave for the expedition have been the subject of different interpretations. The instructions read as follows in the translation by E.A.P. Crownhart-Vaughan, of Evgenii G. Kushnarev, *Bering's Search for the Strait: The First Kamchatka Expedition, 1725-1730:*

1. You are to build one or two boats, with decks, either in Kamchatka or in some other place.

2. You are to proceed in those boats along the land that lies to the north, and according to the expectations (since the end is not known), it appears that land [is] part of America.

3. You are to search for the place where it is joined to America, and proceed to some settlement that belongs to a European power; or if you sight some European ship, find out from it what the coast is called, and write it down; go ashore yourself and obtain accurate information; locate *it on the map* and return here (Kushnarev, 1990, 9-10).

There are many other translations. An extensive study of the instructions convinced me that: 1. The instructions can be interpreted to fit any theory about the purpose of the expedition and 2. The instructions cannot be understood without the conception of the geography that lies behind them. By placing the instructions in the context of maps made *at the order of Peter the Great* by Johann Baptist Homann of Nuremberg, I believe the instructions are clear.

Polevoi and Fisher, in their study of the instructions, postulated that Peter wanted the expedition to sail southeast from Kamchatka. This is a problem, because Bering then had to either: 1. Misunderstand his instructions or 2. Deliberately disobey them. Kushnarev, in the English translation of his book, rejected the Fisher/Polevoi thesis. (The Russian original was published before the Fisher/Polevoi thesis). The map that Fisher/Polevoi felt was used by the expedition was made by Johann Baptist Homann (Map I). But I don't believe that this is the map that was given with the instructions. It is a simple map, without a scale or a grid, hardly the kind that would be provided for a major expedition. Certainly much better maps had been made earlier by the Russians themselves, and for Russians by others. Homann was a copyist, who made his maps of Russia based on information supplied to him from

Map I (cf. p. 20)

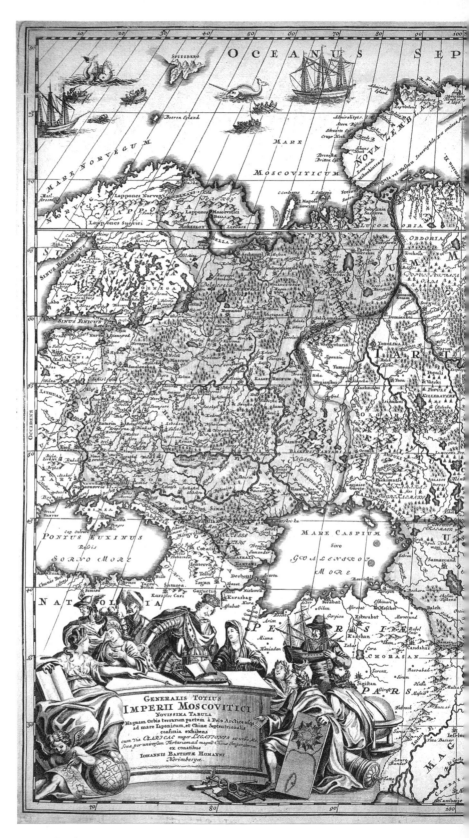

Map II (cf. p. 26)

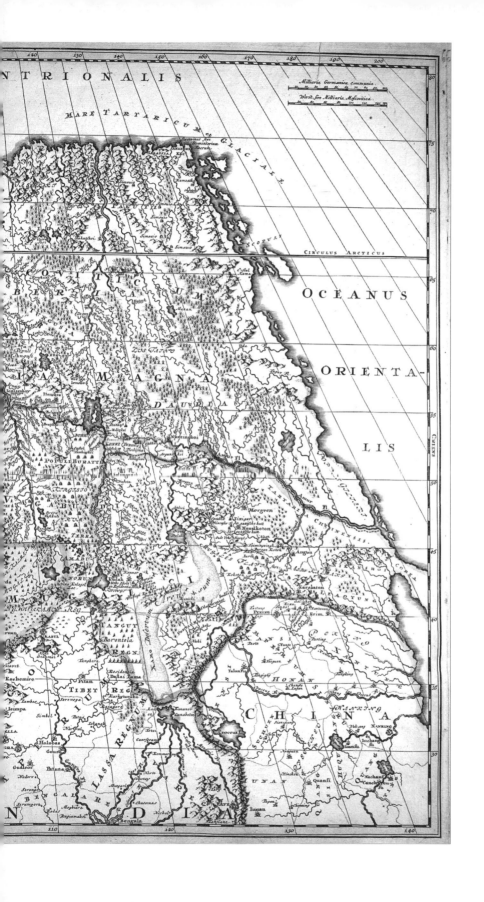

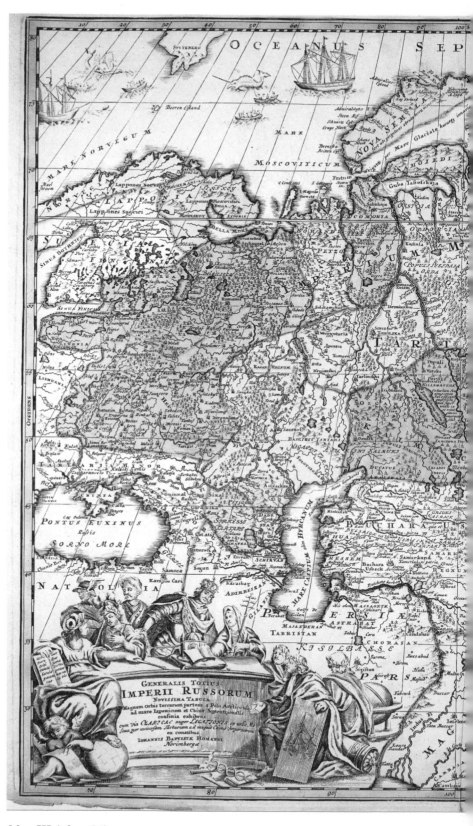

Map III (cf. p. 26)

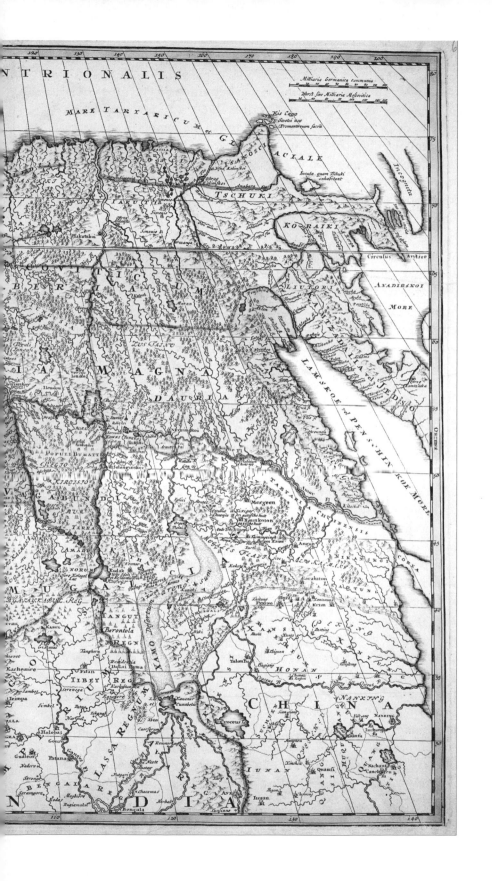

Russia. In February, 1723, Homann was rewarded by Peter the Great for his services as a mapmaker (Sandler, 1960, 49). Homann wrote in a letter of 17 June 1723 that he had made the map of Kamchatka ("Kamtzedalie oder Jedso") some years earlier. In the same letter he said that he had been asked to change the title of his general map of Russia from "Moscowitisch" to "Russisch". He said that he had done this recently. There were other changes on the new map, including a different configuration of the Caspian Sea and major changes in the northeast (Warep, 1963, 310; Maps II and III).

With this picture of the geography of northeastern Siberia, the instructions are clear. The expedition was to explore the land called "Incognita" on the map, because the northern part of the land was unknown and some people believed that it was connected to America. If the land was connected, the expedition was to follow it to attempt to reach some European harbor or ship. Ray Fisher felt that the latter Homann map of Russia could not have been used by the expedition because it appeared in an atlas of 1725 and was therefore unavailable early in 1725. But, Johann Baptist Homann died in December of 1724; the atlas was a collection of maps he had made. The atlas is dated 1725; the Homann maps were made prior to 1725.

With the Homann map of 1723, the events of the voyage along the Kamchatka coast become clear. The ship followed the coast northward along Kamchatka, and the men were mapping as they went. This was the same work they had been doing from Tobolsk eastward. The coast did not go straight north, however, as the map they followed indicated, but was found to go much farther to the east than was expected. With the course going so far eastward they were convinced, rightly so, that they had sailed east of the "Incognita" land on the map, and that it was part of Siberia (Map IV). At the turn around point, Alexei Chirikov stated: "The land of the aforesaid nos, about which the opinion has been that it is joined with America, is separated by the sea" (Fisher, 1977, 84). Fisher wrote: "I have accepted Polevoi's thesis that Peter's phrase 'the land which goes to the north' referred to the unnamed land east of Kamchatka on the Homann map. But it must be admitted that that description can apply as well, if not better, to the finger of land north of the unnamed land and east of the Chukotsk Peninsula in the upper right hand corner of the Homann map. It too goes to the north, and since its northern end is left open, its end is not known. Could this be the northward-going land Peter had in mind? If it were, then, he must have wanted Bering to sail north along the east coast of this land to its supposed union with America and thence south to a city of European possession" (Fisher, 1977, 106).

As noted, Evgenii Kushnarev rejected the Fisher/Polevoi thesis. He returned to the view that the First Kamchatka Expedition had as its purpose the search for a strait between Asia and America. He wrote "They [Peter and his associates] understood that the resolution of the question of a strait, in which scholars throughout the world were keenly interested, would confer great prestige upon Russian science" (Kushnarev, 1990, 17). While Kushnarev placed the expedition in the context of a great mapping effort in Russia: "It is very significant that on one day, 23 December 1724, he [Peter the Great] signed two ukazes: one ordered work to be speeded up in compiling a map of all the *gubernias* and *uezds*; the other organized the First Kamchatka Expedition" (Kushnarev, 1990, 19). Unfortunately, in my view, Kushnarev did not place enough value on the map that resulted.

How did the idea that the expedition was searching for a part of the Northeast Passage get planted? That was what interested observers wanted, part of a long dream of an easy water route to the East. When Vitus Bering returned to St. Petersburg in March, 1730, one man waiting to discuss the expedition with him was Joseph Nicolas Delisle, younger brother of Guillaume Delisle. Delisle was a member of the Russian Academy of Sciences, brought to St. Petersburg particularly to work on mapping. Gerhard Friedrich Müller, who taught history and geography at the Academy, served as translator between the two. Müller was editor of the *St. Peterburgische Zeitung* and its Russian counterpart *Sanktpeterburgskiia Vedomosti*. An article about the expedition appeared on March 16th (Urness, 1987, 155-56.) In this article the stress is on the possibility of a Northeast Passage (the interest of Delisle and Müller) and the statement is made that: "unless impeded by the Northern Ice, Men might go by sea from Lena to Kamtschatka, and from thence to Japan, China, and the East-Indies: and if the Inhabitants of the country may be believed, a Ship from Lena arriv'd at Kamtschatka 50 or 60 years ago. The Captain brings a Confirmation, that the Country joins to Siberia in the North." What country is Bering talking about? I believe it is the country called "Incognita" on the Homann map, or "Puchotzkoi" on some other maps. Delisle and Müller wanted to know about a Northeast Passage. The expedition was seen by them in the Northeast Passage context, and has been by many scholars ever since. By contrast, in the "Short Account" of the expedition that Bering prepared for the Admiralty, there is no mention of a Northeast Passage!

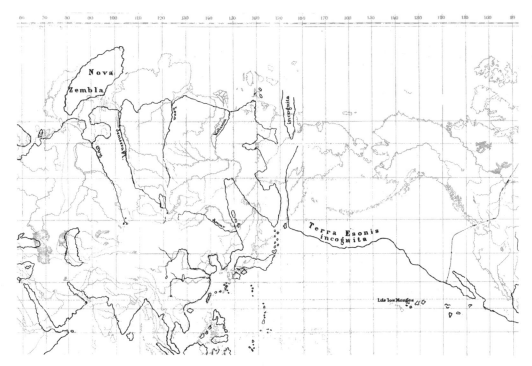

Map IV (cf. p. 26). Redrawn from a map by Christian Sandler, *Johann Baptista Homann, Matthäus Seutter und ihre Landkarten: Ein Beitrag zur Geschichte der Kartographie*, Amsterdam: Meridian Publishing Co., 1965. (Originally published in *Mitteilungen des Vereins für Erdkunde*, Leipzig, 1894-95, pp. 1-38).

As part of my research I have studied various editions and translations of the "Short Account" of the expedition. When the opportunity arose to prepare a new translation and edition of Gerhard Friedrich Müller's accounts of the Russian voyages in the *Nachrichten von Seereisen*, 1758 (*Sammlung russischer Geschichte*, III), I did that. Müller wrote, about the voyage in 1728, that "He [Bering] directed his course to the northeast, as the coasts of Kamchatka (which he generally had in view) led him. His main endeavor was to describe these coasts as accurately as possible on a map, in which he succeeded fairly well – at least we still have no better map of the area than his to which to refer" (Urness, 1986, 70). Through this work I was convinced that the Northeast Passage emphasis was the product of the dream of finding the passage, not from the expedition itself. I am sure that Müller wrote *A Letter from a Russian Sea-Officer* (French, 1753; English 1754) based on the journal of Sven Waxell. It is a great pity that the latter's journal was not published until 1952 and thus has never had the attention that it deserves. In any case, the translation also showed how hard Müller worked to fight the misconceptions about Russian discoveries that were prevalent in western Europe. He spent far too much time debating scholars whose minds could not be changed.

A more recent survey of biographies about Vitus Bering convinced me that the negative images of him were based on two decisions that he made during the two expeditions. The first was the decision to turn back on the voyage that proceeded north through the strait that now bears his name. For those who believed that the expedition was to determine the possibility of a North East Passage along northeastern Siberia, Bering's decision to turn back with no apparent explanation was cowardly. They would have preferred him to have continued westward to the Lena River, northward to ice, or eastward to America. Bering stated that he had completed his mission. The second decision was to leave America quickly. It is obvious that this was not a wrong decision–even Bering's worst critics have to admit that it was a sound decision, since the ship was unable to reach Kamchatka but instead was wrecked on Bering Island. In both cases the critics fail to understand the mapping that was to be done by both. This is elaborated in *Bering and Chirikov: The American Voyages and their Impact*, edited by O.W. Frost. My most recent study of Russian mapping (Пayсox, 1997) has put the mapping done by the First Kamchatka Expedition into the continuum of maps made in Russia between 1715 and the 1800.

At present I am working with four others – Tatiana Fedorova (transcription, commentary on Bering and Chaplin), Bertrand Imbert (navigation), Victor Sedov and Janis Cers (translation) to produce a new edition and translation of the logbook of the First Kamchatka kept by Peter Chaplin. The logbook documents the long journey across Siberia, and is itself a corrective for the many commentators who focus only on the voyage part of the expedition. There is much description of weather, of fording rivers and tired (and dead) horses. The expedition moves on the water; it moves on land, the men eat lunch; they prepare for the night. They inch across Siberia, carrying provisions and supplies. The record is relentless...

In this logbook the expedition is mapping, mapping... That, for me is the importance of the First Kamchatka Expedition. It continues to be my view until someone discovers sources that will prove, once and for all, what the true purposes of the First Kamchatka Expedition really were. I will be happy to have the question answered, no matter what the answers may be.

Bibliography

Bruce, Peter Henry. *Memoirs of Peter Henry Bruce, Esq., a military officer, in the services of Prussia, Russia, and Great Britain.* London: Printed for the author's widow, 1782.

Ефимов, А.В. *Атлас географических открытий в Сибири и в северо-западной Америке.* Москва: Наука, 1964.

Fisher, Raymond H. *Bering's Voyages: Whither and Why?* Seattle: University of Washington Press, 1977.

Foust, Clifford. *Muscovite and Mandarin: Russia's Trade with China and Its Setting, 1727-1805.* Chapel Hill: University of North Carolina Press, 1969.

Frost, O.W., editor. *Bering and Chirikov: The American Voyages and their Impact.* Anchorage: Alaska Historical Society, 1992.

Haycox, Stephen E., James Barnett, and Caedmon Liburd, editors. *Enlightenment and Exploration in the North Pacific, 1741-1805.* Seattle and London: University of Washington Press, 1997.

Hughes, Lindsey, editor. *New Perspectives on Muscovite History: Selected papers from the Fourth World Congress for Soviet and East European Studies, Harrogate, 1990.* New York: St. Martin's Press, 1993.

Hughes, Lindsey. *Russia in the Age of Peter the Great.* New Haven: Yale University Press, 1998.

Kushnarev, Evgenii G. *Bering's Search for the Strait: The First Kamchatka Expedition, 1725-1730.* Translated by E.A.P. Crownhart-Vaughan. Portland: Oregon Historical Society, 1990; Russian original, 1976.

Müller, Gerhard Friedrich. *Bering's Voyages: The Reports from Russia.* Translated by Carol Urness. Fairbanks: University of Alaska Press, 1986.

Sandler, Christian. *Johann Baptista Homann, Matthaus Seutter und ihre Landkarten: ein Beitrag zur Geschichte der* Kartographie. Amsterdam: Meridian Publishing Company, 1960.

Urness, Carol. *Bering's First Expedition: A re-examination based on eighteenth-century books, maps, and manuscripts.* New York: Garland Publishing, 1987.

Urness, Carol. "Captain-Commander Vitus Bering" in O.W. Frost, ed. *Bering and Chirikov: The American Voyages and Their Impact,* 1992, 11-36.

Urness, Carol. "Russian Mapping of the North Pacific to 1792" in Stephen Haycox, et. al., eds. *Enlightenment and Exploration in the North Pacific, 1741-1805,* 1997, 132-48.

Urness, Carol, "Rybakov on the Delisle map of 1706" in L. Hughes, ed. *New Perspectives on Muscovite History*, 1993, 24-34.

Warep, Endel. "Ueber einige Karten Russlands in J.B. Homanns Atlas vom Jahre 1725," in *Petermanns geographische Mitteilungen*, 107:4, 1963, 308-11.

Доносы на Беринга как источник для изучения бытовой жизни Второй Камчатской экспедиции

Т.С. Фёдорова
(РГАВМФ, Санкт-Петербург)

Вторая Камчатская экспедиция под руководством В. Беринга – «самая дальняя и трудная и прежде никогда не бывалая» – давно привлекала внимание исследователей. О ней написано множество различных трудов, опубликованы и продолжают издаваться документы, однако тема эта неисчерпаема. Прежде всего авторов интересовали итоги плаваний пакетботов «Св. Петр» и «Св. Павел» к северо-западным берегам Америки. Меньше внимания уделялось организации экспедиции, сложностям далёкого пути через всю Сибирь, доставке грузов и т.д. И никто ранее не интересовался жизнью людей на далёкой окраине России – в Охотске, где к 1737 г. собралась вся команда экспедиции и где в то время закладывались основы тихоокеанского судостроения и флота. Теперь эта ниша в некоторой степени заполнена работой П.У. Мёллера и Н. Линд,[1] но одна из сторон подготовки экспедиции остаётся ещё малоизвестной. Это – критика деятельности капитан-командора Беринга как со стороны членов экспедиции, так и других лиц.

В фонде Беринга, который хранится в Российском государственном архиве военно-морского флота в Санкт-Петербурге, содержится большое количество документов Второй Камчатской экспедиции, в том числе рапорты капитан-командора Беринга в Адмиралтейств-коллегию. Это обстоятельные доклады начальника экспедиции о ходе подготовки к главному событию – плаванию в Америку, бесконечные объяснения всяческих трудностей, столь затянувших выполнение поставленных задач. Достаточно сухой и замкнутый человек, Беринг в рапортах не писал ни о своих мыслях, ни о своём здоровье, ни о человеческих отношениях с подчинёнными ему людьми. О последнем он сообщал только, если его вынуждали к этому особые причины. Такими особыми причинами и оказались обвинения, выдвинутые против него несколькими участниками экспедиции. При процветавшей тогда в России системе доносов аналогичная практика существовала и в городах Сибири, и в Охотске.

Доносы и жалобы занимают особое место и среди многочисленных и разнообразных материалов Второй Камчатской экспедиции. Это своеобразный вид документов, в которых выплёскиваются все эмоции, обиды, злость, личные переживания и амбиции человека. Именно в таких документах, помимо серьёзной и обоснованной критики Беринга, содержится уникальная информация о житейских и бытовых неурядицах и конфликтах.

Одним из первых критиков Беринга был капитан-поручик Василий Казанцев, который жил и служил в Кронштадте, но в 1727 г. за высказывание в поддержку А.Д. Меншикова, сосланного, по его мнению, напрасно, Казанцев сам был арестован. По указу Петра II от 5 января 1728 г. «за непристойные слова» он был отправлен в Сибирь в команду В. Беринга.[2] 27 августа 1729 г. на р. Лене, уже на обратном пути в Петербург из Первой Камчатской экспедиции, Беринг получил указ о зачислении Казанцева в экспедицию. На следующий день разжалованный капитан-поручик был принят, но так как он прибыл без шпаги, ссыльным, то начальник экспедиции не мог доверить ему никакую команду. Казанцев самовольно отстал от экспедиции и явился вновь только 10 октября 1729 г. 23 января 1730 г. он был отчислен из Первой Камчатской экспедиции и оставлен в Тобольске,[3] а затем отправлен в Охотск для исполнения обязанностей штурмана на судах, плавающих на Камчатку.

В 1732 г. начальник вновь созданного Охотского порта Г.Г. Скорняков-Писарев послал Казанцева на Камчатку с целью осмотра мест, пригодных для постройки крепостей, и составления чертежей. Казанцев исходил полуостров пешком и на лыжах, объездил его на собаках. В сентябре 1733 г. он представил в Охотское правление доношение и чертежи будущих крепостей.

Изучив путь от Якутска до Охотска, природу Охотского края и Камчатки и условия жизни там людей, познакомившись с деятельностью начальника Охотского порта и Беринга, Казанцев пришёл к выводу о неподготовленности как создания порта, так и Второй Камчатской экспедиции.

В сентябре 1735 г. в Якутской воеводской канцелярии он заявил, что в Охотском правлении и экспедиции капитан-командора Беринга «чинится государству напрасно немалый убыток и разорение».[4] В связи со столь серьёзным обвинением Казанцев был отправлен в январе 1736 г. в Иркутск, где передал вице-губернатору А.Г. Плещееву 4 чертежа и доношение, состоящее из 27 пунктов. Он сообщил также, что имеет много доказательств устных и просил, чтобы его отправили в Сенат для дачи показаний. 18 февраля 1736 г. Казанцев заявил уже о 50 пунктах обвинений и настаивал на отправке в Сенат, «не упуская времени, понеже опое дело времени не терпит, что государству напрасное разорение чинится».

14 марта 1736 г. бывший капитан-поручик был арестован, но это его не остановило. 2 июня он передал в Тобольскую губернскую канцелярию новое доношение и 112 пунктов своих соображений и замечаний. Обвинения его в адрес Беринга сводились к тому, что деятельность Второй Камчатской экспедиции обходится государству слишком дорого, в Охотск посылается множество людей всякого чина, отчего «чинится государству убыток или разорение, а доброго и прочного ничего не будет и сделать не ис чего». Поэтому нужно остановить экспедицию как можно скорее, ибо «ежели такое нерассудительное отправление с таким великим коштом еще несколько лет продолжится, то государству великий убыток учинится, для того что люди все с голоду помрут, а интересы все даром пропадут».[5] Казанцев писал также о долгом пребывании Беринга в Якутске и зимних развлечениях офицеров. К доношению были приложены чертежи неизвестной земли близ Камчатки и на юг от неё, пути от Якутска до Охотска и реки Амур.

Уже 9 сентября 1736 г. по указу Сената, куда поступили все материалы Казанцева, Адмиралтейств-коллегия рассмотрела эти документы и постановила представить в Правительствующий Сенат экстракт, в котором перечислить все указы, посланные Берингу, с осуждением его долгого пребывания в Якутске. Что касается чертежей, то Коллегия нашла, что они не представляют интереса.

Берингу был послан указ, в котором ему сообщалось о доносе Казанцева и предписывалось, пока готовится плавание, произвести обстоятельный осмотр и описание Камчатки и Охотского края и составить их карты. 22 июня 1740 г. капитан-командор ответил, что сможет это сделать только после завершения плавания к Америке.[6]

Всё это время В. Казанцев оставался под арестом в Тобольске, в 1740 г. под караулом его привезли в Москву в Сибирский приказ.[7] Он не переставал надеяться, что его всё же поймут и примут меры для прекращения экспедиции. 26 октября 1741 г. дело Казанцева вновь поступило в Адмиралтейств-коллегию. 29 марта 1742 г. она доложила Сенату, что эти документы уже рассматривались в 1736 г. и что «помянутый Казанцев ныне в Адмиралтейскую коллегию за старостию и неспособностию не надобен, понеже в тех его представлениях пользы Коллегия никакой не признавает».[8]

14 мая 1742 г. из Сибирского приказа арестованный был переведён в Тайную канцелярию для следствия «по доносу его на оного Беринга, на которого доносил, что де он тамо строении строил и прочия отправления чинил не в удобных местах, и то признавал к измене»,[9] то есть деятельность Беринга уже приравнивалась к измене. По определению Тайной канцелярии доносчик, наконец, был представлен в Сенат, где снова заявил о неизвестных землях, о Японском государстве и об Америке. Чертежи и объяснения к ним были отправлены в Академию наук. Академические профессора изучили их и сделали заключение, что описания и чертежи «явились несправедливы, и в печатных книгах гораздо основательнее и пространнее написано, и почти все оные только от слыху собраны».[10]

По указу Правительствующего Сената от 6 октября 1743 г. велено было отослать Казанцева «для определения к пропитанию в монастырь» и взять подписку, что больше в Сенат он обращаться не будет. В октябре 1743 г. он написал челобитную императрице Елизавете Петровне, где снова сообщил о своих трудах и бедах, просил выплатить жалование за 16 лет, вернуть прежний чин и определить во флот.[11] В доношении в

Адмиралтейств-коллегию в январе 1745 г. Казанцев опять добивался внимания к своим чертежам. Он писал, что «оная новая земля во описании прежних описателей не имеется и на земноводных глобусах и ни в морских атласах не положена и ни в котором государстве не во владении». Сообщал, что от южного мыса Камчатки идут 22 острова, «из которых 7 мирные и ясашныя, а на протчих островах живут вольная орда и неясашныя», писал об Амуре и Японии, снова возвращался к убыточной деятельности Камчатской экспедиции и Охотского правления.

В феврале 1744 г. Казанцева снова прислали в Москву для определения в монастырь, но ни в одном монастыре места ему не нашлось, и он получил назначение в Казанскую епархию. Несчастный жаловался, что «многие месяцы не имеет дневной пищи, отчего обнищал и одолжал многими долгами, и в тое отдаленную Казанскую епархию дойти и долгов своих заплатить нечем». В заключение же доношения упрямый Казанцев вновь просил Адмиралтейств-коллегию рассмотреть его чертежи и описание, «понеже оное дело морских наук», и определить ему пропитание в Москве.[12] В очередной раз Казанцеву было отказано в его просьбах в 1747 г. Его дальнейшая судьба неизвестна. Более 10 лет, несмотря на все страдания, долгие годы находясь под арестом, он упорно отстаивал, как ему казалось, интересы России. Менялись императрицы, умер Беринг, завершилась Вторая Камчатская экспедиция, а Казанцев всё боролся ради государственной пользы. Вторая Камчатская экспедиция действительно обошлась России достаточно дорого и легла тяжёлым бременем на губернии Сибири, но итоги её невозможно оценить ни в каком денежном выражении. Казанцев, видимо, не знал этого и уже не мог думать иначе.

За время ссылки были проданы его дом в Кронштадте и имущество, бедствовала семья и сам он, вероятно, так и умер в нищете в каком-нибудь монастыре.

Совершенно другого характера были доносы на Беринга штурмана в ранге лейтенанта Михаила Плаутина, который был зачислен в экспедицию в январе 1733 г. Обладая неуравновешенным и скандальным характером, он поссорился с Берингом в самом начале экспедиции и, когда появился повод, принялся писать на него доносы. Как замечал сам Плаутин,

Беринг «ни в какие со мной разговоры не вступает и на совет не призывает от самой Камы-реки затем, что ведает посланное от меня на него доношение первое в краже людей и в продчем».[13] Имеется в виду доношение Плаутина в Адмиралтейств-коллегию от 27 июня 1735 г., в котором он писал, что по приказанию жены капитан-командора Анны Матвеевны и с ведома мужа из Иркутска были увезены девка Наталья да баба Авдотья, затем они жили у Берингов в Якутске.

В этом же доносе Плаутин писал, что капитан-командор «вступается во многие посторонние дела, отчего могут чиниться в отправлении Камчатской экспедиции многие замедления», и приводил примеры таких «посторонних» дел; сообщал, что Беринг приказал выдавать служителям экспедиции подмокшую муку и крупу, брал подарки соболями, изготавливал вино и др. Из этого Плаутин делал вывод, что «капитан-командор употребляет своё мнение и старание не о Камчацкой экспедиции, но больше старается о своем интересе и о покое жены своей и детей, чтоб от них не отлучатца и долее прожить в Якутцке с ними, понеже до Охоцка трудная езда».[14]

Вступал Плаутин в конфликты и с другими участниками экспедиции. Капитан-командор принял его склоки за «повреждение его чести», 1 февраля 1735 г. арестовал скандального лейтенанта и держал его под арестом несколько месяцев. Плаутин немедленно написал очередной донос. 26 февраля 1736 г. Адмиралтейств-коллегия слушала его доносы и постановила: разбирательство доносов Плаутина на Беринга поручить капитану Чирикову, Берингу же было сделано строгое внушение не вмешиваться в посторонние дела, скорее ехать в Охотск, ибо «отправлением оной экспедиции по нынешним обстоятельствам Коллегия весьма недовольна и оное без взысканий на нем оставлено не будет», – говорится в документе.[15]

Доносы Плаутина были переданы в Сенат, который 4 мая 1736 г. приказал те пункты, которые не касаются Адмиралтейств-коллегии, расследовать вице-губернатору Иркутской провинции Бибикову, но экспедицию не останавливать и, если Беринг уже отправился из Якутска, сделать это на её обратном пути в Петербург.[16]

В июне 1736 г. Плаутин послал ещё два доноса на Беринга, один – императрице, другой – в Адмиралтейств-коллегию.

Поводом первого доноса было разжалование его Берингом в матросы на два месяца за упущения по службе, во втором же доношении, написанном, видимо, под впечатлением первого доноса, в состоянии крайней обиды разжалованный лейтенант снова упрекал начальника в том, что он угощал жителей города вином, а взамен получал шкурки соболя, и в нежелании уезжать из Якутска: «...капитан-командор не употребляет своего старания о врученном ему деле для Камчатской экспедиции и ехать из Якутска не хочет... Более старается о своих интересах и веселиях, нежели об экспедиции, и из Якутска добровольно, знать, не выседет».[17] Далее Плаутин писал, что для летних забав Беринг сделал баржу и карету, а колеса для неё вез из Тобольска за счёт экспедиции. Для забав зимой «и прославления себя» сделал линейные великие сани, в которые помещалось до 30 человек, 4 трубачи и столы с конфетами, и катал на них жену, детей и местных жителей. «И триумфовал по Якутску, а радоваться в то время ничему было, разве было печалитца». Дела экспедиции действительно шли медленно и трудно. «И ежели будет следствие по сему доношению моему, – заключал свой донос Плаутин, – то буду во всем доказывать и обличать нерадение его, а ежели что и впредь уведаю, о том должен по присяжной моей должности к пользе интереса Ея Императорского Величества доношениями предлагать».[18] Иными словами, он и дальше будет писать доносы.

31 января 1737 г. Адмиралтейств-коллегия слушала очередной донос Плаутина. Расследование вновь было поручено А. Чирикову, Берингу Коллегия выразила своё крайнее недовольство задержкой его в Якутске, не принимая во внимание причины этой задержки. Ему было приказано прислать обстоятельный отчёт и отправиться в «подлежащий путь ... не продолжая ни малого времени и не ожидая впредь подтвердительных указов под опасением тягчайшего, яко за пренебрежение Ея Императорского Величества указов и за нерадение о пользе государственной, ответа и истязании».[19] Берингу было запрещено получать двойное жалование, как всем остальным участникам экспедиции. Капитан-командор тяжело переживал недовольство Адмиралтейств-коллегии его действиями и недоверие к нему. 5 декабря 1737 г. он с горечью писал: «... Я по чистой моей совести доношу, что уже

как мне больше того старатца – не знаю, и, кроме того, какое я к способности ея сначала и поныне прилежание имею, иных способов к поспешению не нашел».[20]

Больно задело его и запрещение получать двойное жалование. Указ об этом пришёл в Охотск в начале 1738 г., и с этого времени до 1 июня 1740 г. Беринг получал только одно жалование, что было весьма ощутимо, так как к этому времени в Охотске находилась и Анна Матвеевна с младшими детьми.

Расследование доносов Плаутина так и не состоялось. Он был отправлен на два месяца в команду Д. Лаптева на р. Лену, затем уехал в Охотск, где отличился уже новыми скандалами. Конец всем разбирательствам положила смерть лейтенанта М. Плаутина 8 октября 1741 г. на пакетботе «Св. Павел», когда судно возвращалось в Петропавловскую гавань из плавания к берегам Америки.

Однако больше всего неприятностей причиняли Берингу жалобы и доносы на него и других руководителей экспедиции Григорий Григорьевич Скорнякова-Писарева, начальника Охотского порта. Всего таких рапортов-доносов в РГАВМФ обнаружено 25. Бывший сподвижник Петра Первого, генерал-майор, директор Морской академии, затем обер-прокурор Сената Г.Г. Скорняков-Писарев в 1727 г. был разжалован и сослан в Сибирь за участие в заговоре против А.Д. Меншикова. Местом его ссылки был определён город Жиганск. 10 мая 1731 г. в связи с решением правительства о создании Охотского порта указом императрицы Анны Иоанновны он был назначен начальником будущего порта. Ему повелевалось основать в Охотске верфь и построить суда для доставки купцов и сборщиков ясака на Камчатку, перевести в Охотск из других уездов крестьян, положить начало земледелию и скотоводству, обустроить дорогу от Юдомского Креста, куда грузы доставлялись водой, до Охотска.

30 августа 1735 г. Скорняков-Писарев приехал в Охотск, где в то время всеми делами распоряжался прибывший туда почти на год раньше капитан Мартын Шпанберг. Опустившийся к тому времени, озлобленный, скандальный Писарев не смог найти общего языка со своенравным, колючим, чувствовавшим себя полным хозяином М. Шпанбергом. Поводы для ссор давали оба. Капитан распоряжался людьми

На печати Витуса Беринга с его гербом обыгрывается в виде ребуса его фамилия: стоящий на задних лапах медведь (Bär) держит в лапах кольцо, что составляет "Bär" + "Ring" = Беринг. На иллюстрации - отредактированное компьютерное изображение, позволяющее более четко различать детали.

охотского правления по своему усмотрению, что, естественно, не могло понравиться Скорнякову-Писареву, который, со своей стороны, слишком плохо выполнял инструкцию Сената: верфь не действовала, дорога в Охотск оставалась в том же состоянии, крестьяне не переведены, земледелия и скотоводства не было. Охотск страдал от постоянного недостатка провианта.

Именно положение с продовольствием и стало поводом для первой жалобы Скорнякова-Писарева, посланной в Сибирский приказ. 22 февраля 1736 г. он отправил туда рапорт, в котором сообщал, что капитан Шпанберг в «голодное время» в Охотске продал купцам казённый провиант, а деньги взял себе. Действительно, прибыв 1 октября 1734 г. в Охотск и застав там голод, Шпанберг распорядился казённым провиантом по-своему. Купцам, которые остались на дороге без лошадей «в смертной голодной стране, в глубоких снегах», он продал муку за деньги, но значительно дешевле, и представил счёт в Охотское правление. Позднее он с гордостью писал, что благодаря принятым им мерам «ни един человек с голоду не умер и тяжкой болезни от того никто не понес».[21] Беринга в это время в Охотске ещё не было и подробности о положении в остроге зимой 1734-1735 гг. мы узнаём благодаря доносу Скорнякова-Писарева.

Вступив на путь жалоб и доносительства, Скорняков-Писарев дальше всё увереннее шёл именно по этому пути. В Охотске начальник порта обнаружил многочисленные нарушения порядка и пытался бороться с ними. Во многих последующих рапортах в Сибирский приказ он обвинял членов экспедиции в беспошлинном провозе табака в Охотский острог. Торговля табаком была прерогативой казны, но члены экспедиции из экономии везли большое количество табака с собой, торговля им падала, соответственно снижались и доходы. Из рапортов Скорнякова-Писарева мы узнаём, кто нарушал этот порядок, как провозился табак, в каком количестве. А виновны же в этом были и штурманы, и служилые люди, и руководители экспедиции, сами провозившие беспошлинно табак и покрывавшие нарушителей.

В 1736 г. Скорняков-Писарев рапортовал в Сибирский приказ в основном о нарушениях порядка провоза табака, но увидев, что со Шпанбергом бороться бесполезно, 1 сентября 1736 г. отбыл в Якутск и возвратился в Охотский острог лишь 30 августа следующего года. 5 сентября 1737 г. сюда приехал Беринг. «Однако ж от того времени и до сего числа они между собою никакова порядку и согласия не имели…, а хотя капитан-командор и много от его безделиц терпел, однако за нетерпением подлинно ему, Писареву, во всем от себя отказал и писем никаких от него не принимал»,[22] – писал один из участников Второй Камчатской экспедиции.

Скорняков пытался предъявлять по разным поводам свои претензии Берингу и посылал ему различные «требования» и «известия», но капитан-командор, уже в Якутске узнав вздорный характер командира Охотского порта, не принимал от него никаких бумаг и не желал вступать с ним ни в какие разговоры. Объяснил он это так: «И доныне радения от него… никакого не видно…, а только охотно желает ссориться и переписываться и теми переписками своими ко мне о посторонних делах немалое затруднение чинит. И ежели всякие посторонние требования от него принимать и ответствовать, то, конечно, надобно особливо для переписок с ним иметь при экспедиции два или три человек добрых подьячих…».[23]

Скорнякову ничего не оставалось, как продолжать писать рапорты в Сибирский приказ. Озлобленный, он писал и то что было, и то чего не было. Больше всего доставалось, конечно, главному недругу – Шпанбергу: что он систематически забирал людей Охотского правления в свою команду; в подвале его дома торговали вином; в отсутствие Скорнякова-Писарева в Охотске в ясачной избе принимал ясак, при этом оценивал пушнину неправильно, а часть мехов присвоил; по его вине утонуло пять человек служителей Охотского правления; на реке Алдан избил мастера ластовых судов М. Ругачева и травил его собаками, в результате чего изувеченный мастер вынужден был возвратиться в Якутск и только через полтора года приехал в Охотск, что, в свою очередь, задержало строительство судов на верфи Охотского правления; и т.д. и т.д.

Рапорты Скорнякова написаны по манере того времени подробно и детально. Он сообщал о многих участниках событий, что для нас весьма интересно, ибо в других документах этих сведений нет. Например, от него мы узнаём, что писарь Беринга Иван Редин – сосланный за воровство канцелярист Юстиц-коллегии; есть в Охотске и другие ссыльные, в том числе бывший капрал столичного Конногвардейского полка Ф. Плениснер, из-за которого у Скорнякова-Писарева с Берингом возник очередной конфликт. Именно от Скорнякова-Писарева известно, что судя по фамилиям, в Охотске были и поляки: М. Лукашевский, Я. Мохначевский, А. Шубинский другие. Пока ещё никто не пытался выяснить, когда и как попали они в Охотский острог. Как правило, ссыльные были грамотные и, видимо, образованные люди, поэтому так и дорожил ими Скорняков-Писарев.

Сержант Мохначевский был в числе тех, кто подал Берингу донесение о переносе Скорняковым-Писаревым Охотского острога в неудобное место (в связи с основанием верфи был разработан план создания нового острога; перенос поселения ускорило наводнение 1736 г., уничтожившее старый острог). Составил это донесение ссыльный Лукашевский, о чем Писарев 26 июля 1738 г. доложил в Сибирский приказ.[24]

В начале 1740 г. в Охотске достраивались пакетботы «Св. Петр» и «Св. Павел». Подготовка к плаванию и так слишком затянулась, и Беринг спешил закончить работы, чтобы осенью отправиться на Камчатку. Время было горячее, но и человеческие страсти накалились до предела. В Охотске проживало довольно ограниченное число людей, постоянно общавшихся друг с другом. Они были свидетелями постоянных конфликтов между руководителями экспедиции и Охотским правлением, терпели самодурство Скорнякова-Писарева, что вносило в их отношения постоянную нервозность. К этому добавлялись тяжёлые условия жизни, постоянная угроза голода. Но несмотря на множество сложностей, жизнь шла своим чередом, и, отражая общую ситуацию, было в ней всё: и ссоры, и драки, и кляузы, и … любовь. Об этом нам тоже рассказывает неуравновешенный и беспокойный Скорняков-Писарев. 15 апреля 1740 г. он рапортовал в Сибирский приказ о драке со штурманом Плаутиным и капитаном Чириковым (в присутствии жены и маленькой дочки Чирикова), которые его «мало … не до смерти убили». Ссора произошла из-за штурмана Авраама Дементьева, которому Писарев, как его начальник, не разрешал жениться.

20 апреля последовал очередной скандал Скорнякова с Плаутиным, также веьма неспокойным человеком, на этот раз в церкви. В результате была даже остановлена церковная служба. Скорняков требовал, чтобы Беринг расследовал «церковный мятеж», наказал Плаутина, а для охраны пострадавшего прислал двух солдат. Капитан-командор, как обычно, не принял требование Скорнякова, тот боялся выходить на улицу, чтобы штурман его не убил, «понеже хотя и до смерти убьет, то Беринг разыскивать не будет»,[25] – писал он в очередном рапорте в Сибирский приказ.

Продолжались и бурные события, связанные с романом А.

Дементьева. Штурман, по словам академика Г.Ф. Миллера, был «человек хорошей фамилии, молодой, прекрасный, добродетельный, опытный в своём ремесле и ревностный к службе Отечества». К этим словам известный историограф российского флота А. Соколов добавил: «Нам известен целый роман его любви в Охотске, кончившийся, впрочем, весьма несчастливо».[26] Полюбил он бывшую проститутку Марию, которую как свою жену привёз в Охотск из Москвы один из ссыльных, бывший комиссар в Кронштадтском порту Иван Картмазов. Несколько лет они жили гражданским браком, имели четверых детей. Когда Мария ответила на чувство Дементьева, она и её муж признались, что они не венчались. Началось длительное разбирательство. Канцелярия Охотского порта определила: «за вины ее учинить наказание, вместо кнута бить плетьми нещадно». Марию наказали и назначили ей место жительства, но однажды она там не ночевала. Её посадили под арест, но ей удалось уйти из-под караула и, «вышед и кричав, побежала к квартире Беринга», – рапортовал в Сибирский приказ Скорняков-Писарев.

Столь же жестоко, как и Марию, наказали её мужа, который искал защиты у Беринга. Штурман Дементьев, пытаясь как-то помочь Марии, давал при допросах разные показания, за это Охотское правление приговорило его к ещё более жестокому истязанию, но Беринг не разрешил это сделать. Для нового наказания Мария была отправлена в Иркутскую провинциальную канцелярию, «ибо, – жаловался Скорняков-Писарев, – никому ни за какие вины в канцелярии Охотского порта чинить наказания невозможно, понеже кто виноваты и надобно ему учинить наказание, те все бегают к нему, Берингу, как прежде бегивали на Дон и в Запорожье, а выдачи от него нет, и закрывая вины их, держит под своим охранением».[27]

Преследуемый мыслями, что офицеры Камчатской экспедиции хотят его убить, Скорняков-Писарев донимал начальника экспедиции всяческими бумагами в самое ответственное время подготовки к плаванию. Однако 30 июня 1740 г., когда капитан-командор просил его выделить солдат и тунгусов, чтобы расширить канал и провести к морю один из пакетботов, Скорняков отказал. Тогда, по словам Скорнякова-Писарева, рассерженный Беринг «собрался во всем многолюстве ... пришел ко мне в сени и, отворя дверь избы, в которой я живу, кричал и грозил взять меня за караул, и от всех работ служилых людей пограбил...».[28] Этот случай заставил Скорнякова-Писарева написать в Сибирский приказ в июле 1740 г.: «Многими рапортами в прошедших годах и в сем 1740 Сибирскому приказу о противных делах, и о потачках, и о нападении на канцелярию Охотского порта Камчатской экспедиции командиров ... объявлено, но они и ныне нападениев на канцелярию Охотского порта и на меня не перестают делать...». Поэтому он вынужден был представить экстракт о всех конфликтах с офицерами Второй Камчатской экспедиции. В экстракте 42 пункта, они содержат не только информацию, которая была доведена до сведения Сибирского приказа, но и документы, ранее адресованные только Берингу, но не принятые им.

В маленьком остроге, где судьба собрала столь разных людей, вероятно, трудно было избежать конфликтов, но летом 1740 г. они уже мешали людям жить и работать. Хотя Беринг попытался оградить себя и от обоснованных, и от вздорных претензий начальника Охотского порта, совсем избежать их было невозможно. Жалобы Скорнякова-Писарева из Сибирского приказа попадали в Адмиралтейств-коллегию, которая требовала от начальника экспедиции объяснений и расследований.

По приезде в августе 1740 г. в Охотск нового начальника порта, бывшего обер-полицмейстера Санкт-Петербурга А.Э. Девиера, Скорняков-Писарев был арестован за «злоупотребления по должности, о которых и было донесено Сенату». Тем не менее последний его донос датирован 18 февраля 1741 г., касался он семьи Беринга.

Ещё в июне 1737 г. из Якутска он писал в Сибирский приказ бригадиру А. Арсеньеву, что Вторая Камчатская экспедиция «напросилась в Сибирь ехать только для наполнения своего кармана, и Беринг уже в Якутске великие пожитки получил, и не худо б де было, чтоб жену его, едущую в Москву, по обычаям сибиряков повелено б было осмотреть, чтоб явны были их пожитки».[29] 21 октября 1737 г. Сибирский приказ получил рапорт Скорнякова-Писарева, а 20 июля 1738 г. распорядился послать соответствующий указ в Тобольск, и, когда Анна Беринг поедет в Москву, осмотреть её багаж, и о том, «что явитца», рапортовать. 14 августа того же года последовал указ императрицы об осмотре вещей всех участников экспедиции. Таким образом, именно Скорняков-Писарев явился инициатором досмотра вещей всех возвращавшихся из Сибири участников Второй Камчатской экспедиции.

В феврале 1741 г. Скорняков-Писарев доносил в Сибирский приказ, что пожитки капитан-командора, среди которых может быть и «мягкая рухлядь», оставлены в Якутске в казённой палате. «Того ради из канцелярии Охотского порта в Якутскую канцелярию писано промемор</i>ею, чтоб оная канцелярия … тех бы без описи жене Беринговой отдавать не благоволила, того для, дабы она, ведав об указе, той мягкой рухляди не ухоронила».[30]

1 декабря 1741 г. Скорняков-Писарев был прощён, освобождён из ссылки и вскоре приехал в Петербург. 23 апреля 1743 г. ему был возвращён генеральский чин. Иначе сложилась судьба тех, на кого он чаще всего писал жалобы и доносы. Дементьев и Плаутин плавали с Чириковым на пакетботе «Св. Павел» к американским берегам. Судьба Дементьева так и осталась неизвестной: он был в числе 11 человек, посланных Чириковым на лангботе на берег и пропавших без вести. Плаутин скончался на обратном пути «Св. Павла» на Камчатку. Не вернулся, как известно, из вояжа и Беринг.

Против Шпанберга было возбуждено множество уголовных дел и предъявлено 27 пунктов обвинений, ответы на которые он писал в Якутске зимой 1740-1741 гг. Неоконченные судебные дела преследовали его до конца жизни и в значительной степени испортили его карьеру.

Названные в данной работе три человека, писавшие доносы на Беринга и его офицеров, руководствовались разными причинами, но объединяло их стремление оправдать свои доносы интересами государства и обвинить Беринга в нерадении, бездействии, корысти, злоупотреблениях. Это было несправедливо и заставляло капитан-командора страдать. Для нас же рапорты и доношения Казанцева, Плаутина и Скорнякова-Писарева являются ценнейшими источниками, позволяющими не только узнать новые подробности о проблемах Второй Камчатской экспедиции, но и познакомиться с жизнью её участников. Последнее особенно интересно, так как такие сведения обычно не находили отражения в официальных документах. Кроме того, они добавляют и новые штрихи к портрету самого капитана-командора.

Эти источники никогда ранее не изучались и не использовались. Мы же, несмотря ни на что, отдаём должное памяти этих людей, великим трудом которых осваивался Дальний Восток России и северная часть Тихого океана.

СНОСКИ

1. N. Okhotina Lind, P. U. Møller, *Kommandøren og konen. Arkivfund om danske deltagere i Vitus Berings ekspeditioner*, København 1997

2. РГАВМФ, ф. 212, оп. 11, д. 525, л. 1-41; *Описание дел Архива Морского министерства*, том 7, Санкт-Петербург 1895, с. 101.

3. РГАВМФ, ф. 913, оп. 1, д. 2, л. 71об.; ф. 216, оп. 1, д. 110, л. 85, 86об., 92.

4. РГАВМФ, ф. 212, оп. 10, д. 78, л. 267.

5. РГАВМФ, ф. 212, оп. 10, д. 78, л. 240об.

6. РГАВМФ, ф. 216, оп. 1, д. 39, л. 81-82.

7. РГАВМФ, ф. 216, оп. 1, д. 49, л. 294об.

8. РГАВМФ, ф. 216, оп. 1, д. 39, л. 116-118.

9. РГАВМФ, ф. 216, оп. 1, д. 39, л. 157об.

10. РГАВМФ, ф. 216, оп. 1, д. 39, л. 170-171.

11. РГАВМФ, ф. 216, оп. 1, д. 39, л. 170-171.

12. РГАВМФ, ф. 216, оп. 1, д. 39, л. 202-203.

13. РГАВМФ, ф. 216, оп. 1, д. 15, л. 32об.

14. РГАВМФ, ф. 216, оп. 1, д. 15, л. 4.

15. *Материалы для истории русского флота*, часть 8, Санкт-Петербург 1880, с. 196.

16. РГАВМФ, ф. 212, оп. 10, д. 78, л. 117.

17. РГАВМФ, ф. 216, оп. 1, д. 15, л. 31.

18. РГАВМФ, ф. 216, оп. 1, д. 15, л. 31об.

19. *Материалы для истории русского флота*, часть 8, Санкт-Петербург 1880, с. 315.

20. РГАВМФ, ф. 216, оп. 1, д. 24, л. 930.

21. РГАВМФ, ф. 212, оп. 6, д. 67, л. 46.

22. РГАВМФ, ф. 216, оп. 1, д. 96, л. 51.

23. РГАВМФ, ф. 216, оп. 1, д. 24, л. 917.

24. РГАВМФ, ф. 216, оп. 1, д. 23, л. 25об.

25. РГАВМФ, ф. 216, оп. 1, д. 29, л. 279.

26. А.П. Соколов, «Северная экспедиция 1733-43 года», в: *Записки Гидрографического департамента Морского министерства*, часть 9, Санкт-Петербург 1851, с. 401.

27. РГАВМФ, ф. 216, оп. 1, д. 29, л. 233об.-234.

28. Там же, л. 227-227об.

29. РГАВМФ, ф. 216, оп. 1, д. 49, л. 601.

30. Там же, л. 626.

The First Pianist in Okhotsk

New information on Anna Christina Bering

N. Okhotina Lind
(University of Aarhus)

It's well known that there were musicians among Bering's crew, meaning that, even far away from any civilisation, both officers and natives could enjoy the sound of drum, brass, oboe and even violin.[1] Of course, the purpose of navy musicians was first of all practical, to give signals. But surprisingly there was one more instrument to be heard in this little Kamchatka-expedition orchestra, and a most un-military one: a clavichord belonging to Vitus Bering's wife.

This, however, is not an introduction to an article about the musical diversions of the expedition, but an introduction to the owner of the clavichord, Anna Christina Bering. During our work[2] in the Russian archives, we found new and very exciting documents concerning Bering's hitherto almost completely unknown private life and, perhaps, the most important part of it - his wife.

Anna Christina was the daughter of a rich merchant from Vyborg in the Gulf of Finland: Matthias Pylse or Piilse – the spelling of the surname differs from document to document, so we can't be sure of its precise pronunciation.

Regrettably we do not know when she was born, but by 1690, Matthias Pülse had married his wife, Margareta Hedvig Lund from another prominent merchant family. First the couple lived in Nyen, then under Swedish rule. Here the family's history can be traced back to Matthias' grandfather, Matts Eriksson Pölsa, who earned his living through a mixture of crafts, he was a forester, weigher and measurer, shop- and innkeeper.[3]

In 1703, Nyen was captured by the Russian army, and the new Russian capital, St Petersburg, was founded close to the town. The Pülse family, like many others, chose to move to nearby Swedish Vyborg. However, in 1710, Vyborg too, was conquered by Russian troops after a long, severe siege. And this time Mattias Pülse must have decided not to flee again.

At that time he was one of the most well established citizens of Vyborg; under Russian rule his business continued to blossom, and in 1720 he was the largest taxpayer in Vyborg, with the considerable sum of 12 rubles. He was by now part owner of sawmills, had extensive forestry rights and a ship, the "Stadt Wijburg", that supplied Reval and Narva with malt, cereal and alcohol.[4]

Matthias Pülse's house, built in the 1650s, was probably the best and most beautiful building in the town. During the great fire of 1738 it was one of the few buildings in the town that survived the flames, and in 1772 it was chosen for a few days as residence for Empress Catherine the Great during her journey around the country. Pülse's house still stands on the old town hall square, near the castle (the modern address is Vyborg, Severnyj val, dom 3).

It's not easy to say anything definite about Anna's nationality in a few words. Vyborg was at that time a cosmopolitan town, where German, Swedish, and Finnish were used as well as Russian after 1710. But we know for sure that the family language in the Pülse, and later in the Bering home was German.

As far as we know, Matthias and Margareta Hedvig Pülse had three more children as well as Anna. The son, Benedikt, like his father, became a successful merchant. In 1726 he is listed among the four most prominent citizens, and in 1730 he was one of the representatives of Vyborg sent to Moscow to try to retain the town's privileges.[5]

In 1720 he married Anna Sesemann, daughter of another well-established Vyborg merchant. They had at least nine children, but no boys survived, and the family name of Pülse died with Benedikt. The couple was very close to Anna and Vitus Bering.

Anna's oldest sister, Eufemia Hedvig, was first married (1724) to Thomas Saunders – an English naval officer in Russian service, who reached the rank of vice-admiral. Saunders took an active part in making plans and projects for both the First and the Second Kamchatka expedition. Probably the Bering family lived with the Saunders in Kronstadt between Bering's two expeditions. Sometime after Saunders' death in 1733, Eufemia Hedvig married again, also to an Englishman, Zion Ellvoll (or Elfa).

In 1729, Anna's youngest sister, Helena Katarina, married Anton Johann von Saltza (1683-1753). He was a Swedish officer who came to Russia as a prisoner of war. In 1718 he started working in the College of State Revenues (*Kamerkollegiya*) and was later promoted to State-Councillor *(gos. sovetnik)* and vice-president of the College of State Expenses *(Shtats-kontor-kollegiya)*.

The Pülse family historian, Georg Luther, mentioned ironically that all three sons-in-law were perhaps more attracted by the older Pülse's fortune than the charm of the girls,[6] but this of course we cannot know. One way or another, we can see that Bering's "Russian" relatives were well-established and "useful" people.

We don't know exactly how Vitus Bering met the girl who was to become his wife, and how long the romance lasted before they were married. But Bering was moved from the Azov-sea to the Baltic fleet in 1712[7] and on the 8th of October 1713, the two were registered as husband and wife in the church registry of Vyborg's Swedish parish.[8]

As the wife of a naval officer, Anna was often alone. Soon after their marriage, Vitus Bering was captured in the Gulf of Finland by a Swedish freebooter, and he only managed to escape in the autumn of 1714.[9] Anna Bering, however, was not a woman who liked to sit at home and patiently wait for her husband. In 1716, when Peter the Great visited Denmark with an impressive part of his fleet, Vitus was not alone; Anna accompanied him. This we learn from an interesting entry in the parish registry of St. Nikolaj Church in Copenhagen. According to this, on 27 June 1716, the couple's little son was baptised with the name Vitus.[10] Godfather was the Russian ambassador in Denmark, Prince Dolgorukii, and a number of well-known navy officers – both in Russian and Danish service – were present (Peter Bredal, Marcus Griis and others).

Present were also Vitus Bering's brother, Jonas Jonasen, and his wife. They lived near St. Nikolaj Church, on the street called Højbrostræde. Probably that was the only chance Anna had to visit her husband's native country and meet Danish relatives. From this we must assume that this brave woman had started the journey while she was still pregnant.

Now we come to the children. Little Vitus, born in Copenhagen, was probably their first child, or in any case the first boy – the tradition of giving the first-born his father's name at least suggests this. But the child didn't survive. In 1721 Jonas was born, in 1723, Tomas. We have learned the dates of their births from Anna's later letters.[11] Another son, Matthias Vitus Bering, was born in Vyborg, where Anna stayed behind when Vitus Bering left on the first Kamchatka expedition. The boy was baptised October 14, 1725, but buried in February 1726.[12]

The first expedition returned from Siberia in the beginning of 1730, and it seems likely that Anna, unable to sit and wait for her husband, met him somewhere on the way; later in the year, on September 21, their next son, Anton, was baptised in Moscow in the Lutheran church, St. Mikhail in Nemetskaya sloboda.[13] His godmother was Benedict's wife, Anna Pülse.

There was one more child - the daughter Anna Hedvig Helena or Annushka, as she was fondly called in the family. The girl was born in 1731 - this we can calculate on the basis of records in connection with her funeral: she died in 1786 at the age of 55 as widow of lieutenant-general von Korff, and was buried on October 29, 1786 in Volokolamsk, near Moscow.[14]

Four of Bering's children survived childhood, but we don't know how many children Anna gave birth to altogether. In a letter to his aunt in Denmark, Bering wrote: "My wife, thank God, is alive; out of eight children three are alive, and we soon expect the fourth".[15] The letter is, however, not dated. Obviously, it was written between the two expeditions, and some details help in narrowing down the date. For instance, Bering wrote his return address as: "captain-commander, in Kronstadt, via vice-admiral Saunders". Bering was promoted to captain-commander on August 14, 1730, and Saunders served in Kronstadt until January - February 1732, so the letter was written sometime in between. Probably then, the three children alive are Jonas, Tomas and little Anton, and the one expected is Annushka. But it is still possible that the letter was written before Anton's birth, and that some, to us unknown, child was still alive at that time but died later.

When Bering was sent on the Kamchatka expedition for the second time, his wife accompanied him. It's known that many members of the second Kamchatka expedition had their families with them, but it was hardly ever recorded in official documents that entered the archives, and we can't say how many women and children shared the difficulties of travelling and living in Siberia with the experienced sailors.

Bering's biggest problem – as far as his family was concerned – was that the family had to be divided in two. The two oldest sons, Jonas and Tomas, couldn't join their parents and go to places where they could not get proper schooling. Therefore, they were sent to the gymnasium in Reval (now Tallinn). Teaching there was in German and Latin, and it was perhaps the best possible educational institution in the Russian empire at that time. The boys lived with the family of Bering's friend, professor at the gymnasium Adolph Florian Sigismundi and his wife. Here, they had not only food and lodging, but also additional private tutoring and music lessons.[16]

Before Bering left for Siberia, he had arranged that the Admiralty paid an allowance out of his salary, 300 roubles a year each, to the boys. The money was channelled through their uncle, Anton von Saltza, who became their official guardian.[17] Close friends of the Bering family in St Petersburg, the Austrian diplomat Hohenholtz and his wife, helped considerably. For instance, Anna, in a letter from Okhotsk, asked Madam Hohenholtz to help Thomas to choose and buy good clothes. We even have evidence that vice-chancellor Osterman himself took part in bringing up the Bering boys.

The two youngest children, Anton and Annushka, went on the Kamchatka expedition with their parents. One further member of the family joined them. Anna took her cousin, a young boy, Johan Lund, on the journey, because his father Jacob Lund, Anna's uncle, had died. In 1740 Bering had to explain in a report that the boy had been taken to Siberia by his wife, not to be treated as a servant, but as a family member so that they could bring up the orphan and give him a naval education. His mother had complained to the Admiralty that Berings had used her son as a servant, and wanted him to be sent back. Servants, by the way, were part of Bering's household, but by name we only know Ivan Kukushkin and Jagan Malcan, who went on the final journey together with Vitus Bering.

The family reached Jakutsk in October 1734, after about half a year's journey. Anna had not only brought her small children with her; her baggage included among other things, fine china, table cloths, and table silver. And last but not least – the clavichord. Anna Bering must have wanted to live the same life in Siberia as she was used to living in Vyborg, Kronstadt or St Petersburg; regrettably the two oldest sons had to be absent from that picture.

Bering's family lived in Jakutsk for about 3 years. Bering was busy preparing and organising the future trip, but it seems that the expedition's members also had time to enjoy themselves. Various denunciations to authorities in St Petersburg provide us with rich information on their life in Jakutsk.

Thus Bering was accused of going sleigh-riding with his wife instead of preparing the expedition; it was said that he and his wife distilled brandy, exchanged it for furs and thereby accumulated a large fortune; that Anna Bering organised the kidnapping of two Jakut-women from their owner and used them in her own household.

In 1737 Vitus Bering moved on from Jakutsk to Okhotsk on the Pacific Ocean without the family. It was decided that Anna, together with the children, should go back home, where the two oldest had already gone too long without parental advice and care. But, as we learn from Anna's later letters, plans were suddenly changed when in 1738, Anna heard that Bering had been taken ill in Okhotsk. She then rushed out to be with her husband. From Bering's letter to one of his officers from 30 March 1738, we learn that the first part of the way Anna travelled on Vitus Bering's own boat with her luggage.[18] The remaining journey to Okhotsk via Yudomskii Krest was, however, difficult and dangerous even for trained seamen. But, with her two children she managed to overcome the difficulties, "Thanks be to God," as she writes, "while risking suffering from starvation and frost" and "loosing many of my horses who either fell down or ran away during the journey".[19]

Thus, the little family was back together, and they now lived for about 2 years in Okhotsk, in a house on the coast. Luckily for us, a whole package of the Berings' private correspondence, 16 letters from Okhotsk, remained undelivered in St Petersburg and was by chance preserved in the archives.[20] It is from these letters, written at the beginning of February 1740 by Vitus, Anna and little Anton to relatives and friends in the European part of the Russian Empire that we have learned so many new details about Bering's private life.

As usual in families, the wife wrote the majority of the letters, and also the longest and most interesting ones. As did all the other members of the family, she wrote in German. What at that moment most worried the family in Okhotsk was this: nineteen-year old Jonas, who was neither very bright nor inclined towards learning, had finally decided to rebel against his more than five years' stay at Reval's gymnasium. Instead, he had joined the army, to be exact, the infantry or *mushketery*. Poor Anna and Vitus were deeply shocked. They wrote that they had always wanted civil careers for their children. But if it must be a military career, then it should at least have been in the guards or cavalry. Anna, in particular, worried that the infantry was not a proper place for a young man of good family: he might start to visit inns and meet the wrong people.

In all their letters Anna and Bering stressed that a good education was most important, and that they would never scrimp on the education of their children. They especially wanted the children to learn the Russian language, without which they could not make a good career in Russia. The parents tried as much as they could to remedy the unpleasant situation with Jonas, and in letters to all their influential friends

Anna Christina Bering's letter to her father, Matthias Pülse (cf. pp. 241-242 for English translation).

and relatives they asked them to intervene. Considering that mail from one end of the empire to the other and back took about a year-and a half or two, their efforts probably came too late.

In her letters Anna also complained about the dullness of Okhotsk, and looked forward to soon coming home, and she is very interested in all news that reached her distant abode. When referring to her husband, Anna always affectionately calls him "my Bering", giving a hint as to why she still preferred to forsake civilisation in the West.

When Bering, on September 8 1740, started from Okhotsk to Kamchatka, Anna was no longer there to wave him goodbye. From Steller's account we learn that Anna, together with the children, had already left Okhotsk on 19 August and that a *portechaise* was built especially for her to make the journey more comfortable.[21]

In one of Bering's last letters, from 20 April 1741, he asked vice-chancellor Osterman to help Anna to acquire a house, or perhaps estate, when she reached St Petersburg.[22] Next time we meet Anna in the sources, in February 1742, she is, however, still only in Tobolsk. At that time there was a Siberian customs office in Tobolsk, which controlled all goods, first of all furs, which were taken into the European part of Russia. There, they had long been waiting for Anna Bering, because, according to the accusations of Okhotsk's Governor Skornjakov-Pisarev, the Berings had enriched themselves tremendously at the cost of the Kamchatka expedition. Thanks to that we now have a complete list of all Anna's belongings in her luggage, which consisted of no less than 11 chests on her 7 carts.[23] It consisted first of all of furs, valuable Chinese fabrics and silks, china, and as much as 28 pounds of silver (about 11,5 kg). – And last but not least, my favourite object on that list, the clavichord. Imagine how this clavichord had first travelled from St Petersburg through all of Siberia to the Pacific Ocean and then the whole way back!

On her way from Tobolsk to Moscow Anna was given a military escort. She was told that it was for her own safety, but the soldiers had secret orders to keep an eye on the custom's seals on her luggage. The purpose being that the goods should arrive in Moscow untouched; and there she would have to pay custom duties in the Siberian Chancellery *(Sibirskii prikaz)* for them. From a report by one of the soldiers we know that when Anna arrived in Moscow on 29 March 1742, she stayed in Nemeckaja sloboda in the house of the Lutheran priest at St. Michael's church (the same church where her son Anton was baptised, and probably the same priest). One night, the soldier reported, she and the priest had carried luggage into the house, and afterwards the seals were disturbed.[24]

When Anna Bering reached Moscow, her hoped-for protector Vice-Chancellor Osterman had already been toppled and was under arrest, and she had to fend for herself. We know, that Anna, during the few months she was in Moscow, visited the new Empress, Elizaveta Petrovna's Moscow palace.[25] Probably, the brave woman had decided again to act on her own for the sake of her family and apply for estates to Vitus Bering. The night after her visit, on 15 September 1742, Anna suddenly left for St Petersburg. As far as we can see, she never paid any customs duties in Sibirskii prikaz.

After Bering's death, some of his personal belongings were sent to Anna by Sven Waxell and Aleksei Chirikov: among others, a gold watch, his personal seal, silver shoe buckles with inlaid crystals, a sword with silver handle, and letters in German.[26] Anna had particularly asked to have sent Vitus's night-cap "of blue satin with gold embroidery" and his housecoat, but that was too late, they had already been sold at auction.[27]

We now come to the last chapter in the story about Anna, where at first we thought to have learned the date of her birth. Thus, in April 1744, Anna wrote an application for a widow's pension, where she claimed she was 39 years old[28]. If true, she would have been married at the age of 8, and become mother to little Vitus at 11. So she must have lied. But why? The reason is to be found in the Naval Statuten, According to these, a widow older than 40 years would get a lifelong pension, but only one-eighth of the husband's salary. A widow younger than 40 got only a lump sum, but on the other hand, it amounted to a whole year's salary.[29]

The first type of pension, to which Anna actually must have been entitled, would seem to be the more profitable. But obviously Anna at that time must have been in desperate need of a large sum of money, perhaps as a down payment in some commercial enterprise which could support her more securely in old age. However, bureaucratic difficulties got in the way. In December 1745 Anna repeated her application, and she was still - according to it - 39 years old.[30] Finally, in 1750 she once more tendered an application, but this time she asked for a lifetime pension, because she was ill and she now admitted to being "approximately 50 years old".[31] What are we to believe? In no way could the person who was 39 both in April 1744 and in December 1745 be around 50 in 1750! This amazing woman lived in her own epic time indeed!

Ironically, in the end, she received Bering's one year's-salary pension, because that was what she had first applied for – and that is the last we hear of her. From the available sources we can't calculate the real date of her birth, neither do we know the date and place of her death.

There are thousands of documents concerning Vitus Bering in the archives, whereas we have only few records on Anna Bering preserved. Nevertheless, her image and personality stand out more clearly than her husband's, whose character and way of thinking remain a mystery to historians. Anna Bering we can picture as an intelligent and, for her time, well-educated woman, who did not shrink from difficulties, and who was intent on fighting for her own and her family's sake, if necessary, in devious ways. She also emerges as an affectionate and compassionate person, who, in order to be with her husband, preferred to share a difficult and dangerous life instead of remaining in the security and civilization of St Petersburg. In this way she was also a member of the Second Kamchatka Expedition, and probably an important one.

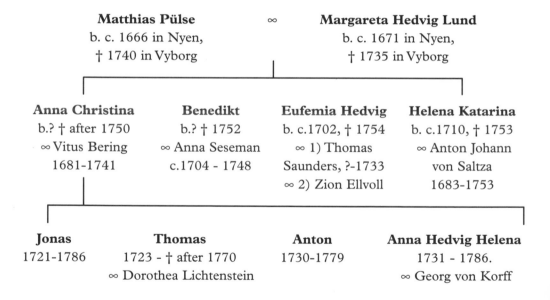

Matthias Pülse	∞	**Margareta Hedvig Lund**
b. c. 1666 in Nyen,		b. c. 1671 in Nyen,
† 1740 in Vyborg		† 1735 in Vyborg

Anna Christina	**Benedikt**	**Eufemia Hedvig**	**Helena Katarina**
b.? † after 1750	b.? † 1752	b. c.1702, † 1754	b. c.1710, † 1753
∞ Vitus Bering	∞ Anna Seseman	∞ 1) Thomas	∞ Anton Johann
1681-1741	c.1704 - 1748	Saunders, ?-1733	von Saltza
		∞ 2) Zion Ellvoll	1683-1753

Jonas	**Thomas**	**Anton**	**Anna Hedvig Helena**
1721-1786	1723 - † after 1770	1730-1779	1731 - 1786.
	∞ Dorothea Lichtenstein		∞ Georg von Korff

Notes

1   See, e.g., Т. Федорова, «Музыканты в экспедиции Беринга», in: *Российский брасс-вестник*, 1994, № 5-6, pp. 73-75.

2   I.e. Peter Ulf Møller's and my own.

3   Torsten G. Aminoff, "Borgerskapet i Narva och Nyen 1640", *Genealogiska Samfundets i Finland Årsskrift*, 41, Lahti, p. 136.

4   J.W. Ruth & Erkki Kuujo, *Viipurin kaupungin historia*, III osa, Vuodet 1710-1812, Lappeenranta 1975, p. 120.

5   J.W.Ruuth, *Vyborg Stads Historia*. Första Bandet, Helsingfors 1906, p. 558.

6   G. Luther, "Släkten Pülse", *Geno*s 1, Årgång 57, Helsinki, pp. 19-24.

7   *Общий морской список*, part 1, St. Petersburg 1885, p. 40

8   N. Okhotina Lind, P. U. Møller, *Kommandøren og konen. Arkivfund om danske deltagere i Vitus Berings ekspeditioner*, Copenhagen 1997, p.52.

9   E. Hornborg, *Karolinen Armfelt och kampen om Finland under Stora nordiska kriget*, Stockholm 1953, p. 220.

10 Th. Hauch-Fausbøll, "Et lille bidrag til søfareren Vitus Berings biografi", *Personalhistorisk tidsskrift*, 1935, 10. række, 2. bind, Copenhagen, p. 278.

11 N. Okhotina Lind, P. U. Møller, *Op.cit.*, pp. 59-83.

12 G. Luther, "Släkten Pülse", p. 22.

13 ЦГИА г. Москвы, ф. 2099, оп. 1, д. 423, л. 189об.

14 E. Amburger, "Vitus Berings Nachkommen in Russland", in: *Personalhistorisk Tidsskrift*, bind 57, Copenhagen 1936, pp. 37-38.

15 H. de Hofman, *Samlinger af publique og private Stiftelser, Fundationer og Gavebreve*, bind II, Copenhagen 1755, pp. 249-250.

16 See Bering family's letters: N. Okhotina Lind, P. U. Møller, *Op.cit.*, pp. 93-110. See also the present volume, pp. 258-267

17 РГАВМФ, ф. 212, оп. 11, д. 667, л. 2 4об.

18 РГАВМФ, ф. 216, оп. 1, д. 68, л. 162.

19 N. Okhotina Lind, P.U. Møller. *Op.cit.*, pp. 63-64.

20 АВПРИ, ф. 14, оп. 14/1, д. 91, л. 1-37об., published in: N. Okhotina Lind, P.U. Møller. *Op.cit.*, pp. 59-83, 93-108. See also the present volume, pp. 237-267.

21 Георг Вильгельм Штеллер, *Письма и документы, 1740*, Moscow 1998, pp. 327, 332.

22 А. А. Покровский (сост.), *Экспедиция Беринга. Сборник документов*, Moscow 1941, pp. 329-332.

23 РГАВМФ, ф. 216, оп. 1, д. 49, л. 632 об., 647. Published in Danish translation: N. Okhotina Lind, P.U. Møller. *Op.cit.*, pp. 119, 126-127.

24 РГАВМФ, ф. 216, оп. 1, д. 49, л. 647. Published in Danish translation: N. Okhotina Lind, P.U. Møller. *Op.cit.*, pp. 126-127

25 РГАВМФ, ф. 216, оп. 1, д. 49, л. 669. Published in Danish translation: N. Okhotina Lind, P.U. Møller. *Op.cit.*, p. 127.

26 РГАВМФ, ф. 216, оп. 1, д. 60, л. 226. Published in Danish translation: N. Okhotina Lind, P.U. Møller. *Op.cit.,* p. 143.

27 РГАВМФ, ф. 216, оп. 1, д. 60, л. 203-206. Published in Danish translation: N. Okhotina Lind, P.U. Møller. *Op.cit.,* pp.147-149.

28 РГАВМФ, ф. 212, оп. 11, д. 667, л. 28-29.

29 ПСЗРИ, том 6, St. Petersburg 1830, № 3485, p. 58.

30 РГАВМФ, ф. 212, оп. 11, д. 667, л. 48-49об.

31 Ibidem, л. 76-77об.

Кабинет-министр А.И. Остерман и Вторая Камчатская экспедиция

Е.Е. Рычаловский
(РГАДА, Москва)

Положение, занимаемое Кабинетом Её Императорского Величества, или Кабинетом министров, в 1731-1741 гг., заставляет нас рассмотреть вопрос о его значении в организации и контроле за деятельностью Второй Камчатской экспедиции. Проблема была поставлена, по крайней мере в нынешнем столетии, в исследованиях А.А. Покровского и А.И. Андреева,[1] однако до сих пор отдельно не изучена. Между тем, такое изучение было бы весьма плодотворно, например, с точки зрения истории права. Благо, к этому располагают значительное число учреждений и должностных лиц, так или иначе вовлечённых в упомянутое предприятие, и огромный объём источников, разбросанный по нескольким архивохранилищам России.

Кабинет министров был учреждён именными указами 18 октября и 6 ноября 1731 г.[2] «для лучшаго и порядочнейшаго отправления всех государственных дел», подлежащих решению императрицы Анны Иоанновны, в составе канцлера графа Г.И. Головкина, вице-канцлера графа А.И. Остермана и действительного тайного советника князя А.М. Черкасского.[3] «Порядочнейшее отправление дел» заключалось в докладах государыне различных входящих бумаг (дважды в неделю или по обстоятельствам дела) и доведении до соответствующих ведомств её резолюций. Таким образом, Кабинет первоначально представлял собою – во всяком случае официально – некий совет при императрице. Состоял он из лиц, до означенных указов входивших в число сенаторов, но выделенных оттуда и поставленных «в непосредственное отношение к верховной власти».[4] Обращение к сей власти всех государственных учреждений – от низших до Сената – и частных лиц шло через Кабинет министров, если только не действовали через фаворитов.

Постепенно полномочия его расширялись. Примерно в 1733 году появляется новая форма указов без подписи императрицы: «по Ея Императорскаго Величества указу», с подписями кабинет-министров, т.е. последние присваивают себе весьма важное право, позволявшее советникам по ряду проблем (с течением времени – весьма и весьма многим) принимать решение самостоятельно.[5] 9 июня 1735 г. законодательно фиксировалась возможность, когда «словесные именные указы» достаточно стало подписывать трём министрам.[6] К 1741 г. Кабинет приобретает олигархические черты Верховного тайного совета, упразднённого императрицей Анной за попытки ограничить самодержавие.[7] Преимущественным вниманием министров пользовались внешняя политика, армия и флот, финансовая и фискальная системы, внешняя торговля. Нетрудно заметить, что Камчатская экспедиция соприкасалась со всеми этими частями государственного организма. Она получила поддержку на заседании Кабинета 26 марта 1732 г., где слушались предложения Беринга о Камчатке: «как оную для лутчаго содержат[ь] и судно мореходное построит[ь] надлежит».[8] 17 апреля министры «ходили к Ея Императорскому Величеству с докладами и указами», в результате чего появился известный именной указ Сенату «об определении на Камчатку для показанных исправлений капитана-командора Беринга и о Писареве».[9] Различные ведомства оказались причастны к экспедиции. В связи с чем остановимся на взаимоотношениях некоторых из них и Кабинета.

Сенат с 1731 г. находился в подчинённом положении, хотя юридически это не закреплялось. Более того, министры сохраняли в отношении его некоторую почтительность: сенаторы привлекались к участию в кабинетских «консилиумах» для обсуждения разнообразных предметов, именные указы Сенату подписывались только императрицей. Кабинет отдавал ему словесные «приказы» и письменные «сообщения» (per excellentiam), формально не равнозначные указам, Сенат же посылал «объявления», а не доношения, как прочие инстанции.[10] Однако многие приказы и сообщения являлись поручениями рассмотреть законодательные и административные вопросы, представив на «апробацию» мнение или решение, т.е. черновая подготовительная работа возлагалась на сенаторов, причем в случае несогласия с их мнением Кабинет «особым рассуждением» заставлял переделывать или дополнять сенатский документ.[11] С 1735 г. на «всеподданнейших докладах» Сената и сообщениях его в Кабинет министры ставят резолюции, фактически – указы,[12] на что обращено внимание в докладе «собрания» министров, сенаторов и генералитета императрице Елизавете Петровне от 3 декабря 1741 г.[13] Здесь же упомянуто с осуждением и о практике переписки Кабинета, минуя Сенат, с нижестоящими учреждениями, к чему мы вернёмся ниже.[14] Наконец, следует сказать об именных указах от 11 ноября и 30 декабря 1731 г., требовавших доставления в Кабинет министров из всех присутственных мест ежемесячных реестров: первый – судебных («челобитчиковых»), второй – решённых и нерешённых дел,[15] и определивших в том числе характер отношений его с Сенатом по Камчатской экспедиции. В реестре, поданном при сенатском рапорте 7 мая 1732 г., «что учинено по указам Ея Императорскаго Величества с 1 по 6 мая», содержится пространное изложение указов от 2 мая во исполнение именного 17 апреля.[16] Ранее, 17 марта, с сенатским секретарём Дмитрием Непоживым были прислана из Кабинета записка, где предписывалось «подат[ь] ведомость о Охоцку, кто туда определен, и что делат[ь], и каких людей, и для чего туда посылат[ь] велено, и ест[ь] ли оттуда о тамошнем состоянии репорты, и что делается; и буде таких репортов нет, то подтверждат[ь] указами».[17]

Таким образом, подготовительная работа проводилась в Кабинете до заседания 26 марта; Сенат выступает здесь как передаточная инстанция (известия подали из Сибирского приказа). И в дальнейшем он неоднократно привлекается для сбора сведений в нижестоящих ведомствах, связанного с рассылкой разнообразных, иногда сразу нескольких указов, но преимущественно до 1738 г. Возвращаясь к 1732 году, упомянем приказ через обер-секретаря И.К. Кирилова рассмотреть инструкцию Скорнякову-Писареву и подать «рассуждение», не следует ли что-либо «прибавить» оттуда в инструкцию Беринга,[18] и подносимые министрами на высочайшее утверждение сенатские доношение о награждении Беринга за Сибирскую экспедицию 1000 рублями и доклад о «правилах» тому же Берингу.[19] Из Сената отсылались на рассмотрение в Кабинет «Известие о новой карте моря Восточнаго» Ж.Н. Делиля и инструкции, составленные профессорами Академии наук (в копиях).[20] В журналах за 1733 год мы находим два утверждённых императрицей сенатских доклада – «об определении в Охотск командиром Григория Писарева и о розыске о камчатском бунте и о прочем», а также об отправлении на Камчатку третьего профессора и выдаче жалованья профессорам и студентам.[21] При этом участие министров, думается, не являлось простой формальностью, хотя источники – особенно относящиеся к начальному периоду деятельности Кабинета – крайне скупо освещают их роль, всех вместе и каждого в отдельности. Видимо, некоторые документы направлялись адресно к кому-нибудь одному и не регистрировались в записных книгах входящим доношениям (например, упомянутые профессорские инструкции). Затем министр излагал своё мнение, вне рамок кабинетского собрания, и оно с возвращением бумаг доводилось в устной форме. Либо же, если бумаги требовали высочайшей санкции, в ходе доклада излагалось коллегиальное мнение министров.

В 1734-1735 годы, если судить по журналам, в отношениях Кабинета с Сенатом, как впрочем и с другими ведомствами, по Камчатской экспедиции наступает затишье. В 1736 г. оживление вызвали доношения и челобитные бывшего капитан-поручика флота Василия Казанцева, снова, после лейтенанта Михаила Плаутина, затронувшего вопрос о целесообразности огромных затрат на экспедицию и заведение Охотского порта, о «непорядках» и злоупотреблениях Беринга и Скорнякова-Писарева.[22] Последовали приказы Сенату – прислать ведомость о самом Казанцеве и краткий экстракт, «от капитана-порутчика Казанцева в какой силе пункты об опровержении Камчатской экспедиции присланы и какое на то мнение от Адмиралтейской коллегии представлено».[23] Сложившаяся к концу 1737 г. ситуация: излишние расходы, «нерадетельныя исправления» Беринга, «непорядочные поступки» Скорнякова-Писарева, непрерывные раздоры между участниками предприятия подтолкнули Кабинет к более активному вмешательству.

25 декабря оттуда объявляют высочайшее повеление Сенату об отсылке Писарева на прежнее место и замене его на

«добраго совестнаго человека».[24] 8 февраля 1738 г. кабинет-министры ставят резолюцию на сенатское сообщение, давая согласие на расследование всего дела и доводов, изложенных охотским командиром, предписывая вместе с тем держать его «за арестом».[25] В ответ на рапорты Беринга 10 февраля Сенат подаёт доношение о представленных Адмиралтейской коллегией кандидатах «для понуждения Якутской и Иркутской воеводских канцелярий в скорейшем отправлении принадлежащих к Камчатской экспедиции материалов и припасов, провианта, работных людей и прочаго» – лейтенантах Воинс Римском-Корсакове и Никите Лопухине.[26] В записной книге за 1738 г. стоит помета: «возвращено февраля 24 1738 году, чтоб представили других».[27] 10 апреля зарегистрировано новое доношение – о посылке лейтенантов флота Василия Ларионова и Гаврилы Толбугина с производством их в капитаны и награждением двойным жалованьем.[28] В «Реестре поданным в Кабинет письмам разных чисел, которые не решены» напротив доношения стоит помета рукой А.П. Волынского, назначенного на вакантное место после смерти Ягужинского (6 апреля 1736 г.) место: «Мнится, надлежит послат[ь] оных теми ж чинами, в которых они ныне есть, а когда в положенных на них делах покажут свою службу, тогда могут чинами перемены быть… А для далности пути их на проезд выдать не в зачет против годового их окладу на один год».[29] После чего официальная резолюция была составлена за подписями Остермана (разумеется, будучи с ним согласована) и Волынского.[30] Датирована она 31 июля. Другое же сообщение Сената – об определении в Охотск на место Скорнякова-Писарева А. Девиера – поступило в Кабинет 28 июля.[31] В «Реестре входящим доношениям» напротив соответствующей записи видим помету Волынского: «Имет[ь] о сем общее с Его Г[рафским] Си[я]телст[в]ом разсуждение».[32] Решение о назначении Девиера вынесено именным указом от 13 апреля 1739 г.[33] В данных двух случаях, учитывая четырёх- и восьмимесячный срок промедления в оформлении окончательной резолюции, можно признать не лишённым основания обвинение в волоките, высказанное авторами упомянутого доклада 1741 года в адрес Кабинета министров.

Резолюцией министров Остермана и Волынского от 19 августа 1738 г. на доношении Сибирского приказа, предписывавшей сенаторам вместе с Адмиралтейской коллегией рассмотреть вопрос, можно ли «в действо произвесть» Камчатскую экспедицию, а также издать указ об определении «надежного человека» для осмотра пожитков едущих из Сибири жены Беринга и членов его команды; да последовавшим ответным сообщением Сената от 1 октября обозначен рубеж активного взаимодействия этих двух инстанций по оживлению дорогостоящей затеи.[34]

Адмиралтейская коллегия со времён существования Верховного тайного совета сохранила *де факто* право обращения к высшей власти (наряду с коллегиями Иностранных дел и Военной), минуя Сенат.[35] Обычно доклады и доношения коллегии именовались «всеподданнейшими» и подавались на императорский титул, но на деле переписка шла с Кабинетом, затрагивая весьма разнообразные проблемы: строительство и укрепление морских крепостей и портов, постройку и оснащение кораблей, снабжение, действия эскадр на море в мирное и военное время, принятие в службу и увольнение иностранных морских офицеров и т.д. С 1735 года именные указы шли главным образом за подписями министров, но сохранилась и форма собственноручных и словесных императорских указов.[36] После упадка флота в правление Петра II с началом нового царствования внимание к Адмиралтейству несравненно возросло, что отражено в именных указах Сенату 21 июля 1730 г., 22 января 1732 г. и Адмиралтейской коллегии – 24 января 1732 г.[37] Причём морской корабельный и галерный флот в идеологии нового правительства рассматривался как наследие Петра Великого. Внимание к морскому ведомству можно проиллюстрировать хотя бы числом словесных именных указов: за 1732-1738 годы только графом Н.Ф. Головиным их было объявлено 197.[38]

В Кабинет, с самого учреждения, из коллегии стекаются различные ведомости о финансировании и наличном составе флота. В одной из них – в «Ведении, коликое число имеется в Москве морскаго флота афицеров, отпущенных из Санкт Питербурха в годовые отпуски в домы по справке в Адмиралтейской канторе с указами» от 5 ноября 1731 г., за подписью шаутбенахта В.А. Дмитриева-Мамонова, значится капитан «Витез Беринг», «по Камчатской экспедицы у щетов своих».[39] В списках «морского флота обер- и ундер-офицером» и «корабельного флота флагманам и обер-офицерам» 1733 года находим участников экспедиции с краткими сведениями (в первом из них) о годе вступления в службу и последних чинах.[40] 12 февраля того же года кабинет-министры ходили с докладом к императрице, в результате чего получено одобрение на представление коллегии о выдаче Берингу капитан-командорского жалованья с определения его в этот чин и «для посылки» – двойного жалованья на год.[41]

Во исполнение упомянутых указов об учреждении Воинской морской комиссии и представлении мнений флагманов в Кабинет поступают «Рассуждение о трудностях и государственной пользе Камчатской экспедиции»[42] и, наверняка, предложение Н.Ф. Головина от 12 октября 1732 г.[43] В дальнейшем, в 1734-1738 гг., переписка с Адмиралтейской коллегией по интересующим нас предметам была менее интенсивной (опять же, если судить по кабинетским журналам и записным книгам), нежели с Сенатом, но касалась примерно сходных проблем. Летом-осенью 1736 г. министры, пытаясь подвести предварительные итоги за 3 года и уяснить причины затягивания экспедиции,[44] требовали от коллегии подать экстракт из рапортов Беринга «о сыскании к Камчатке и Японии пути и что по них учинено» (13 июля и 3 сентября)[45] и ведомость о действиях северного отряда (5 августа).[46] 13 декабря 1737 г. и 13 марта 1738 г. из Адмиралтейства пришли доношения: об определении по рапортам Беринга и перемене Скорнякова-Писарева и о плаваниях на Северном Ледовитом океане.[47] На первое сохранилась резолюция Остермана: «Учинит[ь] по сему мнению, а о Писареве послат[ь] указ в Сенат»,[48] второе принято «во известие».[49]

В начале 1740 г. Кабинетом, по распространённому мнению – по инициативе Волынского, предпринимаются действия, отстраняющие на некоторое время коллегию от решения судьбы руководства экспедицией. Одним или несколькими днями ранее 7 января президенту коллегии графу Головину нарочные солдаты С. Томилов и К. Волохов подают доношения Беринга и Шпанберга о плавании последнего к Японии и некоторые вещи – раковины, цветы и деревья. Волынский докладывает о том императрице. Важность произошедшего события вызвала следующие шаги. 7 января Волынский объявляет словесный указ Анны Иоанновны забрать доношения и вещи в Кабинет, для чего посылают к Головину канцеляриста Суровцева. В тот же день документы и вещи доставляют вместе с солдатами к министрам. Министры слушают доношения и приказывают составить из них экстракт. Суровцева снова посылают к Головину с указанием, «дабы он (адмирал – *прим. автора*) о том как сам, також ежели и другие кто в Адмиралтейской колегии об оном ведают, подтвердил с подпискою, чтоб никому не объявляли и содержали то секретно».[50] Только 8 января состоялось слушание доношений в Адмиралтейской коллегии.[51] Приблизительно в марте в Кабинет забирают, вероятно также от Головина, рапорты Шпанберга от 15 и 17 ноября 1739 г. с журналами и картой. Верховная власть должна была одновременно добиться от экспедиции скорейшего достижения ощутимых результатов и сохранить секретность открытий, связанных с предметами государственной значимости – территориальными приобретениями и морской торговлей. Именными указами от 14 апреля устанавливалась обязательность подачи доношений членами Камчатской экспедиции непосредственно министрам,[52] то есть юридически подчинённость её отныне являлась тройной (до конца 1741 г.) – Сенату и Адмиралтейской коллегии, как и вначале, и Кабинету. Неудивительно поэтому, что и после апреля взятые из коллегии бумаги не торопились возвращать. В начале октября коллегия просила вернуть Беринговы рапорты, подчёркивая, что, «может, он, Беринг, требовал о некоторых делах от коллегии, о чем оная … неизвестна».[53] 10 октября их отдали Головину.[54] Рапорты Шпанберга прислали назад соответственно 17 ноября и 17 октября.[55] Правда, запись в реестре входящим документам от 2 и 3 сентября говорит как будто о сохранённом порядке поступления доношений из Камчатской экспедиции обычного содержания, направляемых в адрес Адмиралтейства: коллегия, уведомляя о рапортах Беринга (4 февраля) и Шпанберга (15 апреля), просто пересказывает их;[56] но в это время министры ожидали получения и получали почти аналогичные рапорты, и не было необходимости изъятия новых документов.

Несколько слов скажем о переписке с Кабинетом министров Сибирского приказа и Сибирской губернской канцелярии – учреждений, в чьи обязанности входила забота о финансировании экспедиции и прикомандировании служилых и работ-

ных людей. В основном здесь речь идёт о таможенных и ясачных сборах, поставках пушнины для нужд двора и диплома-
тии, караванной торговле с Китаем, заведении почт, подавле-
нии мятежей народностей Сибири и пр. Например, 23 марта
и 6 апреля 1736 г. приходят доношения из Сибирского приказа о действиях Скорнякова-Писарева по сбору ясака на Курильских островах и об отправке им «мягкой рухляди».[57] 26
сентября того же года сибирский губернатор П. Бутурлин от-
правляет ведомость «Коликое число в Сибирской губернии,
кроме Иркуцкой провинции, велено быть по штату для служб
и посылок дворян, детей боярских и казаков, и в то число сколь-
ко определено и ис того числа в разных посылках и в коман-
дированиях и при городах у дел и у каких имянно», где
содержатся данные также и о количестве посланных из разных мест (Тобольска, Томска, Красноярска и пр.) служилых
людей в Камчатскую экспедицию.[58] Но в переписке 1738-1740
гг. она упоминается в связи с убытками и постоянной нехват-
кой припасов и денег. К доношению Сибирского приказа от
25 июля 1738 г. (см. выше) прибавим доношение от 31 августа о расходах на экспедицию и Охотский порт,[59] экстракт и
справку о доходах и расходах Сибирского приказа и Сибирской губернии от 25 февраля 1739 г.[60] и доношение 1740 г. (до
7 августа), в котором сообщено о недостатке денег в Иркутской провинции на финансирование экспедиции.[61]

Столь подробное изложение основных черт и характера
взаимодействия ведущих в организации Камчатской экспедиции учреждений с Кабинетом понадобилось нам, чтобы обра-
титься к одному из министров, чья подпись стоит на подав-
ляющем большинстве документов, исходивших из этого власт-
ного органа, но чья роль в том или ином деле не всегда уло-
вима. Вице-канцлер Андрей Иванович Остерман, по свиде-
тельству современников, был «душой» Кабинета, хотя формально первым кабинет-министром именовался лишь в 1734-
1740 гг.[62] Его голос в общем мнении министров чаще всего
был решающим, и влияние его не могли сколько-нибудь на-
долго перевесить периодически появлявшиеся здесь
Ягужинский, Волынский, Бестужев-Рюмин или Миних. В
Воинской морской комиссии, о которой мы уже говорили,
председательствовал Остерман. Среди её членов был вице-ад-
мирал, затем президент Адмиралтейской коллегии, Н.Ф. Го-

Портрет А.И. Остермана. Неизвестный художник. (Каталог выставки
*Немец у российского трона: Граф Андрей Иванович Остерман и его
время*, Москва 2000/Bochum 2001).

ловин. До того он в течение шести лет находился в качестве
чрезвычайного посланника в Швеции, следовательно служил
в ведомстве вице-канцлера. Отозвание его из Стокгольма сов-
пало с назначением в комиссию, из чего допустимо сделать

вывод, что и дальнейшее продвижение Головина по служебной лестнице не обошлось без протекции Андрея Ивановича. Коснулась ли протекция Беринга и всей экспедиции?

На заседании Кабинета 26 марта 1732 г., где слушались предложения Беринга, присутствовали лишь двое – Остерман и генерал-фельдмаршал Миних. Морские дела интересовали последнего только тогда, когда действия флота подкрепляли действия армии. Интерес его к географическим открытиям и освоению Сибири тоже нигде не обнаруживается. Попытаемся обосновать следующую гипотезу: Остерман не только изложил своё мнение в пользу предприятия, но и *участвовал* в составлении именного указа 17 апреля.

Приведём обвинение в его адрес из доклада 1741 г.: «Почти чрез целой год тайно содержался в руках графа Остермана Кабинет, и указы имянные и резолюции многие писаны были рукою при нем, Остермане, обретающагося секретаря Сергея Семенова».[63] Однако такой способ законотворчества характерен не только для года до официального учреждения Кабинета, ибо со временем влияние его, а значит – влияние Остермана, только возрастало. Менялись секретари. Более того, сам вице-канцлер часто брался за сочинительство. В «Книге докладам Ея Императорскому Величеству из разных мест с марта месяца 1730 года» находятся два проекта важнейших именных указов начала правления Анны Иоанновны: 1 июня 1730 г., об учреждении комиссии для рассмотрения состояния армии, артиллерии и фортификации, и о разделении Сената на департаменты.[64] Сохранились «концепты» именных указов и указов из Кабинета в Адмиралтейскую коллегию, определённые нами тоже как автографы Остермана: например, именной – от 23 сентября 1737 г. о строительстве в Брянске дубель-шлюпок,[65] из Кабинета – от 3 сентября 1735 г. о назначении главным командиром в Тавров на место умершего вице-адмирала Змаевича контр-адмирала Бредаля.[66] А проект указа из Кабинета о принятии в службу капитана Ларса Шевинга от 6 октября 1735 г. содержит исправления руки Остермана.[67] В «Реестрах входящим доношениям» за 1737, 1738, в небольшой степени – за 1739 и 1740 гг.[68] находим его резолюции – краткие или весьма пространные. Мы приводили резолюцию на доношение Адмиралтейской коллегии о рапортах Беринга. Позволим себе процитировать ещё две. 4 февраля 1737 г. из коллегии поступило доношение, в котором она просила отпустить на строительство судов до 100 тыс. рублей.[69] Вице-канцлер пишет: «Употребит[ь] из своих, понеже здес[ь] вооружение не будет, и остатку немалому быт[ь] имеет».[70] Запись доношения с запросом, кого соизволят определить на место посланного в Коллегию иностранных дел обер-штер-кригс-комисара Ф.И. Соймонова,[71] сопровождена следующим: «На его место другаго определит[ь] не потребно, понеже он толко на малое время послан и к своей должности по-прежнему возвратится имеет».[72]

Комиссия разобрания писем Остермана и прочих обнаружила у бывшего первого министра множество бумаг, в том числе относящихся к морскому ведомству:[73] 84 рапорта из Адмиралтейской коллегии, перечневые ведомости,[74] проект Т. Сандерса,[75] проект о Морской академии[76] и т.д. Под № 58 числится «свяска с разными письмами, касающияся да Камчатской экспедиции».[77] В ней содержались 11 писем Беринга к Андрею Ивановичу за разные годы (одно датировано 7 января 1735 г.; сообщено, что два письма – на немецком языке), по одному доношению Беринга и Шпанберга 1740 г. в Кабинет с ведомостями об исполненном Шпанбергом после отбытия его из Петербурга, один рапорт Беринга (в копии) 1735 г. и два рапорта Шпанберга 1741 г. в Адмиралтейскую коллегию, рапорт Беринга в Сенат 1735 г. «о умножении в Охоцку людей и хлебов и перевозе туда на поселение крестьян», две карты и четыре чертежа. Как видим, основное место «Камчатской коллекции» отведено главе экспедиции и вполне характеризует привычку министров переписываться с должностными лицами через голову их непосредственных начальников. Название «письма» здесь скрывает особую форму рапортов, направленных не на учреждение, а определённому чиновнику (ср. с письмами Чирикова Головину), временами переходящих в прошение о заступничестве. Документы из связки, переданной в Сенат, довольно сложно отождествить с документами, подшитыми в книгу Кабинета по Адмиралтейской коллегии из Сенатского архива: разнятся доношения Шпанберга, в книге нет указанного выше письма от 7 января 1735 г., писем на немецком и т.д.[78] Вероятно, связка бумаг изучалась сенаторами для принятия решения о прекращении экспедиции в 1743 г. Но о письмах Беринга и из связки, и из книги определённо можно сказать одно – большинство из них формально не зарегистрированы как входящие в Кабинет.[79] Исключение составляют письма от 8 и 12 декабря 1735 г.,[80] и от 12 июня и 20 июля 1737 г.[81] из Якутска и из-за Лены. Первые были надлежащим образом оформлены как обоснование последовавшего приказа из Кабинета Адмиралтейству о сочинении экстракта по рапортам Беринга (см. выше), а вторые – приказа, впрочем, в журналах не отмеченного, о подборе кандидатов для посылки в Якутск и Иркутск в помощь экспедиции. Прочие письма оставались в буквальном смысле «во известие» – известие прежде всего Остерману, и вовсе не обязательно зачитывались другим членам Кабинета. Отношение его ко всему предприятию мы бы обрисовали так: «предстатель» экспедиции, добившийся издания необходимого указа вначале; внимательный наблюдатель на протяжении нескольких лет, в определённые критические моменты довольно активно действующий; требовательный начальник в конце. На последней ипостаси Остермана в заключение остановимся.

Благодаря А.А. Покровскому в историко-географической литературе утвердилось мнение, что попытка поставить во главе Камчатской экспедиции вместо Беринга М. Шпанберга в начале 1740 г. явилась результатом интриг Волынского и Соймонова против Остермана и Головина. При этом соединяют три данности: недовольство капитан-командором, действия Волынского и Соймонова по отстранению Головина от руководства Адмиралтейской коллегией и борьбу Волынского с первым кабинет-министром за влияние при дворе.

Неудовольствие поступками Беринга берёт начало в 1736 г.[82] В январе 1737 г. за «нерадетельныя исправления и замедления» он был наказан лишением двойного жалованья,[83] то есть до назначения Волынского в Кабинет, а Соймонова – в коллегию. Причем Беринг в 1737 г. – по меньшей мере дважды – оправдывался перед Остерманом, и дважды в 1738 г. – перед Головиным.[84] В не дошедшем до нас письме вице-канцлера находилось «повеление» уведомлять его «обо всем отправлении во экспедицию»,[85] что следует рассматривать как усиление личного контроля за её ходом. Во всяком случае поддержку вышеименованными персонами Беринга нельзя считать безоговорочной.

Существуют два кабинетских указа о вызове Шпанберга в

Петербург – от 7 января 1740 г., отправленный с сержантом
Д. Чичериным на Ижору, от 24 января, посланный к сибирскому губернатору, и именные указы из Кабинета от 7 марта (во исполнение изустного 26 февраля) о вызове Беринга,
так и оставшиеся без движения.[86] Если первый подписан
только князем Черкасским и Волынским, то остальные четыре – всеми министрами. В первом случае лишь подтверждается
практика необязательности подписей всех министров под ка-
бинетскими указами (многие изданы без подписи Черкасского). Авторитет исследователей, убедительно рассказывающих,
каким образом осторожному Остерману удавалось одерживать
верх над вспыльчивым Волынским в принятии окончательного
решения, не позволяет нам допустить мысль о вынужденности
подписи графа в остальных случаях.[87] Можно возразить, что
Остерман не смел не выполнить словесное повеление государы-
ни о перемене Беринга и не подписать именной указ. Но
словесным указам в таких делах предшествовало мнение министров. В конце февраля Волынский уже не пользовался
прежней доверенностью, и вряд ли мнение представили вопреки согласию графа Андрея Ивановича. Перед нами два фак-
та: плавание Шпанберга к берегам Японии являлось в начале 1740 г. почти единственным оправданием огромных затрат
на экспедицию; подпись Остермана стоит на указах 7 марта,
где ясно говорится о вручении команды Шпанбергу. Указы
24 января и 14 апреля давали капитану право прямой переписки с Кабинетом, чем он неоднократно пользовался, посы-
лая и доношения о получении распоряжений (от 16 апреля и
9 июля 1740 г.),[88] и отдельные «ведомости» о своих действиях
(от 29 августа и 18 сентября 1740 г., и от 18 апреля 1741 г.).[89]
В результате он занял более высокое место в служебной ие-
рархии, хотя и продолжал получать ордеры Беринга.

Ещё один аргумент сторонников прежней версии. После па-
дения Волынского с А. Друкортом отправили новый указ, со-
хранивший за Берингом руководство. Однако «post hoc non
propter hoc». Мы пока не знаем, насколько было принято после ареста и суда над Волынским, Соймоновым и другими от-
менять прежние инициированные ими приказы и поступать
вопреки их мнению. Кроме того, в указе 14 апреля Берингу
стоит достаточно жесткая формулировка: «… накрепко …
подтверждается, чтоб Вы в порученном Вам деле поступали,

как данныя инструкции и указы повелевают, без всякого упущения, имея в том крайнее старание». *Все офицеры экспедиции* должны были составить обстоятельную ведомость и направить её в Кабинет за собственными подписями.[90] Говорит ли это о прежнем доверии к начальнику Камчатской экспедиции? В письме последнего к «Его Сиятельству» от 20 апреля 1741 г., посланном одновременно с общим доношением в Кабинет, снова видим оправдания и даже признание, что на него «причина имеется жаловатся».[91] Неизвестный автор «краткого экстракта» 1743 г. пытался обвинить первого кабинет-министра в напрасной трате средств на экспедицию и в качестве примера «непорядков и упущений назвал «непорядочные журналы и карту» Шпанберга. Но о каком-либо попустительстве Берингу речь не идёт.[92]

Прибавим, что Головину именной указ от 29 мая[93] и августовский «концепт» указа 1738 г. ставят в вину различного рода злоупотребления по службе и казнокрадство. «Концепт» предусматривает даже отстранение Головина и проведение следствия в Сенате.[94] Но ни в указах, ни в оправдательных прошениях адмирала императрице[95] Камчатская экспедиция не упомянута, т.е. всевозможные проступки и неудачи Беринга за 7 лет представляются как средство компрометации вице-канцлера и президента Адмиралтейской коллегии, по всей видимости, только в воображении позднейших исследователей. Да и отстранение Беринга не влияло на расклад сил при дворе. Остерману и Головину как бы отказывают в естественном праве колебаться, принимая кадровые решения, и строго взыскивать за ущерб казне, пусть бы это и касалось когда-то обласканных ими людей.

Тема участия графа Остермана в судьбе Второй Камчатской экспедиции не может считаться исчерпанной данной статьёй. Распределение сведений, иногда мельчайших, по разным источникам, обычай бесписьменной передачи приказов из Кабинета министров в Сенат и другие ведомства далеко не всегда позволяют вычленить его роль в управлении экспедицией. Поэтому рассказ о деяниях Остермана часто приходится подменять описанием действий Кабинета, взяв за постулат решающее значение его основателя. Сравнив для примера объём переписки министров с Камчатской и Оренбургской экспедициями, мы убедимся, что последняя пользовалась

большим вниманием. Но нам не известна подобная же форма параллельной отчётности: Кирилов адресует доношения в
Кабинет и не пишет одновременно конкретному министру.[96]
Без изучения переписки с Остерманом людей, стоявших гораздо ниже его на иерархической лестнице, трудно судить о
подоплёке писем Беринга. Связаны ли они с оказанным ка-
питан-командору покровительством или с интересом к пору-
ченному ему делу? Одно несомненно: председательство в
Воинской морской комиссии, участие в составлении многочисленных указов по морскому ведомству, наконец, «старa-
ние» о команде Беринга выдают в графе Остермане
продолжателя реформ Петра Первого и делают неслучайным
пожалование ему 10 ноября 1740 г. чина генерал-адмирала.[97]

СНОСКИ

1. *Экспедиция Беринга. Сборник документов*, сост. А.А. Покровский,
    Москва 1941, с. 40-53, 408-413; А.И. Андреев, «Экспедиции В. Бе-
    ринга», в: *Известия ВГО*, т. 75, вып. 2, с. 13, 22-23; он же, *Очерки
    по источниковедению Сибири. Вып. 2. XVIII век (первая половина)*,
    Москва-Ленинград 1965, с. 63-64.

2. Все даты приведены по старому стилю.

3. *ПСЗРИ*, т. 8, № 5871; А.Н. Филиппов, «Кабинет министров и Пра-
    вительствующий Сенат в их взаимных отношениях (1731-1741 гг.)»,
    в: *Сборник правоведения и общественных знаний*, т. 7, Москва 1897,
    с. 2-12.

4. А.Н. Филиппов, «Кабинет министров», с. 11-12.

5. В. Строев, *Бироновщина и Кабинет министров. Очерк внутренней
    политики императрицы Анны*, часть 1. Москва 1909, с. 150.

6. *ПСЗРИ*, т. 9, № 6745.

7. А.Н. Филиппов, «Кабинет министров», с. 31.

8. См. в «Книге записной полученным в Кабинет Ея Императорскаго
    Величества из разных мест доношениям и репортам» за 1732 год
    под № 151 от 26 марта; также: «Журнал Кабинета», в: *Сборник
    РИО*, т. CIV, Юрьев 1898, с. 216.

9. «Журнал Кабинета», с. 230; *ПСЗРИ*, т. 8, № 6023.

10. А.Н. Филиппов, «Кабинет министров», с. 20-25.

11. Там же, с. 40-44.

12. Там же, с. 39-41.

13. РГАДА, ф. 16, д. 105, л. 33об.-34.

14. РГАДА, ф. 16, д. 105, л. 34-34об.

15. *ПСЗРИ*, т. 8, № 5872; А.Н. Филиппов, «Кабинет министров», с. 13-15.

16. РГАДА, ф. 248, кн. 1109, л. 368-372об.

17. РГАДА, ф. 248, кн. 666, л. 59. Напомним, что Г.Г. Скорняков-Писарев был назначен начальником Охотского порта по предложению П.И. Ягужинского, в чью «дирекцию» именным указом от 20 декабря 1730 г. (*ПСЗРИ*, т. 8, № 5659) передавался воссозданный Сибирский приказ – РГАДА, ф. 248, кн. 666, л. 50.

18. *Сборник РИО*, т. CIV, с. 278.

19. Там же, с. 288, 290-291, 546.

20. РГАДА, ф.248, кн. 666, л. 259-290об.

21. Журналы от 9 мая и 4 июня, – см.: *Сборник РИО*, т. CVI, Юрьев 1899, с. 204, 207-213, 253, 275-276.

22. *Материалы для истории русского флота*, часть 8, Санкт-Петербург 1880, с. 159, 194-197, 243-245. Прошения Казанцева рассмотрены в Кабинете 27 июля и 11-15 октября, – см.: *Сборник РИО*, т. CXIV, Юрьев 1902, с. 354, 490-491, 494.

23. Журналы от 8 и 15 октября – см.: *Сборник РИО*, т. CXIV, Юрьев 1902, с. 485, 494.

24. *Сборник РИО*, т. CXVII, Юрьев 1904, с. 741-742.

25. *Сборник РИО*, т. CXX, Юрьев 1905, с. 74-75. В записной книге за 1738 г. под № 387 от 6 февраля, – см.: РГАДА, ф. 248, кн. 1177, л. 43.

26. *Сборник РИО*, т. CXX, с. 78.

27. РГАДА, ф. 248, кн. 1177, л. 51об.

28. РГАДА, ф. 248, кн. 1177, л. 129, № 1304.

29. РГАДА, ф. 248, кн. 1178, л. 113.

30. *Сборник РИО*, т. CXXIV, Юрьев 1906, с. 104.

31. РГАДА, ф. 248, кн. 1177, л. 269об., № 2483.

32. РГАДА, ф. 248, кн. 1178, л. 175об.

33. Там же, л. 269об.

34. *Экспедиция Беринга*, с. 83-84; РГАДА, ф. 248, кн. 1177, л. 347об.-348 (с пометой: «Во известие»).

35. В. Строев, *Бироновщина и Кабинет министров*, часть 1, с. 74; В. Чубинский, *Историческое обозрение устройства управления морским ведомством в России*, Санкт-Петербург 1869, с. 64.

36. *Материалы для истории русского флота*, часть 8, с. 41-42, 155, 163-164.

37. *ПСЗРИ*, т. 8, №№ 5593, 5937, 5939.

38. РГАДА, ф. 6, д. 252, л. 34.

39. РГАДА, ф. 248, кн. 1089, л. 3.

40. РГАДА, ф. 248, кн. 1137, л. 723-758, 760-779об.

41. *Сборник РИО*, т. CVI, с. 61.

42. РГАДА, ф. 248, кн. 1089, л. 548-552. В Сенат подано 16 октября.

43. Подано на высочайшее имя, – см.: *Русские экспедиции по изучению северной части Тихого океана в первой половине XVIII в.*, Москва 1984, с. 113-116.

44. Поводом послужили письма и рапорты Беринга и Казанцева.

45. *Сборник РИО*, т. CXIV, с. 315, 427.

46. Там же, с. 369-370.

47. РГАДА, ф. 248, кн. 1166, л. 344; *Сборник РИО*, т. CXVII, с. 722; там же, т. CXX, с. 180.

48. РГАДА, ф. 248, кн. 1165, л. 461.

49. РГАДА, ф. 248, кн. 1177, л. 93.

50. РГАДА, ф. 248, кн. 1196, л. 4-4об. Запись найдена нами в «чёрных журналах» за 1740 г. В публикацию кабинетских журналов А.Н. Филиппова за апрель этого же года она не вошла. Скорее всего, её не стали переписывать набело.

51. *Материалы для истории русского флота*, часть 8, с. 636.

52. Через введение прецедента – составление общей ведомости для Кабинета по итогам экспедиции за 7 лет, см.: РГАДА, ф. 248, кн. 1089, л. 846-848об.

53. *Сборник РИО*, т. CXLVI, Юрьев 1915, с. 516.

54. РГАДА, ф. 248, кн. 1196, л. 451. Запись в «чёрном журнале» с некоторыми подробностями, не вошедшими в беловой.

55. *Русские экспедиции*, с. 188, 194.

56. *Сборник РИО*, т. CXLVI, с. 456-457; РГАДА, ф. 248, кн. 1089, л. 857-857об.

57. *Сборник РИО*, т. CXIV, с. 129, 150.

58. РГАДА, ф. 248, кн. 1102, л. 1445-1451об.

59. Там же, л. 470-473.

60. Там же, л. 522-525об. Отдельно выделены расходы «в Камчатскую экспедицию и профессорем на щет Охотцкого порта» с 1733 по 1738 гг.

61. РГАДА, ф. 214, оп. 1, часть 7, д. 4884, л. 2.

62. Б.Х. Миних, «Очерк управления Российской империи», в: *Перево-роты и войны*, Москва 1997, с. 294.

63. РГАДА, ф. 16, д. 105, л. 33.

64. РГАДА, ф. 248, кн. 1081, л. 201-206об., 209-210.

65. РГАДА, ф. 177, оп. 1, 1737 г., д. 77, л. 71-71об.

66. РГАДА, ф. 248, кн. 1089, л. 267-267об.

67. Там же, л. 279.

68. «Реестры» использовались для предварительного изложения мнений министрами. Мнение Остермана зачастую оставалось неизменным и затем оформлялось в официальную резолюцию. В реестрах с 7 апреля по 3 ноября 1738 г. преобладает почерк Волынского. Но его пометы не свидетельствуют об оттеснении вице-канцлера на второй план. В 1739-1740 гг. пометы более редки и кратки и, видимо, делаются преимущественно секретарями под диктовку.

69. РГАДА, ф. 248, кн. 1166, л. 26об.

70. РГАДА, ф. 248, кн. 1165, л. 35.

71. РГАДА, ф. 248, кн. 1166, л. 63.

72. РГАДА, ф. 248, кн. 1165, л. 84об. (датировано 13-м марта).

73. РГАДА, ф. 6, д. 322, часть 3, л. 399об.

74. Там же, л. 238об.

75. Там же, часть 4, л. 222.

76. РГАДА, ф. 21, д. 45.

77. РГАДА, ф. 6, д. 322, часть 4, л. 238-238об.

78. РГАДА, ф. 248, кн. 1089, л. 784-822.

79. За 1741 г. сведений о входящих у нас нет.

80. РГАДА, ф. 248, кн. 1089, л. 800-807. Под №№ 1030 и 1031 от 12 июля 1736 г. – РГАДА, ф. 248, кн. 1151, л. 162.

81. РГАДА, ф. 248, кн. 1089, л. 808-822об. Под №№ 510 и 509 от 12 февраля 1738 г. – РГАДА, ф. 248, кн. 1177, л. 56об.-57.

82. *Материалы для истории русского флота*, часть 8, с. 196-197.

83. Там же, с. 312-315.

84. *Экспедиция Беринга*, с. 309-312.

85. РГАДА, ф. 248, кн. 1089, л. 808.

86. Там же, л. 828, 832-832об., 841-844.

87. С.М. Соловьёв, «История России с древнейших времён», т. 20, в: С.М. Соловьёв, *Сочинения*, кн. X, Москва 1993, с. 655-656; А.Н. Филиппов, «А.П. Волынский как кабинет-министр», в: *Исторический вестник*, т. 84, Санкт-Петербург 1901, с. 558-562.

88. РГАДА, ф. 248, кн. 1089, л. 834-834об., 855-856об.

89. РГАДА, ф. 248, кн. 1198, л. 6-6об. (под № 17 от 3 января в записной

книге 1741 г.); РГАДА, ф. 6, д. 322, часть 3, л. 238-238об. (в реестре Комиссии разбора писем Остермана и пр.); РГАДА, ф. 248, кн. 1198, л. 355-355об. (под № 1394 от 2 октября).

90. РГАДА, ф. 248, кн. 1089, л. 846-847.

91. *Экспедиция Беринга*, с. 329-332.

92. Там же, с. 370.

93. *Сборник РИО*, т. CXX, с. 435-439.

94. РГАДА, ф. 6, д. 252, л. 37-45.

95. От 20 апреля 1740 г., см: *Материалы для истории русского флота*, часть 8, с. 592-600.

96. Сказанное относится лишь к схеме отчётности: нижестоящая инстанция – Кабинет министров, должностное лицо – министр. Сохранились письма Кирилова графу Э.И. Бирону за 1734-1735 гг. (РГАДА, ф. 11, д. 529, л. 1-8об; ф. 199, портф. 512, д. 5, л. 2-5об. Последнее в переводе на немецкий), подтверждающие известие академика Г.Ф. Миллера, что сенатский обер-секретарь, подавая свои «Предложения» по Камчатской и Оренбургской экспедициям, рассчитывал прежде всего на поддержку фаворита. Для чего Миллер и перевел их на немецкий язык (*Материалы для истории Императорской Академии наук*, том 6, Санкт-Петербург 1890, с. 253). Письма говорят о помощи и «призрении» Бирона на первом этапе укрепления южноуральской границы России как о свершившемся факте. Таким образом, перед нами еще один случай из практики дублирующего контроля за государственными мероприятиями со стороны наиболее влиятельных сановников.

97. С.М. Соловьёв, *Сочинения*, кн. XI, Москва 1993, с. 28-29.

The Changing Images of Vitus Bering

A Critical Study in the Russian and Danish Historiography of his Expeditions

Peter Ulf Møller
(Aarhus University)

> It was put into the newspaper; it
> was printed; and it's quite true *that
> one little feather may swell till it
> becomes five fowls.*
> HANS CHRISTIAN ANDERSEN

This article examines how images of Vitus Bering evolved chronologically from the earliest historiography of his expeditions to 1981: in imitation of one another, in response to new information and to changing ideological trends, in dialogue or in open dispute between different authors, within one country or across national borders.

The literature on Bering and the Kamchatka Expeditions is vast, as evidenced by the bibliography included in this volume's Addenda. For the purposes of the present article limitation and selection have been necessary. The focus will be on Russian and Danish expedition historiography that offers an explicit portrayal of the expedition leader, including a few works bordering on fiction. Some works in other languages than Russian and Danish will be discussed for special reasons, but no attempt will be made to provide even a sketchy chronological overview of German, American, and British *Beringiana*. This limitation is partly justified by the existence of an excellent survey article by Carol Urness, which already provides wide coverage of these areas.[1]

Narratology uses the term *character* for the anthropomorphic figures the narrator tells us about, as distinct from people in real life. In imaginative literature, however, characters may often appear so life-like that one is tempted to regard them as real people. Historiography, by contrast, is about people that are real, though usually dead. These real people, however, may often seem so contrived that it is hard to imagine they have ever existed.

Vitus Bering, the explorer, is real. His birth has been recorded in the parish register of his Danish home town Horsens. His personal signature, in Latin letters, appears on a vast number of official documents preserved to this day in various Russian archives. Clearly, the fact of his existence cannot be disputed. Even his skeletal remains have been found and exhumed, on Bering Island in 1991, and taken to the Institute of Forensic Medicine in Moscow for "reconstruction", followed by a ceremonial reburial.[2]

But the reconstruction of Bering *in words* started much earlier. In fact, it began shortly after the explorer's death, in 18th century writings about his achievements and failures. What did men of letters make of him? Which parts of his eventful and relatively well-documented life did they choose to focus on? Does he seem real? Let us take a look at some stages in the historical and literary reconstruction of Bering the man.

18th and 19th Century Russian literature on Bering
Already in the first half of the 18th century scattered information about the Kamchatka Expeditions had already begun to appear in Russia and abroad. But it was not until 1758 that the first full and detailed account of the two expeditions was published. This work might equally well be grouped with the German and the Russian writings on the subject, since its author, Gerhard Friedrich Müller (1705-1783), was born and educated in Germany, but served as a historian with the Imperial Academy of Sciences in St. Petersburg from 1725 to his death. His "Nachrichten von Seereisen, und zur See gemachten Entdeckungen, die von Russland aus längst den Küsten des Eismeeres und auf den Ostlichen Weltmeere gegen Japon und America geschehen sind", was published simultaneously in the original German and in Russian translation in St. Petersburg.[3]

Müller was a participant of the Second Kamchatka Expedition. Having been appointed professor in 1730, at the age of twenty-five, he offered his services in March 1733 to the academic detachment which was to accompany the expedition, and received his official appointment in April. His job description included, among numerous other duties, the role of travelling historian of the expedition itself.[4] Consequently, his account should be regarded as something very close to an official Russian report, addressed to the educated public in Russia and abroad.[5] In the eulogy to Empress Elisabeth at the end of the account, Müller gives Her Majesty credit for having ordered that "what happened" during the expeditions should be made known for the benefit of the whole world. In relating the history and prehistory of the Kamchatka

Expeditions, with all their hardships, tragedies and heroism, Müller is telling a Russian success story and setting it forth as an imperishable memorial ["Denkmahl"] to the blissful reign of Almighty Elisabeth.[6]

The report's official status did not entirely prevent Müller from expressing his personal views, or from underscoring his own contributions to the success of the expedition and assessing other expedition members' actions. Parts of the report are devoted to an analysis of the cartography of Siberia and the Northern Pacific, cf. the subtitle: "Zur Erläuterung einer bey der Akademie der Wissenschaften verfertigten Landkarte", and in questions of cartography he is boldly polemical.

On the whole, though, Müller's account is an objective narrative of events. Individuals are mentioned doing this or that, but never characterized as persons in any detail. Only a few of the most prominent expedition members (Bering, Chirikov, Gmelin, Steller) are rewarded with short biographical notices or more precisely, since they appear with the person's death or last mention, obituaries. Archival documents show that Müller also gathered material for a notice on Martin Spangberg, but there is no trace of it in the printed account. It is possible that he decided to leave it out, having learned through his investigations that Spangberg was still alive in 1758.[7]

Müller's few character sketches are either neutral or approving. Criticism of persons is only expressed in passing, together with the discussion of specific events. Müller seems determined to comply with academic rules of propriety, such as to discuss the matter rather than the man, and to refrain from criticism of the dead since they can no longer reply. For example, he regrets having on an earlier occasion criticised his deceased French colleague, the astronomer Louis Delisle de la Croyère.[8]

Bering gets a short and fairly neutral obituary as a part of the more detailed description of his death on Bering Island. The reader learns that he was a Dane by birth and had sailed to both "Ost- und West-Indien" in his youth. This information is followed by a brief and incomplete list of Bering's promotions in the Russian navy, which leads to a rather restrained summary of his merits: Bering had the skill proper to his office, and much experience. This is why he was twice entrusted with leading such an extraordinary undertaking.[9]

Müller deplores the fact that Bering had to end his days in such a miserable way, describing how the Captain-Commander spent his last days lying in a barely sheltered pit on the beach. "One could say that his still-living body was half buried, because the sand continually rolled down the sides of the hole in which he lay, and covered his feet

[...] so that after his death they had to first scrape the sand away in order to bury him in a proper way in the earth".[10] Müller's description is here clearly based on an eye-witness account (unpublished until 1940) by another expedition member, the Swedish pilot Sven Waxell, who served as first officer on Bering's ship "St. Peter".[11] Unusual and sad, the half-burial of Bering alive became a popular ingredient in future descriptions.

In spite of his efforts to observe neutrality, Müller also initiated another frequently recurring notion: that of the partial failure of the First Kamchatka Expedition. As might be expected, this occurs in a passage on cartography. Bering's main endeavour, Müller explains, was to map the coast line northward of the mouth of the Kamchatka River, in which he succeeded "fairly well".[12] However, the Captain-Commander did not reach the north-eastern corner of Asia, as he thought, but only a promontory called "Serdze Kamen" locally. The real north-eastern corner, "das eigentliche Tschuktschische Noss", is several degrees further to the north.[13] Müller adds indulgently that no one on board the ship could have known this since it only became clear later, thanks to the author's own geographical studies in Yakutsk in 1736 and 1737.[14]

Bering's death. Drawing by Nikitin, in: M.A. Lyalina, *Russkie moreplavateli arkticheskie i krugosvetnye*, 2nd edition, St. Petersburg 1898 (Helsinki University Library).

Listing the tasks planned for the Second Kamchatka Expedition, Müller remarks that the First Expedition's goal was not discussed again since it was considered already accomplished.[15] Müller's wording indicates that he did not agree. However, towards the end of the 18th century, after Captain Cook's third voyage, it became evident that Bering, and not Müller, had been right about the position of Asia's north-eastern corner. Nevertheless, the question of the First Kamchatka Expedition's possible failure was to become a central theme in future expedition historiography, for reasons more often to do with Bering's leadership.

As for the Second Expedition, Müller states that Bering himself proposed it shortly after his return from the First.[16] This is well worth noticing, since Bering's possible lack of initiative and speed, and even of any serious interest in exploration and discovery, was to become a prominent theme in later literature. But there is another passage in Müller's text already pointing in this direction. Under the year 1736 he notes that Bering was "still" in Yakutsk, organizing the transportation of provisions to Okhotsk, while Spangberg was in charge of the building of ships in Okhotsk, and that neither of them was making much progress.[17] The delay of the Second Expedition had been repeatedly criticised by the authorities in St. Petersburg, so Müller was quite justified as a historian to include this theme, with its implied criticism of the expedition leadership. But since the delay also served as a pretext for the two professors, Gmelin and Müller himself, to return from the expedition without having visited Kamchatka, Müller seems to have had an additional interest in calling attention to this matter.

When Bering's and Chirikov's ships lost sight of each other, early in the voyage to Alaska, Bering gets credit from Müller for having done his utmost to find Chirikov.[18] All other expedition activities connected with Bering's name seem to be stated matter-of-factly, with neither praise nor criticism of the Captain-Commander.

The next literary event to have had an impact on the shaping of Bering's image in Russian historiography was the posthumous publication, in 1793, of Steller's account of his voyage from Kamchatka to America with Bering. Like Müller, Georg Wilhelm Steller (1709-1746) was a German scholar employed with the Academy of Sciences in St. Petersburg. His account was composed in 1743, after he had returned to Kamchatka with the other survivors of the 1741-42 winter on Bering Island. It was largely based on the journal he had kept all throughout the voyage, and whereas Steller himself never made it back from Siberia, his account did, thanks to his fellow academician Johann Eberhard Fischer. It was edited, and considerably revised, by another German academician, Peter Simon Pallas. Published in St. Petersburg, in German only, it bears the title *G.W. Steller's Reise von Kamtschatka nach Amerika mit dem Commandeur-Capitän Bering.*[19]

In his short preface, Pallas highlights two points that become clear from the journal. In view of the early stage of exploration, Steller had been right in many respects about "the location and the nature" ["die Lage und Beschaffenheit"] of the American west coast. Moreover, "the famous Bering" had no longer had the drive and health which had formerly earned him the praise of the great Cook.

The theme of Steller and Bering is central in the narrative, and there can be no doubt that in his own diary Steller looks a lot better than Bering. Their interaction is a special case within the broader conflict between the seamen and the scholar that Steller felt himself involved in during the voyage. Steller saw himself in the humiliating role of an expert who was constantly being overruled and ridiculed by intellectually inferior men. And he saw Bering as the supreme judge on board who could and should have paid him his due, but failed to do so, tending instead to side with the sailors.

The complex relationship between Bering and the author, the blend of mutual sympathy and frequent disagreement, culminating in clashes, makes Steller's account something quite different from Müller's more buttoned-up narrative of expedition events. There are simply no other contemporary sources to compete with Steller for an eloquent close-up on the personality of the Captain-Commander. It is hardly surprising that his account, directly or mediated via other writers, should exert an overwhelming influence on later conceptions of Bering. Traits from Steller's inventory of Bering are easily identified in almost any later verbal portrayal of the explorer. Yet one should remember that Steller's knowledge of Bering was neither unlimited nor unbiased.

Steller insists that Bering had persuaded him to join the voyage to America and to disregard his instructions from the Academy (which were to investigate plants, animals, and minerals on Kamchatka). Furthermore, Steller had already made a promise to join Spangberg's impending third voyage to Japan, and sent an application to the Senate for permission to do so. But since Bering promised to assume full responsibility for the change in Steller's assignment and give him "every possible opportunity to achieve something worthwhile", the academician decided to accept the invitation.[20]

The voyage on the "St. Peter" did not provide ideal conditions, to say the least, for remarkable discoveries in natural history. Tough and eager Steller did, however, manage to make quite a few, including the famous sea-cow. But afterwards, sitting pen in hand, having barely escaped death, he could not escape a feeling of disappointment about the way things had turned out for him. And he knew whom to blame. Out of the three options he had had in early 1741, Bering had talked him into accepting the worst one. "I returned with few results and useful discoveries, not through any fault of mine but because the Captain-Commander kept his promise to me so poorly that I was shown the mainland only from a distance and was finally put ashore for a few hours on three islands".[21]

Steller's often quoted description of how he had to fight for permission to go ashore on the newly discovered Kayak Island for less than a day is one of the highlights of his narrative, and one of the passages most damaging to Bering's reputation.[22] In Pallas' edition of Steller's journal it is further highlighted by the editor's academic solidarity in a foot note: "It is incomprehensible that there was no thought of real exploration and taking possession of the land discovered; one might almost conjecture that the general instructions issued must have been insufficient, or that in so distant parts all subordination and discipline had vanished."[23] Later scholars, however, find it understandable that Bering's first concern was for the safety of the ship.

Steller's influential inventory of Bering's personality can best be seen in his thoughts on the occasion of the Captain-Commander's death.[24] Rather than quoting this crucial and well-known passage in its full length, I will attempt to reduce the obituary to a short list of the deceased's salient features, in order of their appearance, for better overview and for more convenient reference.

According to Steller, Bering was:
1. Danish ("by birth a Dane").
2. A good Christian ("by faith a righteous and godly Christian").
3. Well-mannered, quiet ("by his conduct a well-mannered [...] quiet man").
4. Friendly, well-liked ("by his conduct a [...] friendly [...] man [...] popular with the entire command, both high and low").
5. Faithful, devoted to service ("in 1704 he entered Russian service [...] in which for 38 years [...] he remained with the greatest possible faithfulness, [...] he always strove [...] to carry out [...] whatever he was ordered").

6. Old, tired, ready to retire ("he [...] often lamented that his strength
    for enduring such a burden was inadequate").
7. Slow, wavering, cautious ("it is known that this departed man
    was not born to make quick decisions and conduct swift enter-
    prises").
8. Unselfish, honest ("free from all private interest").
9. Too lenient as a commander ("granting impermissible liberty").
10. Too uncritical, too trustful of the officers under his command ("he
    had too great an esteem for the officers under his command").

The inventory shows Steller's mixed feelings towards the deceased
Captain-Commander, but also to a certain extent the code of the
obituary as a genre. The positive characteristics outweigh the negative ones, as it should be, though not by much (and certainly not in the
rest of the journal...) Four characteristics (2, 3, 4 and 8) are kind and
well-meant, three (7, 9, 10) are clearly critical, and uttered last. The
rest (1, 5 and 6) are ambiguous. Bering's foreign origin was probably
meant as a neutral piece of information, common in obituary notices.
In this respect, too, Bering and Steller were in the same boat. In later
historiography, however, the question of Bering's nationality was to be
highly charged, for and against. His faithful service, characteristic 5,
looks like a pat on the shoulder, but may also imply a serious limitation: that all Bering could do was to carry out orders. And 6 – old age
and tiredness – sounds like a kinder way of saying that Bering was no
longer up to his job, as argued by Pallas above.

There is, of course, a certain arbitrariness in the procedure of re-
ducing a coherent text to a number of separate themes. The list could,
for instance, be further reduced – number 8 might well be seen as just
an aspect of number 2. Characteristics 3 and 4 might be seen as one
category, and the same might apply to 9 and 10. But even so, the inventory may be useful as a tool for identifying continuity and change
in later images of Bering.

The first important piece of prose on Bering by a native Russian was
produced by the naval officer and historian Vasilij Nikolaevich Berkh
(1781-1834) who had been to Russian America with Captain Lisyanskii
on the first Russian circumnavigation of the globe (1803-1806). Berkh
wrote a small monograph, *Первое морское путешествие Россиян* [The
First Sea Voyage by the Russians], devoted to the First Kamchatka
Expedition. It was published in 1823 by the Academy of Sciences in St.
Petersburg. As a service man Berkh was genuinely proud of the history

of his branch of the Russian military. He sees Bering's 1727-29 voyage as the Russian navy's first real experience in sailing the open sea, hence the title of his book.

Berkh is generous with praise for those who had contributed to the glory of his fatherland. Complimentary epithets are readily affixed to a person's name. Müller is called "our esteemed historian Müller" ("Почтенный историограф наш"), even if he is mentioned only to be censured for having published a short and unsatisfactory description of Bering's first voyage.[25] Bering himself gets a fair share of such rather automatic praise. He is frequently mentioned as "this esteemed man", "this worthy man" or "this famous man".[26] In spite of such monotony, the author's praise of Bering seems sincere. Only in a few cases does Berkh express regret or surprise at the course of action taken by Bering. For example, he regrets that Bering did not say whether or not he had observed ice in the Arctic in August 1728.[27] This question was to be repeated in later criticism of the First Kamchatka Expedition.

Berkh compares Bering with Columbus, asserting that he had the same right to gratitude from those who used him in their service even if his voyage took place 236 years after Columbus.[28] Berkh repeated and augmented the comparison with Columbus at the beginning of his short biography of Bering (the first of its kind), which followed his account of the First Expedition: the whole world has Columbus, Great Britain has Captain Cook and Russia has Bering.[29] Summing up Bering's merits, as evidenced by the First Expedition, Berkh stresses the accuracy of his log book and his ability to endure hardships. He was a man who "reflected great credit on Russia and on the century in which he lived".[30] Clearly, Berkh's brand of Russian patriotism had room for recognition of foreigners in the service of the fatherland.

Patriotism and navy enthusiasm did not prevent Berkh from serious scholarship. His study of the First Kamchatka Expedition was the first to make use of the journals or log books of Pyotr Chaplin and of Aleksei Chirikov which he discovered in the archives of the State Admiralty Department. His Bering biography also brought to light new archival material, such as the curious story of how Bering retired from the Russian navy in 1724, only to be reappointed and promoted later the same year.[31] Furthermore, the biography reproduced two proposals by Bering concerning the Second Expedition.[32] Unfortunately, the text of the first proposal appeared in an incomplete and distorted form.

Berkh's Bering biography was followed by short biographical notices on the other officers: Spangberg, Chirikov, and Chaplin (with the erroneous information that Spangberg died in Kamchatka in 1745 or 1746). Ten years later Berkh published an augmented version of the Bering biography in his book *Жизнеописания первых российских адмиралов* [Biographies of the first Russian admirals, 1833]. Here, on the basis of a document from 1764, the author was to break the news that Bering had been hired to serve in the Russian navy in 1704, by vice-admiral Cruys, in the rank of sublieutenant.[33]

Berkh was familiar with Steller's account of the American voyage and quoted his obituary on Bering in Russian translation.[34] He did not add any comments of his own, except for the somewhat surprising introductory remark that Steller regarded Bering "with the same praise" as did Müller. Through Berkh, Steller's image of Bering became known to a wider public in Russia.

The 1840s witnessed an increasing awareness in Russia of the importance of the Kamchatka Expeditions. They were seen not only as outstanding events in the early history of the Russian navy and as the beginning of Russian colonial rule in America, as Berkh saw them, but also as an exploration of such unusual scale and scope that it was not easily parallelled in the history of other European discoveries. The study of expedition documents, preserved in various institutional archives, was intensified. Russian historiography of the expedition was enriched by a couple of studies that demonstrated a new level of familiarity with the archival material. However, acknowledgement of the expeditions' greatness was not necessarily accompanied by similar recognition of their leadership. Instead, two opposite attitudes to the role of Bering and the other officers, and their relative contributions, were to emerge – and eventually to come into collision in the periodical press.

On 14 January, 1848 the well-known St. Petersburg academician Karl Maksimovich Ber[35] (1792-1876) gave a lecture to the Russian Geographical Society on Peter the Great's contributions to the enlargement of geographical knowledge about Russia and the lands bordering her to the east. Full of scholarly enthusiasm and patriotic pride, he set out to prove that "the most important of all geographical expeditions" – by which he means the Second Kamchatka Expedition – sprang from Peter the Great's vision and foresight, as laid down in the three paragraphs of his short instruction for the First Kamchatka Expedition.[36] As Ber saw it, Bering had been unjustly forgotten for fifty years, from the moment of his death until the noble Captain Cook revived his memory by naming the strait between Asia and America after him. Bering's "chain of bad luck" began when he twice sailed through the strait that now

bears his name without spotting the American shore, in August 1728.
The story of the rest of his life became highly "tragipoetic", and Cook
had to defend him against "the only report published in Russia about
his voyages".[37] In his thorough presentation of the many sides of the
Second Expedition, Ber notes that the most serious allegation [«главное
обвинсние»] against Bering was made by Steller. Refuting Steller, Ber
argues that Bering could not have wintered on the American shore
and finds it useless to discuss if he might possibly have prolonged his
stay by a few days.[38]

Concluding his lecture, the academician contrasted Bering and
Cook. While the entire civilized world, even children, knows of Cook's
discoveries, Bering's discoveries were disputed and forgotten "in his
own fatherland" [i.e., in Russia]. In order to redress the damage, the
Russian Geographical Society and the Russian North-American
Company ought to join forces to erect a monument to Bering. "In
Kamchatka there is a small monument to Bering. Will European Rus-
sia ever recognize his services?".[39]

Ber's lecture, with its proposal of a Bering memorial, was published
in the journal of the Geographical Society in 1849. It provoked a sharp
polemical response from a reader who fully shared Ber's enthusiasm
for the Second Kamchatka Expedition, but not for its frail ignti leudur.
Ber's adversary was Aleksandr Petrovich Sokolov (1816-1858), a public
servant in the Ministry of Shipping. Having started his career as a
naval officer, Sokolov was to become one of the most important histo-
riographers of the Russian navy. When Ber's article appeared in print,
Sokolov had already been engaged in archival research for some time in
preparation of a major work on the Second Kamchatka Expedition.[40] He
now decided to release some conclusions about the expedition leadership from his still unpublished study. They appeared in May 1849, in
an article entitled "Bering and Chirikov", over two numbers of the St.
Petersburg newspaper Severnaya pchela [The Northern Bee].

Sokolov argued that if any Russian explorer had been truly forgotten, it was not Bering but "his comrade Chirikov", captain of the "St.
Pavel" during the American voyage.[41] Ber had devoted only a few lines
to him in passing. Sokolov, on the contrary, set out to demonstrate,
by comparison of their performances, that Chirikov was superior to
Bering, both morally and as a sailor.[42]

As for Bering, he was "a Dane by birth", had been "in our service"
for nearly 30 years, was "kind and educated, quite religious", but "with
a weak character", "much too cautious and wavering – a fatal flaw in a

sailor!"[43] Items 1 through 5 on Steller's list, plus 7, are clearly brought in play, in pretty much that order. Bering was furthermore discredited by a quotation from an archival document that seemed to show that the Admiralty considered his first voyage "fruitless" [«бесплодным»].[44] Later, when this turned out to be the result of a misreading, Sokolov was fair enough to admit his mistake, in a footnote to his major work on the expedition – although he added that it made no difference to his general opinion of Bering.[45]

Sokolov's efforts to make Chirikov the hero of the expeditions were to receive timely support from another naval historian, A.S. Polonskii, who was soon to publish his study of the First Kamchatka Expedition, based on newly discovered documents.[46] His scoop was a copy of the written opinions submitted by Spangberg, Chirikov and Bering to the ship's council held on 13 August, 1728, shortly after the expedition had sailed through the Bering Strait. The council was to decide what to do next, and this is now well known as one of the two episodes that did the worst damage to Bering's reputation (the other was his refusal, noted above, to allow Steller more time to explore America). Spangberg's advice was to return to Kamchatka and lay up for the winter. Chirikov's advice was to keep exploring the coast line, even if it could mean wintering in the far north. Bering decided to play safe and followed Spangberg's advice.

Polonskii suggests that Bering tried to hide the "bright advice" offered by his "wise, but modest fellow traveller", since the Captain-Commander did not quote Chirikov's and Spangberg's opinions in any of his reports to the Admiralty College.[47]

Sokolov, who wrote a short article based on Polonskii's research, is also enthusiastic about Chirikov's advice, which he sees as the first manifestation of "Bering's wise, courageous and modest fellow travel-ler".[48] The First Kamchatka Expedition's near-failure had obtained a new meaning. The truly remarkable thing about the expedition was not, in Sokolov's words, its solution of the question assigned to it, since it did not answer this question very well, but all the hardships endured by the expedition members on their way from St. Petersburg to the Arctic.[49]

Sokolov's major work on the expeditions, a book-size article entitled "Северная экспедиция 1733-43 года" [The Northern Expedition 1733-43], appeared in 1851. It still remains indispensable to any in-depth study of the Second Kamchatka Expedition, although it lacks precise references to the documents cited or otherwise refered to.[50]

As Sokolov explained, his aim was not to present the expedition's total achievement, which he considered impossible and unnecessary. He wished to write "only *the history* of the expedition, with its goals and means, events, personalities, and general conclusions".[51] And he did succeed in compiling a more detailed and closely documented account of the events than that of his forerunner Müller. It was also a more critical account. It spelled out many problems that had been ignored or only hinted at in the earlier literature, such as the disputes flourishing at all levels among individual expedition members and among various authorities. These resulted in an impressive flow of accusations and denunciations from Siberia to St. Petersburg.

Gone too was Berkh's all-embracing flag-waving. In dealing with the leading personalities of the expedition, Sokolov is strongly critical of the two Danish-born officers of the management troika, Bering and Spangberg, whereas the third Russian officer, Chirikov, seems to embody near-perfection. Bering's great weakness, according to Sokolov, was his extreme lack of resolve. As leader of the First Expedition he had already revealed his wavering, but was nevertheless reappointed to lead the Second Expedition. Not surprisingly, he was again unable to cope with the challenge. "Bering [...] was a well-informed and zealous man, kind-hearted, honest and religious, but extremely cautious and indecisive, yielding easily to the influence of his subordinates. Hence he was not particularly well qualified to lead the expedition, especially in such a dark century and such a disorganized land as eastern Siberia in the early 18th century".[52] It is evident that this portrait is modelled on Steller's description, which Sokolov himself admits in a foot note, adding, however, his own authority as an expert archivist to that of Steller: "Bering's personality has been described in almost the same words by Steller and manifests itself precisely the same way in all his transactions known to us".[53]

Sokolov's portrait of Chirikov forms a strong contrast to that of Bering. Chirikov was "the best officer of his time, the pride and hope of the fleet, intelligent, educated, modest and firm".[54] Chirikov's qualities are further set off by the portrait of Spangberg which follows immediately: "Spangberg, the fellow countryman of Bering, a Dane, [...] was a person without any education, rude and cruel to the point of barbarity, greedy for personal gains, but nevertheless a good practical sailor, ardent and active. [...] His Russian was very bad".[55]

Sokolov's line of argument inflicted considerable damage on the idea of a Bering memorial, as propagated by Ber. The small monument in Petropavlovsk on Kamchatka, erected in 1822 for limited means donated by a group of naval officers in the town, remained unique. In 1867 the maritime St. Petersburg journal *Morskoj sbornik* published a drawing of it, made from a photograph sent to the editors by a crew member on the corvette *Varyag,* which was then engaged in the lowering of a submarine telegraph cable between Russia and America.[56]

It is conceivable that the Sokolov-Ber controversy also had a cooling effect on Russian expedition historiography. In any case, it is remarkable that the nineteenth century did not see a Russian Bering biography, except for the above-mentioned sketch by Berkh, which, incidentally, coincided with the monument in Petropavlovsk. Significantly, on the threshold of the 150th anniversary of Bering's death in 1891, Berkh's 1823 Bering book was republished with only a few revisions and additions by V. Vakhtin (who nevertheless put his own name on the title page).[57] His additions to Berkh were in most cases taken from Sokolov.

18th and 19th Century Danish literature on Bering

Denmark was among the countries that received scattered information about the Kamchatka Expeditions as early as the first half of the eighteenth century. It started in April 1730 with a brief notice in a Copenhagen weekly that Captain Bering had returned from Kamchatka to St. Petersburg.[58] Next the theologian Peder von Haven (1715-1757) reported on the expeditions in his travel books from Russia, published in 1743, 1749 and 1757. The 1749 book gave, in Leonhard Stejneger's words, "the first authentic account of Bering's second expedition to the Western world."[59] In 1755 Hans de Hofman published three letters from Vitus Bering, written in Danish: a letter and a deed of gift to the mayor of Bering's native town, Horsens, and, more interestingly, a letter from 1731 to Margrethe Bering, his maternal aunt, with a short, but lively account of his first expedition. Here, significantly, Bering stresses the fact that the journey took him "beyond China and Japan".[60] This insight, concerning the location of north-eastern Siberia, was in fact one of the important results of the expedition.

However, the first full and detailed account of the two expeditions in Danish was by Müller. His "Nachrichten" appeared in a slightly abbreviated translation by Morten Hallager in 1784. Hallager's title page made it unmistakably clear that it was about the voyages of "the Danish navy officers in Russian service, Commander-Captain Vitus Bering and Captain Morten Spangberg". In his dedication to the statesman Ove Høegh-Guldberg, Hallager explained that the purpose of his publication was "to disseminate useful knowledge and make the deeds of worthy Danish men known". Bering and Spangberg might serve as inspiring examples: "even without war, at a time of peace and quiet, there are ways in which the Danish mariner may immortalise his name".[61]

Another early comment is by the historian Frederik Sneedorff (1760-1792) who concluded a lecture on Peter the Great, printed in 1796, by mentioning Danes and Norwegians in the service of the Russian navy. Two pages were devoted to "Biering" and "Spangenberg". The outline of a new Danish image of Bering as a foreigner discriminated against in Russia appears here. It had been questioned, Sneedorff said, whether Bering actually reached the coast of America. "Some think the basis of this discussion is that Bering was not born a Russian".[62]

Odin Wolff's 1822 attempt at a Bering biography was unambitious and might best be described as a quick compilation of material from Müller, de Hofman and von Haven. Following Hallager, Wolff dedicated it "to the Danish mariners".[63]

The note struck by Sneedorff was to be developed in the most significant nineteenth-century Danish contribution to Bering studies, the 1885 biography by Peter Lauridsen (1846-1923). This was in fact the first original scholarly work on the subject by a Danish author, and the first substantial Bering biography in any language. An English translation followed in 1889. Lauridsen was born near Haderslev in Southern Jutland and studied at the teachers' college in Tønder. After the Prussian annexation of Southern Jutland in 1867 he moved to Copenhagen, where he eventually became a schoolmaster. In Denmark he is best known for his later studies of the recent history of Southern Jutland.[64]

Lauridsen saw his biography as something of a rescue-operation to save a very special expatriate Dane from petty-minded criticism and undeserved oblivion. "[Bering's] deeds belonged to a foreign people which had but little sympathy for the man; and his own people, among which he might have found sympathy and concern, had only a most imperfect knowledge of his deeds". Refering to the Ber/Sokolov controversy, he describes his own task as that of "erecting a memorial to him in the form of an outline of his life and work".[65]

Although Lauridsen knew almost no Russian himself, his book is based on a thorough knowledge of the literature, including the major Russian works. Friends (including a Danish telegraph clerk in St. Petersburg and the Copenhagen University lecturer in Slavic, Karl Verner) helped him translate. During his studies at the Navy Archives in St. Petersburg, he received generous help from the well-known Russian navy historian and director of the Hydrographic Department, Admiral F.F. Veselago, to whom he dedicated his book. Veselago ordered some relevant archival documents copied for him.

Well acquainted with the literature, Lauridsen was bound to be influenced by Steller and Sokolov in his characterization of Bering. He found that Bering "in many ways was unfit for leadership of such an undertaking in a barbaric land",[66] which clearly echoes Sokolov: "he was not particularly well qualified to lead the expedition, especially in such a dark century and such a disorganized land as eastern Siberia" (as quoted above, cf. p. 95). But Lauridsen combined the civilised and humane component of Bering's character with other items from the literary stock, thus reaching the opposite conclusion: Bering was *not* a poor leader, on the contrary, "he saved the undertaking [that is, the second expedition] from disintegration" through his "honest, tough and genuinely Jutlandish ability to endure hardships".[67] The word "Jutlandish" is certainly Lauridsen's own, but Bering's special ability to endure hardships had first been made a literary fact by Berkh, as noted above (p. 91). His honesty is item 8 on Steller's list. Steller is also the father of the notion that another leader might have done far worse than Bering.[68]

Lauridsen uses words such as "Scandinavian", "Danish" and "Jutlandish" with a positive connotation and takes this for granted. On the topic of Bering's temporary retirement in 1724, Lauridsen writes that "Bering withdrew to his home in Viborg, Finland, where he owned an estate, and where no doubt on account of the Scandinavian character of the city, he preferred to stay".[69] Carol Urness quotes this example to demonstrate the nationalism that pervades Lauridsen's biography.[70] It is difficult to disagree. Other examples can also be found. Speaking about the 1735 expedition down the river Lena to the Arctic Ocean, Lauridsen notes that "it was certainly not by chance that Bering chose a fellow countryman, Peter Lassenius, for this task, or that he entrusted the mapping of North-Eastern Asia, and the discovery of America and Japan, to officers of Danish origin (Lassenius, Bering, Spangberg)."[71] On balance, however, the book is much better argued than these awkward examples would indicate.

Lauridsen's Bering is a low-voiced, modest realist, much different from the dusty academic dreamers who doubted or denied his discoveries, and from the short-sighted government officials, "who were so unwise as to bind the commander's hands while at the same time overburdening his shoulders".[72]

20th Century Russian Literature on Bering

The first Russian book-length biography of Bering appeared in 1939. The biographer, B.G. Ostrovskii, was also the author of a 1935 study of the Second Kamchatka Expedition. The approaching bicentenary of Bering's death in 1941 had encouraged him to choose a biographical focus for his second book. Extensive celebrations were on their way, as described by Natasha Lind in the present volume.[73]

Ostrovskii's biography starts with a motto from his distant predecessor Berkh, to the effect that Bering like Columbus is entitled to the gratitude of those who used him in their service. Ostrovskii's own opinion follows immediately: "Bering has clearly had bad luck in the biographical literature". Despite his enormous services "to the country and to world science", his name is not universally known and popular. The unlimited details of his two "remarkable" Kamchatka Expeditions have swallowed up the man and his personal contribution as an organiser and a leader.[74] But the real culprit is Sokolov, creator of Bering's poor reputation as an irresolute waverer who came into history's limelight by mere chance. It was an explicit goal for Ostrovskii to convince his readers that Sokolov was wrong.[75]

There is no indication that Ostrovskii had read Lauridsen's work, but he did address the question of Bering's foreign origin, arguing that the explorer's 37 years of self-sacrificing, tireless work in Russia and his "closeness to the Russian people" had earned him the right to be considered "one of the greatest Russian public figures".[76]

Summing up different views of Bering's character towards the end of his book, Ostrovskii makes several interesting observations. Due to his central role in the huge Second Kamchatka Expedition, Bering inevitably made many enemies, and Ostrovskii suggests that some of the Captain-Commander's less flattering characteristics, which have seeped into the historiography, originated in the squabbles and intrigues that were part of the expedition members' daily life. He criticises Sokolov for "completely distorting the image of Bering" by one-sidedly emphasising his caution, wavering and compliance, which do not fit in with his recorded behaviour on many occasions, nor with the many complaints from crew members accusing him of cruelty in the pursuit of expedition goals, nor with the fact of his appointment as commander-in-chief of the expedition.[77]

In 1941, the year of the Bering bicentenary, and of Hitler's attack on the Soviet Union, the Children's Literature Publishing House, under the Central Committee of the Young Communist League, printed 70.000 copies of M. Muratov's book *Два путешествия Капитана Беринга* [Captain Bering's Two Journeys], in the *School Library* publication series. Evidently, the book aimed at popularising Bering's name, which was not universally known and popular, according to Ostrovskii, as noted above. It gave children from "the incomplete secondary and the secondary school" a smooth, slightly fictionalised history of the Kamchatka Expeditions, and allowed them to get acquainted with Bering, Chirikov, Spangberg, Chaplin, Steller and others by reading their exchanges.

Despite Ostrovskii's efforts, Sokolov's image of Bering had still not been completely subdued, as evidenced by the following description: "In his twenty years of service, most of which had fallen during the period of war with Sweden, the captain had not distinguished himself by any heroic deeds. Neither had he committed any offences. He was a sober-minded and tardy person. He always tried, as far as possible, to do conscientiously what he had to do. Sucking his pipe, Bering stood on the captain's bridge and gave his orders: which sail to set and which way to turn the wheel. But if suddenly, in times of trouble, Bering had to make new decisions, he would waver and hesitate. He just didn't like to take a chance."[78]

Still, Muratov's Bering was a rather likeable person. In the last chapter the eager beaver Steller and the cautious, increasingly tired Bering constitute a rather charming pair of contrasting characters. They gradually become the principal characters and are placed side by side in the final lines: "Bering discovered new lands and a new fortune in furs. His voyages resulted in better maps. But as far as the natural sciences are concerned, the most important works were those of Bering's restless fellow traveller, the junior scientific assistant Georg Wilhelm Steller."[79] It is unusual in Russian expedition literature to see two foreigners side by side in the limelight, and one wonders if the friendly focus on Steller in particular, in a Soviet school book, was somehow favoured by that particular moment in history when Germany and the Soviet Union were still co-existing under the August 1939 non-agression pact.

After the war a new hero emerged. As the "cold war" set in, the party line required Soviet artists and scholars to assert national pride and stop "kow-towing to the west". For historians studying the Kamchatka Expeditions, this meant focusing on a truly Russian protagonist. One had already been found. His name was Aleksei Chirikov. Sokolov's 1849 newspaper article marked the beginning of the Bering versus Chirikov theme in Russian historiography. But its heyday only arrived a hundred years later, when it became politically incorrect for some time to mention Bering without pointing out that Chirikov, a Russian by birth, was the more important of the two, in spite of the formality of his lower rank. Even today a similar pattern may be found in Russian historiography of other expeditions with a similar management structure of a "foreign" commander-in-chief assisted by a native Russian second-in-command: Billington and Sarychev, Krusenstern and Lisyanskii.[80]

Academician Mikhail Lomonosov's authority was involved in establishing Chirikov's leading role. While reading the first edition of Voltaire's *Histoire de la Russie sous Pierre le Grand* in 1758, Lomonosov made a note that Chirikov had not been mentioned by Voltaire as a member of the American expedition, "although he was the more important and sailed further".[81] This became the official motto of Soviet expedition studies under post-war Stalinism.

The guidelines were laid down in 1950, in a lecture by the navy historian, Lieutenant-Colonel V.A. Divin, printed in 72,000 copies. His political message was that Chirikov's name had been suppressed in spite of his great merits, and that the same thing was true of many other Russian mariners. "This is a manifestation of the disbelief of the nobility and the bourgeoisie in the creative powers of the Russian people, and of the ruling classes' kowtowing to everything foreign. Unimportant voyages by foreign mariners, who often just take credit for the discoveries by Russian seamen, have been praised to the skies. At the same time huge discoveries by native mariners have been hushed up." Divin promised that "progressive scholars" would defend "the people, the honour, and the dignity of Russia", and fight "distortions of historical truth" such as the belittling of Russian sailors' role in the geographical discoveries. Improving a little on the quotation, Divin claimed that Lomonosov considered Chirikov "the more important leader of the Second Kamchatka Expedition".[82]

Variations over this theme are commonly found in related works from this period, such as D.M. Lebedev's 1950 book on geography in the days of Peter the Great. Lebedev claims that "the actual contributions" by Chirikov to both expeditions were "considerably higher" than those of the official leader, Bering, and underpins his view with the same authoritative quotation from Lomonosov.[83]

The chapter on the expeditions in M.I. Belov's 1956 book is pervaded by suspicion of Bering as a foreigner. The "cold war" itself seems mirrored in Belov's theory about an anti-Russian Dutch conspiracy, of which Bering could have been a part. According to Belov, Bering had close ties with "the Dutch trade bourgeoisie". He was related to a Dutch merchant by the name of Jakov Lund. The Dutch were interested in selling East Indian goods to Russia, and in keeping Russia out of the Far Eastern markets. Bering's appointment to lead a second expedition to the Pacific, where the Dutch had commercial interests, was agreed with Amsterdam. The Dutch were eagerly monitoring Russia's activities in the Far East. Bering was in contact with the Dutch ambassador in St. Petersburg and gave him a map of his first expedition.

Belov's conspiracy is somewhat hazy. No evidence is offered to prove Dutch influence on Bering's appointment. Jakov Lund's Dutch background seems doubtful. He was actually a merchant in Carelian Vyborg, and probably a Swedish subject until 1710, when the Russians conquered Vyborg. He was the maternal uncle of Anna Christina, Bering's German-speaking wife. In 1733 Bering did give the Dutch ambassador a map to be used with discretion. But this can hardly have been a major offence, since similar maps were soon to be used as official Russian presents to foreign heads of state. Belov, however, concludes that his information about the Dutch connection "does not concur with the usual image of Bering as an honest man".[84]

V.I. Grekov added Belov's new item to his own list of Bering's characteristics, in his important 1960 book on Russian geographical exploration. Otherwise the list was not particularly new. According to Grekov, Bering was "a dependable, clever and brave officer, benevolent towards his subordinates, but possibly too soft and trustful in his relations with them" (Steller's items 5, 4, 9 and 10). "At the same time Bering avoided taking risks and responsibility and did not demonstrate sufficient determination in difficult situations" (Steller 7, so strongly emphasised by Sokolov). He was "not especially interested in discovering new countries and islands and performed these tasks only to the extent necessary to prove the fulfilment of his orders" (the common generalisation from two crucial incidents: the ship council in 1728 and the quarrel with Steller off the coast of Alaska in 1741).[85] The only unquestionably positive property Grekov acknowledges in Bering was his "tenacity" (настойчивость), which was essential in completing the preparations for the voyages under extremely difficult conditions (Berkh had been the first to stress this characteristic).[86]

By this time writers were again able to focus on Bering in particular, and in 1961 a new biography saw the light of day. The author, Nikolai Chukovskii (1904-1965), had several biographies of explorers to his name already. But more recently he had been writing and translating fiction. In his Bering biography he chose to make a riddle out of the commander-in-chief, creating a paradoxical character on the basis of the list of personal qualities handed down by historians such as Grekov.

Chukovskii set out by posing the question: why in the world would Peter the Great choose a man like Bering as his expedition leader? He definitely did not look like the right man for the Emperor's exciting project. "He didn't want to perform deeds of valour, he didn't care how far it was between Asia and America".[87] The question remains unresolved for many pages and when an answer is finally provided, it turns out to be quite close to that suggested by Grekov. Chukovskii writes: "One must suppose that [Bering's] special organizing ability, his tenacity and doggedness, were well-known to Peter, and that this is precisely why he chose Bering to carry out his cherished plan."[88]

20th Century Danish Literature on Bering
In the inter-war period Danish interest in Bering was stimulated by the publication in the USA of works like F.A. Golder's two volumes of *Bering's Voyages* (1921-25) and Leonhard Stejneger's biography of Steller (1936). Erling Stenegård's bibliography of Danish Bering literature up to 1941 was unable to point to recent Danish works of comparable merit. But there was a growing awareness in Denmark that Bering was an internationally recognised figure, a name in the history of geographical exploration as well as in Russian and American history. Many felt that his native country ought to honour him with a monument. A committee headed by the well-known polar explorer Knud Rasmussen (1879-1933) started fund-raising in 1930, but missed the 250th anniversary of Bering's birth in 1931. Articles in the press were part of the process.

The bicentenary of Bering's death in 1941 was celebrated nationwide, in spite of the German occupation. Indeed, it added patriotic significance to the event. The monument still had to wait,[89] but the postal service issued a Bering stamp which showed a small sailing ship in a great stormy ocean. Three newspapers devoted special issues to the explorer, and the budding author Josef Petersen published a new Bering biography, *Søfareren Vitus Bering* [The Seafarer Vitus Bering].

Petersen's Bering is the embodiment of Danishness, or Jutlandishness. Danishness, according to Petersen, has to do with hiding a rich inner world behind a wall of taciturnity. Bering is used to hiding his feelings, as a result of typically Danish "male modesty". He is a Hamlet in the sense that he hides himself, not behind a torrent of ambiguous speech but "behind an armour of taciturn sobriety."[90] Readers are hardly surprised to learn that he was often misunderstood by his more extrovert companions...

Bering is "Danish in the very fibre of his being and in his language" (the author would probably have been disappointed to learn that the household language of the Bering family in Russia was German). An individualist and a dreamer, Bering is likely to have been unhappy with or at least very different from his wife Anna Christina, who "was born into an easy-going, thoughtless, well-to-do bourgeoisie".[91] Petersen's somewhat humourless patriotism is understandable, seen against the background of the German occupation, but hardly appropriate to an aspiring writer.

More accomplished writers than Petersen have tried their hands at Bering portrayal in miniature, on special occasions. Thorkild Hansen (1927-1989), the author of several best-selling documentary accounts of expeditions, voyages, and other historical events, deserves mention for his essay to celebrate the tercentenary of Bering's birth in 1981. Hansen was familiar with Sokolov and Steller, and quoted their characterisations of Bering. Initially Hansen found it surprising that lack of resolution and drive should characterise a man who devoted so much energy and so many years of his life to some extremely difficult voyages in remote regions. But the two crucial occasions, when Bering was in a great hurry to return, convinced Hansen that Sokolov and Steller were right. An inner fracture of Bering's firm determination, "something comparable to what we would call metal fatigue today", suddenly showed itself. Hansen goes on to identify Bering's wavering as a classical trait in the Danish national character, well documented in the national literary canon, and concludes that Bering preserved his Danishness even as an expatriate, for better and for worse.

Hansen's essay, together with all the other images of Bering discussed here, illustrates the wide range of interpretations made possible by rearranging the same limited number of pieces from the earliest historiography of the Kamchatka Expeditions. A considerable diversity of Bering images has emerged over some two hundred years, showing different individual appraisals of the depicted person, different emotional colourings, different national biases and the fingerprints of different periods and cultures.

In the reconstructions of Bering by historians and other persons of letters over the centuries, there is much to remind one of the concluding words in Hans Christian Andersen's fairy tale *It's Quite True:* "one little feather may swell till it becomes five fowls." The present article has been an attempt to heed the classical methodological advice to go back to the sources. An increased awareness of the one feather that started the five fowls may prove useful to students of the great expeditions. One should definitely remember that frequent repetition of the same personal characteristics is not in itself proof of their validity. The scarcity of available sources directly revealing Bering's moral constitution accounts for much of the repetitiveness. The author of the present article hopes that further publication of archival documents will broaden the basis for new interpretations and take creators of Bering's future images beyond the current stereotypes.

Notes

1   Urness 1992. The author thanks Carol Urness for placing at his disposal a copy of her extensive unpublished "Bering Notes", containing abstracts of 70 works on Bering in English and several other languages, including Danish.
2   Cf. Zviagin 1992.
3   Müller 1758 a & b.
4   Müller 1758a, p. 140.
5   English and French translations were to appear very soon: Müller 1760, 1764 & 1766.
6   Müller 1758a, p. 303.
7   Peter Ulf Møller & Wieland Hintzsche 2003, pp. 6-7.
8   Müller 1758a, p. 274.
9   Müller 1758a, p. 237.
10 Müller 1758a, p. 238, as translated in Müller 1986, p. 116.
11 For a survey of Müller's sources, see Carol Urness' commentary to Müller 1986, pp. 66-68. Waxell's work, written in German, remained unpublished for almost two centuries, cf. Waxell 1940.
12 "welches auch so ziemlich gelung", Müller 1758a, p. 116.
13 Müller 1758a, p. 118. Steller makes the same point, probably as a result of conversations with Müller: "the gentlemen in command contended themselves with a short exploration of Kamchatka from Lopatka to Serdtse Kamen, which is not Cape Chukchi – not by a long shot!" (Steller 1988, p. 47).
14 Müller 1758a, p. 119.
15 "kam [...] nicht wieder aufs Tapet", Müller 1758a, p. 138.

16 "Bering that dazu selbst die Vorschläge," Müller 1758a, p. 138.
17 "beyde aber hatten nicht viel Glück in ihren Verrichtungen. Es gieng
    alles so langsam zu", Müller 1758a, p. 143.
18 Müller 1758a, p. 198.
19 For a discussion of Pallas' "editorial liberties", cf. O.W. Frost's
    introduction to Steller 1988, pp. 26-33. Frost's edition is translated
    from a manuscript copy, and not from Pallas' edition.
20 Steller 1988, pp. 48-49; Steller 1793, pp. 9-10.
21 Steller 1988, p. 50; Steller 1793, p. 10.
22 Steller 1988, pp. 64-65; Steller 1793, pp. 28-30.
23 Steller 1793, p. 29, as translated in Steller 1988, p. 192.
24 Steller 1988, pp. 138-141; Steller 1793, pp. 114-116.
25 Berkh 1823, p. I.
26 "почтенный муж сей", "Достойный муж сей", "знаменитом муже
    сем", Berkh 1823, pp. IV, 87, 111.
27 Berkh 1823, p. 56.
28 Berkh 1823, p. IV.
29 Berkh 1823, p. 87.
30 "делал честь России, и тому веку, в коем он жил", Berkh 1823, p.
    83.
31 Berkh 1823, pp. 91-97.
32 Berkh 1823, pp. 99-107.
33 Berkh 1833, pp. 202-203.
34 Berkh 1823, pp. 112-115; Berkh 1833, pp. 230-232.
35 Ber descended from German-speaking Estonian gentry. The German
    version of his name is Karl Ernest Baer.
36 Ber 1849, pp. 217, 253.
37 Ber 1849, pp. 237-238; "the only report" was, of course, Müller's
    report from 1758 which argued that Bering had not reached the
    Chukotskii nos.
38 Ber 1849, pp. 249-251.
39 Ber 1849, p. 253.
40 Sokolov 1849, p. 391.
41 Ibid.
42 Sokolov 1849, p. 396.
43 «чрез меру осторожный и нерешительный – гибельный
    недостаток в моряке!». Sokolov 1849, p. 391.
44 Ibid. The same mistake was repeated in Sokolov 1850, p. 554.
45 Sokolov 1851, pp. 222-223.
46 Polonskii 1851.
47 Polonskii 1851, p. 19.
48 Sokolov 1850, p. 551.
49 Sokolov 1850, p. 535.

50 The author's introduction provides a short overview of the literature and archival sources (Sokolov 1851, pp. 192-197).

51 Sokolov 1851, p. 197.

52 Sokolov 1851, p. 208.

53 Sokolov 1851, p. 209.

54 Sokolov 1851, p. 210.

55 Sokolov 1851, pp. 214-215.

56 Kokh 1867, p. 30.

57 Vakhtin 1890.

58 *Nye Tidender om Lærde og Curieuse Sager*, No. 17, Den 27. April 1730. The article was first published in *Санктпетербургские ведомости*, № 26, 1730.

59 Stejneger 1934, pp. 638-639; for an overview of von Haven on Bering and Spangberg, cf. also Møller 2002.

60 Hofman, pp. 249-250. Lind & Møller 2001, pp. 30-31.

61 Müller 1784, pp. V, VII.

62 Sneedorff 1796, p. 293.

63 Wolff 1822, the title page.

64 Peter Lauridsen, *Da Sønderjylland vågned* [When Southern Jutland awakened], 1-8, Copenhagen 1909-22.

65 Lauridsen 1885, pp. 2-3.

66 Lauridsen 1885, p. 69.

67 "en ærlig, sej og ægte jysk Udholdenhed", Lauridsen 1885, p. 70.

68 "the question remains if [...] another with more fire and heat would not have delayed more a work with such innumerable dissensions", Steller 1988, pp. 139-140.

69 Lauridsen 1885, p. 11.

70 Urness 1992, p. 16.

71 Lauridsen 1885, p. 75.

72 Lauridsen 1885, p. 68.

73 Cf. pp. 183-185.

74 Ostrovskii 1939, p. 3; the latter objection is probably valid for all Bering biographies, including Ostrovskii's own...

75 Ostrovskii 1939, p. 4.

76 Ostrovskii 1939, p. 7.

77 Ostrovskii 1939, pp. 182-184.

78 Muratov, p. 4.

79 Muratov, p. 169.

80 Firsov 2001 is a remarkably clear recent example of this.

81 «... не упоминается Чирикова, который был главным и прошол далее», Perevalov 1949, p. 84.

82 Divin 1950, p. 3.

83 Lebedev 1950, p. 95.

84 Belov 1956, p. 252. The Dutch ambassador's secret report of the
    incident has been published in the original Dutch and in Russian
    translation in Lind & Møller 2001, p. 416.
85 Grekov 1960, p. 23. Urness's survey of biographical literature about
    Bering revealed that attitudes toward Bering's leadership were based
    on his actions at these two points, cf. Urness 1992, p. 11.
86 Grekov 1960, p. 23.
87 Chukovskii 1996, p. 13.
88 Chukovskii 1996, p. 34.
89 The Vitus Bering Park in Horsens was inaugurated in 1957.
90 Petersen 1941, pp. 12-13.
91 Petersen 1941, pp. 12, 41.

References

[Ber] Бэр, К.М. (1849) «Заслуги Петра Великого по части распро-
    странения географических познаний». Часть первая. *Записки
    русского географического общества*, СПб. Книжка 3, стр. 217-253.

[Ber] Бэр, К.М. (1850) «Заслуги Петра Великого по части распро-
    странения географических познаний о России и пограничных с
    нею землях Азии». Часть вторая. *Записки русского географического
    общества*, СПб. Книжка 4, с. 260-283.

[Belov] Белов, М.И. (1956) *Арктическое мореплавание с древнейших
    времен до середины XIX века* (= История открытия и освоения
    северного морского пути, т. 1). Москва.

[Berkh] Берх, Василий (1823) *Первое морское путешествие россиян,
    предпринятое для решения географической задачи: Соединяется
    ли Азия с Америкою? и совершенное в 1727, 28 и 29 годах под
    начальством флота Капитана 1-го ранга Витуса Беринга. С
    присовокуплением краткого биографического сведения о Капитане
    Беринге и бывших с ним офицерах.* СПб. при Императорской Ака-
    демии Наук. IV + 126 стр.

[Berkh] Берх, Василий (1833) «Жизнеописание Капитан-Командора
    Витуса Беринга», в его же: *Жизнеописания первых российских
    адмиралов, или Опыт истории российского флота.* Часть вторая,
    СПб.: В Морской Типографии, с. 202-234.

[Chukovskii] Чуковский, Н.К. (1996) *Беринг,* СПб.: Издательство
    «Сударыня», 110 с. [Second edition. First edition: Moscow 1961].

[Divin] Дивин, В. А. (1950) *А.И. Чириков - замечательный русский мореплаватель и ученый,* Москва: Всесоюзное общество по распространению политических и научных знаний. 31 с.

[Firsov] Фирсов, И.И. (2001) *Русские колумбы. История кругосветной экспедиции И. Крузенштерна и Ю. Лисянского,* Москва: Центрполиграф.

Golder, Frank A. (1922-25) *Bering's Voyages. An Account of the Efforts of the Russians to Determine the Relation of Asia and America,* 2. vols., New York. (=American Geographical Society Research Series, No. 1 and No. 2).

[Grekov] Греков, В.И. (1960) *Очерки из истории русских географических исследований в 1725-1765 гг.* Москва: Издательство Академии наук СССР.

Hansen, Thorkild (2001) "Vitus Bering", in ejusdem: *Genklang. Rejser og portrætter 1959-89.* Edited by Gitte Jæger and Lars Peter Rømhild. Copenhagen: Gyldendal. pp. 51-58 [First published in *Berlingske Tidende,* 1. August 1981]

Hofman, Hans de (1755), *Samlinger af publique og private Stiftelser,* t. II, København. [Includes three letters in Danish from Vitus Bering, pp. 247-253].

[Kokh] Кох, Н. (1867) «Памятник капитану Берингу в Петропавловске», *Морской сборник,* т. LXXXVIII, № 1, Морская хроника, с. 31 36.

Lauridsen, P. (1885) *Vitus J. Bering og de russiske Opdagelsesrejser fra 1725-43,* Copenhagen: Gyldendal.

Lauridsen, P. (1889) *Vitus Bering: The Discoverer of Bering Strait,* rev. by the author and trans. from the Danish by Julius E. Olson, Chicago.

[Lebedev] Лебедев, Д. М. (1950) *География в России петровского времени* (серия «Итоги и проблемы современной науки»), Москва-Ленинград: Издательство Академии наук.

[Lind & Møller] Охотина-Линд, Н., Мёллер, П.У. (сост.) (2001) *Вторая Камчатская экспедиция. Документы 1730-1733. Часть 1. Морские отряды.* Москва: Памятники исторической мысли (= Источники по истории Сибири и Аляски из российских архивов, т. IV,1).

[Muratov] Муратов, М. (1941) *Два путешествия капитана Беринга,* Москва-Ленинград: Издательство детской литературы. 172 с.

Müller, G.F. (1758a) "Nachrichten von Seereisen, und zur See gemachten Entdeckungen, die von Russland aus längst den Küsten des Eissmeeres und auf dem Ostlichen Weltmeere gegen Japon und Amerika

geschehen sind. Zur Erläuterung einer bey der Akademie der Wissenschaften verfertigten Landkarte." *Sammlung Russischer Geschichte.*
Des dritten Bandes erstes, zweytes u. drittes Stück. St. Petersburg,
bey der Kayserl. Academie der Wissenschaften, 304 pp.

[Müller] Миллер, Г.Ф. (1758b) «Описание морских путешествий по
ледовитому и по восточному морю с российской стороны учиненных», *Сочинения и переводы, к пользе и увеселению служащие,* VII
(январь), 3-27; (февраль), 99-120; (март), 195-212; (апрель), 291-325;
(Май), 387-409; VIII (июль), 9-32; (август), 99-129; (сентябрь),
195-232; (октябрь), 309-336; (ноябрь), 394-424.

Müller, G.F. (1784) "Efterretninger om Søe-Reiser og til Søes giorte
Opdagelser som ere foretagne fra Rusland af langs med Kysterne af
Iishavet og fornemmelig i det østlige Ocean, imod Japon og Amerika", in: Hallager, M. [translator and publisher] *Udførlige og troeværdige Efterretninger [...],* Kiøbenhavn: M. Hallager, pp. 1-248.

Müller, G.F. (1986) *Bering's Voyages: The Reports from Russia.* Trans-
lated, with commentary by Carol Urness. Fairbanks, Alaska:
University of Alaska Press (= The Rasmuson Library Historical
Translation Series, Vol. III).

Møller, Peter Ulf (2002) "Der Welt wahrheitsgetreu berichten. Peder
von Haven über Bering, Spangberg und die beiden Kamčatka-Expeditionen", in: Erich Donnert (ed) *Europa in der Frühen Neuzeit,*
Band 6, pp. 937-942.

Møller, Peter Ulf & Wieland Hintzsche (2003) "Hvornår og hvor blev
Morten Spangberg født?", *Personalhistorisk Tidsskrift* 2003:1, pp.
1-12.

[Ostrovskii] Островский, Б.Г. (1935) *Великая северная экспедиция
1733-1743,* Архангельск: Севкрайгиз. 140 с.

[Ostrovskii] Островский, Б.Г. (1939) *Беринг,* Ленинград: Издательство
Главсевморпути. 197 с.

[Perevalov] Перевалов, В. А. (1949) *Ломоносов и Арктика: из истории
географической науки и географических открытий,* Москва-Ленинград: Издательство Главсевморпути. 503 с.

[Polonskii] А.П. [= А.С. Полонский] (1851) «Первая камчатская
экспедиция Беринга 1725-1729 года», *Отечественные записки,* т.
LXXV, 3-4 (год тринадцатый), отд. VIII [Смесь], с. 1-24.

Sneedorff, Frederik (1796) *Samlede Skrifter.* Part 3, Vol. 2. *Forelæsninger over de vigtigste Statsrevolutioner i de tre sidste Aarhundreder,*
Copenhagen: Gyldendal.

[Sokolov] Соколов, Ал. (1849) «Беринг и Чириков», *Северная пчела*, № 98, 5-го мая, с. 391-392, № 99, 6-го мая, с. 395-396.

[Sokolov] Соколов, А.П. (1850) «Первая Камчатская экспедиция Беринга, 1725-29 года», *Записки гидрографического департамента морского министерства*, часть VIII, с. 535-556.

[Sokolov] Соколов, А.П. (1851) «Северная экспедиция 1733-1743 года», *Записки гидрографического департамента морского министерства*, часть IX, с. 190-469.

Stejneger, Leonhard (1934) "An Early Account of Bering's Voyages", *The Geographical Review*, Vol. XXIV, October, 4, pp. 638-642.

Steller, Georg Wilhelm (1793) *G.W. Steller's Reise von Kamtschatka nach Amerika mit dem Commandeur-Capitän Bering*, St. Petersburg, bey Johann Zacharias Logan [edited and with a foreword by "P.", i.e., Peter Simon Pallas].

Steller, Georg Wilhelm (1988) *Journal of a Voyage with Bering 1741-1742*. Edited and with an Introduction by O.W. Frost. Translated by Margritt A. Engel and O.W. Frost, Stanford, Calif.: Stanford University Press.

Stensgård, Erling (1941) *Den danske Søfarer og Opdagelsesrejsende Vitus Bering 1681-1741 i den danske Litteratur og Presse. En Bibliografi*, Horsens: Vitus Bering-Komitéen.

Urness, Carol (1992) "Captain-Commander Vitus Bering", in O.W. Frost (ed) *Bering and Chirikov. The American Voyages and Their Impact*, Anchorage, Alaska 1992, pp. 11-36.

[Vakhtin] Вахтин, В. (1890) *Русские труженики моря. Первая морская экспедиция Беринга для решения вопроса соединяется ли Азия с Америкой*. С.-Петербург: Типография Морского Министерства.

[Waxell] Ваксель, Свен (1940) *Вторая камчатская экспедиция Витуса Беринга*. Перевод с рукописи на немецком языке Ю.И. Бронштейна, под редакцией и с предисловием А.И. Андреева, Ленинград – Москва: Издательство Главсевморпути.

Wolff, Odin (1822) *Levnetsefterretninger om den berømte Søemand og udødelige Landopdager Commandeur Vitus Jonassen Beering. De Danske Søefarende tilegnede*. København: P.D. Kjøpping.

Zviagin, V.N. (1992) "A Reconstruction of Vitus Bering Based on Skeletal Remains", in O.W. Frost (ed) *Bering and Chirikov. The American Voyages and Their Impact*, Anchorage, Alaska 1992, pp. 248-264.

Johann Georg Gmelin and the Second Kamchatka Expedition

Dittmar Dahlmann
(Rheinische Friedrich-Wilhelms-Universität Bonn)

Johann Georg Gmelin, his fellow compatriot, Gerhard Friedrich Müller, and the French astronomer Louis De L'Isle de la Croyère were the leading members of the expedition's academic group. Natural history research was put into the hands of Gmelin, who had studied natural sciences and medicine in his hometown, Tübingen. Müller was responsible for ethnological and historical work, and De la Croyère for astronomical and physical studies.[1]

Gmelin had obtained a doctor's degree with a study on the chemical composition of the mineral springs at Teinach in 1727. His academic teachers were the philosopher Bernard Bilfinger, the physicians Johann Georg Duvernoy and Burchard D. Mauchard, as well as the brothers Rudolf Jakob and Elias Camerarius, one of them a botanist and physician, the other a botanist. Rudolf Jakob Camerarius is known as the explorer of the reproduction of the more highly developed plants, thus laying the basis for Carl von Linné's studies.[2]

The same year he graduated, Gmelin followed his academic teachers Bilfinger and Duvernoy to the Russian Academy of Sciences in St. Petersburg, founded only a few years earlier. After only three years in the Russian capital, he was appointed full professor of chemistry and natural history on January 1st, 1731, at the age of only 22.[3] According to his contract, he was to teach and do research in both subjects, and if necessary, instruct the coming generation in the field of medicine. His annual salary amounted to 400 roubles during the first two years, and was then supposed to increase to 600 roubles. Moreover, he received additional financial compensation for heating, light and accommodation.[4]

From that point Gmelin lectured on chemistry and medicine and presented topics from the fields of geology and chemistry at the meetings of the Academy. Together with the statesman, historian and mining expert, Vasilii Nikitich Tatishchev, who had lead the Orenburg Expedition in the years from 1737-1740, he published two essays on the discovery of mammoth bones in Siberia.[5]

It is almost certain that Gmelin volunteered to take part in the Second Kamchatka Expedition. In February 1733, however, he asked to be dismissed from the Academy on the grounds of his health. His request was refused because he failed to meet the legal period of notice, but then granted for 1734.[6] Owing to Gmelin's illness, Gerhard Friedrich Müller joined the expedition,[7] but Gmelin recovered in time, and could notify the secretary of the Academy, Johann Daniel Schumacher, in early May 1733 that he was "with God's help healthy, and ready to travel whenever he was told to". According to some reports, the condition of his health was especially improved after he had drunk two bottles of "best Rhine wine".[8] Participation in the Kamchatka Expedition was also financially worthwhile, as the participants were paid an annual salary of 1200 roubles and provided with further means for food supplies.[9]

For ten years Müller and Gmelin travelled in Siberia, often together, and did not return to St. Petersburg until February 1743, with Stepan P. Krasheninnikov, who later became a professor at the Academy. Only these three participants in the Second Kamchatka Expedition published journals of their travels or parts of them during their lifetimes. Gmelin's four volumes of *Reise durch Sibirien von dem Jahre 1733-1743* were published by Vandenhoeck in Göttingen[10] approximately ten years after the expedition. Soon after this, in the late 1760s, a Dutch and a French translation, as well as a shortened German version came out. Anton Friedrich Büsching notified Müller, with whom he had corresponded for many years, of this publication, which, as he wrote, contained parts of Gmelin's works in combination with Müller's "Sibirische Geschichte" and Krasheninnikov's book on Kamchatka.[11]

Müller's "Nachrichten von Seereisen und zur See gemachten Entdeckungen" was published in 1758, and shortly after it a Russian, English and French translation followed.[12] He had anonymously rebutted Joseph Nicholas Delisle's publication *Explication de la carte des nouvelles découvertes au nord de la mer du sud* six years earlier with his "Brief eines Offiziers" which also came out in an English and a French version.[13]

Stepan Krasheninnikov's work on Kamchatka was published in 1755, the year of his death. He had accompanied the expedition as a student and spent a long period in Kamchatka. After his return he first became Mikhail Lomonosov's assistent, then vice-director of the Academy's Botanical Gardens, and finally, in 1750, he was appointed professor of natural history and botany at the Academy of Science in St. Petersburg.[14] His work, "The History of Kamchatka and the Kurilski Islands with Countries Adjacent" was also translated into German, English, French and Dutch versions.[15]

D. Johann Georg Gmelins

der Chemie und Kräuterwissenschafft auf der hohen
Schule zu Tübingen öffentlichen Lehrers

Reise

durch

Sibirien,

von dem Jahr 1733. bis 1743.

Erster Theil.

Wo Rußlands zweiter Reich sich mit der Erde schließet,
Und in den letzten West des Morgens March zerfließet;
Wohin kein Vorwitz drang; wo Thiere fremder Art,
Noch ungenannten Völkern dienten;
Wo unbekanntes Erzt sich künftigen Künstlern spart,
Und nie besehne Kräuter grünten ;
Lag eine neue Welt, von der Natur versteckt,
Biß Gmelin sie entdeckt.

v. Haller.

Göttingen,

verlegts Abram Vandenhoecks seel., Wittwe. 1751.
mit allergnädigsten Privileg.

Title page of the first volume of J.G. Gmelin's *Reise durch Sibirien*,
Göttingen 1751 (Central Botanical Library, Copenhagen).

Because of the Tsarist government's policy of secrecy – a method frequently used to keep and economically exploit certain regions[16] – the temporal learned world and the interested public hung on every word about the expeditions that found its way out.[17] Only during the reign of Catherine II was the public's yearning for information comprehensively satisfied by the numerous publications by Peter Simon Pallas.[18] In particular, Pallas made public the studies by Georg Wilhelm Steller and edited some parts of Daniel Gottlieb Messerschmidt's works.[19]

The publications of Gmelin, Müller and Krasheninnikov led to considerable progress in scientific findings, even though the geographic results, especially, were controversial.[20] However, they were the first few scientists who had travelled Siberia and could present the results of their research. Messerschmidt did not have the privilege of publishing his works on his seven-year expedition to Siberia, just as Georg Wilhelm Steller was not able to put out his observations and research results during his lifetime.

The Second Kamchatka Expedition was the first highlight of the methodisation of journeys, especially scientific journeys.[21] Now, the traveller was not just an adventurer, and Gmelin made explicitly clear in his travel journals that he did not want to be one of those adventurers, but an explorer and a scientist who had completed his studies with an academic degree and a university diploma.

This expedition combined a detailed work schedule with logistic planning, accurate scientific preparation, and standardized documentation of the scientist's daily work on the scene. During the journey itself, material and reports were sent to the Academy in St. Petersburg and the analyses begun. It was thus the beginning of the era of expeditions.[22]

These expeditions were mainly analysed under the aspects of their aims, results and output; few have examined their internal structure.[23] The people who took part in these journeys had various tasks and goals; they came from different social, economic and cultural backgrounds and were paid different salaries. Gmelin, Müller and de la Croyère received annual payments of 1200 roubles, whereas the draughtsmen got 400 or 500, the translator Jachontov 120, and the student Stepan Krasheninnikov, who later became so famous, received only 100 roubles per year.[24]

Moreover, those who took part in the Second Kamchatka Expedition were employed by the state. They could not carry out research only in fields they were interested in, or which they considered important. Before departing they had to swear that they would not publish anything about the journey without previously asking the Academy of Sciences for written permission.[25] As a result, they could explore regions that no other scientist had ever travelled or seen, but the results of the journey were not their own, but the state's.

The conflicts resulting from this are known because of the so-called "Gmelin affair".[26] Gmelin left Russia at the end of the 1740s and returned to his hometown, Tübingen, where he was appointed professor of "chemistry and herbal sciences".[27] The research done by Gmelin, Müller, Steller and Krasheninnikov resulted in numerous scientific works, which even today serve as a source. Gmelin's main work was the four volumes of *Flora Sibirica*, of which the last two were published by his nephew, Samuel Gottlieb, after his death. Samuel Gottlieb also worked for the Russian Academy of Sciences, and took part in the Academy Expeditions at the end of the 1760s and the beginning of the 1770s. Tragically, he died a prisoner of the Khan of Derbent.[28] Müller wrote his "Sibirische Geschichte", which was part of several volumes of *Sammlung russischer Geschichte*, also translated into Russian. He is considered to be the founder of source-based historiography on Siberia.[29]

The most important results of this official, publicly financed undertaking were the archives, collections, and museums which still hold an enormous quantity of unpublished and unappreciated material.[30] Essentially, this material was used for political, economic, financial and statistical purposes.

Before I focus on the central point of this article, namely the inner structure of the Second Kamchatka Expedition and Johann Georg Gmelin's role in this undertaking, I want to give a short analysis of his travel journal,[31] which is often mentioned in academic literature. I have recently written about the history and process of creation of *Reise durch Sibirien* in another article, so these aspects can be disregarded here.[32] However, it must be recorded that Gmelin's work was the first scientific description of Siberia. Even though Strahlenberg, having read several works about Russia and Siberia, had spent some time there, and even travelled through the region with Messerschmidt, he was not a scientist, but a soldier, and Gmelin took every opportunity to point that out in his book. We learn that, according to Gmelin, only a small portion of Strahlenberg's writings are correct; Isbrand Ides and Strahlenberg write fiction, he claims, and points out that Strahlenberg mixes up rivers and places, and does not give correct calculations of distances.[33] Thus our author certainly proves his academic method and his knowledge. He had been a witness on the scene; he had measured and recorded everything.

Today many scholars have an entirely positive view of Gmelin's travel journal. Gert Robel appreciates the empirical basis of the report and his unprejudiced approaches.[34] In his recently published *Die Entzauberung Asiens,* Jürgen Osterhammel, too, writes that Gmelin has objectively recorded the events.[35] These observations are certainly correct; at the very least, Gmelin was a good empiric who described what he saw, even if he did not always understand it.

I have shown this with the example of shamanism in Gmelin's works.[36] The shamans were among Gmelin's and Müller's preferred subjects for their ethnographic and anthropological studies. Like many researchers, they had to rely on the information they received. They could rarely find out what was correct and what wasn't. This problem was familiar to Gmelin, but he could not help a certain feeling of superiority when he compared his culture to that of the Siberian population. In contrast to Steller and Krasheninnikov, he did not live with the indigenous peoples, but preferred to live in well-heated houses in Russian cities. He complained about the uncomfortable conditions in rooms with no windows, in which he suffered from headaches because the smoke could not escape, making it impossible to work.[37]

In any case, however, Gmelin was the first who, with his companion Müller, presented empirical data on Siberia. It must be kept in mind though, that not only Gmelin and Müller, but also Bering, Steller and many more, had based their research on Daniel Gottlieb Messerschmidt's material and notes. They all knew Messerschmidt's works and exploited them recklessly.[38]

Gmelin restricted the work on his *Flora Sibirica* to a description of the Siberian flora. In his travel journal, however, he deals with almost all the topics he considered interesting, omitting little. Thus the reader learns about clothes and hairstyles, about mines and trade, about animals and people, about hunting and fishing. It was the overall view of a universalist in the first half of the 18th century who, on top of that, took the instructions given by the Academy very seriously: "To get to know something about everything that is of scientific importance".[39] Black called this an "indeed comprehensive instruction".[40] The result of this comprehensive way of looking at things was that Gmelin became one of the first who wrote down a Buryat song with its melody and lyrics and even gave a translation of it.[41]

It was due to Gmelin that the academic world learned a great deal about Bering's voyages and the attempts of the expedition's northern

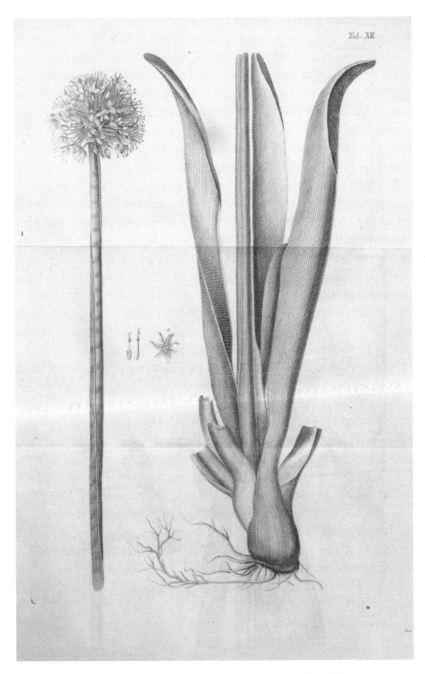

Tab. XII.

A Siberian leek, *Porrum scapo nudo*. Tab. XII in J.G. Gmelin's
Flora Sibirica, Tom. I, Petropoli 1747 (Central Botanical Library,
Copenhagen).

group to sail along the coast of the Arctic Ocean in an eastward direction. And contrary to what Müller wrote in a letter to Büsching in 1773, 40 years after the expedition, Gmelin knew of Steller's and others' results, even though he had not sailed with Vitus Bering, and especially not with the northern group of the expedition. Müller wrote: "In fact Mr. Gmelin knew little about the events. For he had not been on any of the voyages and had not seen a written record of them".[42] But Gmelin's report was in any case, a good source of some knowledge of Siberia and the Second Kamchatka Expedition.

The four volumes of Gmelin's travel journal also tell us about the inner structure of the expedition. We know that the whole undertaking was divided up into three groups. The sea expedition was under the command of Vitus Bering, "der Capitain-Commandeur", as he is often called by Gmelin, and who was also the head of the entire expedition. Later the command of voyages was divided. One group sailed to Japan under Martin Spanberg, the other to the North towards the American coast under Bering. Moreover, there was the Northern group, mentioned earlier, and the academic group consisting of Gmelin, Müller and De la Croyère, who were accompanied by students, translators, draughtsmen, geodesists and others. In addition to that there were 12 soldiers, with a corporal and a drummer.[43]

It was obvious from the beginning that the academicians were not under Bering's command. They left the capital four months later than Bering and his group, and Gmelin had written a special instruction for Bering in November 1732.[44] At this time Müller was not yet a member of the expedition, but his suggestion of describing the history of Siberia and the country's relics of the past, as well as the customs of the indigenous population, was accepted by the Academy.[45] It seems that Gmelin accepted Müller for personal reasons, especially because of his aversion to de la Croyère, in that Müller, too, had a low opinion of the personal and scientific merits of his French colleague.[46]

Müller's instructions from the year 1732 dealt exclusively with ethnographic matters: the living-sites of the local population; their social structures; their religion and their origins; their weapons, houses and settlements; customs and language and history. "Make notes on the history of every settlement. When was it founded and by whom? Has its history been written down? If so, why? Or if a particular settlement was previously under the jurisdiction of another ruler, when and how did this happen?" On the last point, Bering was given the following instruction: "Make careful drawings of several men and women in each group of people, showing their appearance, what their foreheads and eyes look like, their customary garb and all their costumes. Bring these back to Russia."[47]

Nothing could be determined about Bering's reaction to the instruction, not even if there was any reaction at all. Bering was the appointed Commander of the expedition, and he had many problems to deal with concerning the voyage. But even though Bering might not have reacted to the instruction, it shows the varying interests of Bering and the academic group. While Bering was busy answering the geographical question of whether there was a land connection between Asia and America, the academicians were concerned with their scientific problems: of undiscovered peoples and their customs, history, language, religion etc. Certainly the question of a land connection was also important to them, but it was not the core of their interest, and the economic considerations that Bering had to deal with were also of lesser importance. This difference in interests and the considerable efforts which Gmelin and Müller made to avoid coming under Bering's sphere of influence, are clearly presented in Gmelin's journals. There is no reason to doubt his description of the situation during the expedition: at the few meetings of Bering's group and the group of the academicians in a Siberian city, the question of their independence and subordination was immediately raised. In *Sibirische Reise* Gmelin complains several times about Bering and the members of his group having better accommodation and being treated much better. He wrote: "Und weil es was ungewöhnliches war, dass die Polizey von einem durchreisenden Offizier der Flotte abhangen sollte, so verlangten wir von der Kanzley, dass sie, als das Haupt der Polizey, uns bessere Quartiere schaffen und die Befehle, die wir bey uns hatten, besser beachten möchte. Wir thaten dies, um in unserer Unabhängigkeit von dem Seecommando nichts zu vergeben, damit wir es nicht zu späte bereuen mögen. Es halfen aber unsere Vorstellungen und Vorsichten nichts."[48]

Here, Gmelin was describing the situation in Jakutsk in September 1736. Gmelin and Müller even complained to the Senate that Bering should receive more definite instructions, and was not supposed to interfere in the concerns of the academic group.[49] Exactly this: the rivalries between the two groups, the marines and explorers on the one hand, and the scientists on the other hand, was the reason why Müller and Gmelin refused to go to Okhotsk. "Indessen aber, da wir befürchten mussten, es möchte uns weiterhin in Ochotsk und Kamchatka noch schlimmer gehen," Gmelin wrote in his journal.[50]

It is almost certain that Bering had similar thoughts. Even though he had already known Müller before the expedition, because Müller had been the translator at Bering's meetings with de L'Isle, there was obviously rivalry between the two men. From Gmelin's text it appears that neither he nor Müller wanted to be dependent on Bering and his officers. "So konnten wir leicht den Schluss machen, dass wann wir uns nicht genugsam vorsehen würden, man uns in einer so weiten Entfernung von St. Petersburg noch viel ungünstigere Schicksale empfinden lassen könnte."[51] This continued to be an issue for Gmelin and Müller until they decided to send Krasheninnikov, and later Steller, to Kamchatka.

Eventually Steller had his own problems with Bering and his officers during his voyage. And again, I think that the conflict between the two parties emerged from different interests, experiences and aims. Orcutt Frost called this a tragic conflict.[52] To me this seems like an inevitable and necessary argument which not only took place between persons, but between the goals that they stood for. Both sides pursued certain interests which triggered the conflict.

The inner structure of expeditions has, as far as I know, not yet been dealt with in detail. However, such problems and conflicts are to be found in many cases: between Johann Reinhold Forster and James Cook, between Bering and Steller, and between Bering and Müller. They can also be discovered at the beginning of the 19th century, e.g. in the Russian circumnavigation of the globe under Otto von Kotzebue, between him and Adalbert von Chamisso, who took part in the voyage.[53] Again, it was a rivalry between the seaman and the scientist, caused by different aims and attitudes. It might even be said that they lived in different worlds. They came together because of specific circumstances, signed contracts with the same state, and were now liable to instructions and hierarchies.

The Second Kamchatka Expedition also illustrates the academic hierarchies. Let us take a look at the relationship between Gmelin and Steller. They were of the same age, had completed university studies with a doctor's degree, and had later joined the Russian Academy of Sciences. But Gmelin had already been a full professor in this institution, while Steller had only been an assistant professor.

Steller's instructions came, when not directly from the Academy or the Senate, from Gmelin, to whom he was subordinate. In January 1740, Gmelin was enormously exasperated when Steller had sent a report and some material directly to the Academy in St. Petersburg and not first to his superiors, Gmelin and Müller, as it should have been. He avoided going through official channels, as we would say today.[54]

Thus the negative attitude which Gmelin and Müller showed concerning the voyage with Bering is closely connected with their estimation of themselves, and the position that they held, or wanted to hold, in the expedition. Gmelin clearly notified Georg Wilhelm Steller of the fact that on the voyage he would have to get along with Bering and the officers, and that he would have to submit to them. "Er (G.W. Steller) würde sich aber vielleicht, wann er sich in die Herren des Seecommandos schicken, und sich vor ihnen schmiegen würde, welches wir wegen der uns von dem regierenden Senat ertheilten Befehle und gnädigst gegebenen Erlaubniss, nicht wohl tun könnten, mit Gottes Hülfe durchbringen können."[55]

Gmelin's argument was that it was not suitable for professors in his and Müller's position to follow the commands of Bering and his officers. It was thus impossible to travel to Kamchatka on ships under Bering's command. Gmelin and Müller received their instructions directly from the governing Senate, which shows that their position and Bering's were equal. But onboard a ship in the storm and cold of unknown waters, the Captain and his officers gave the commands, not two professors from the Academy. Gmelin and Müller knew this, Steller had this experience more than once while he sailed onboard the "St. Peter".

During the expedition we not only observe the pursuit of scientific interests. The closer we look at the constellation of people, the more accurately we can discover the inner structure. This inner structure reveals the opposing interests of the members of the expedition. Obviously, neither the Admiralty, the Academy of Sciences, nor the governing Senate paid any attention to this problem. The members of the Second Kamchatka Expedition simply received their instructions and orders, which they were supposed to obey, but often did not.

The conflicts I have shown are of a kind that people everywhere settle at any time, but the people involved here had hierarchies in their heads, and attempted to magnify their glory, their reputation and their survival. I do not want to generalize here, and therefore I want to conclude with the comforting thought that there is no such thing as science without the frailty of human nature. It does not exist today, nor has it ever existed, as little in the age of Enlightenment as today. However, I have a certain weakness for Johann Georg Gmelin, who loved good Rhine wine and heated rooms, had a sense of irony, and passionately defended his position as a professor.

Notes

1   Cf. in detail: Dittmar Dahlmann (ed.), Einleitung zu Johann Georg
    Gmelin, *Expedition ins unbekannte Sibirien*, Sigmaringen 1999, p. 39ff.
    For a detailed bibliography see: ibid., pp. 421-438. Extracts from the
    instructions in: Т.С. Федорова и др. (ред.), *Русские экспедиции по изуче-
    нию северной части Тихого океана в первой половине XVIII в. Сборник
    документов*, Moscow 1984, pp. 117-124 and 155.

2   Dahlmann, Einleitung, pp. 59 ff.

3   *Материалы для истории Императорской Академии Наук*, т. 2, St. Peters-
    burg 1886, p. 2.

4   Ibid.

5   И.Г. Гмелин, В.Н. Татищев, «О костях, которые из-под земли
    выкапываются, а обособливо о так именуемых костях», in: *Истори-
    ческие, генеалогические и географические примечания в Ведомостях*
    1730, pp. 80-83 and 88-93; I.G. Gmelin, V.N. Tatishchev, "Von den
    Mammots-Knochen", in: *Petersburger Anmerkungen zu den Zeitungen*, St.
    Petersburg 1730; Russian: «О мамонтовых костях», in: *Исторические,
    генеалогические и географические примечания в Ведомостях* 1732, pp.
    100-101.

6   *Материалы для истории Императорской Академии Наук*, т. 2, pp. 297 f.
    and p. 312.

7   Joseph Lawrence Black, *G.-F. Müller and the Imperial Russian Academy*,
    Kingston, Montreal 1986, p. 52.

8   Letter from Gmelin to Schumacher on May 5th, 1733, in: *Материалы
    для истории Императорской Академии Наук*, т. 2, p. 328; Dahlmann,
    Einleitung, p. 62; Black, *G.-F. Müller*, pp. 52-54.

9   Black, *G.-F. Müller*, p. 54.

10 Johann Georg Gmelin, *Reise durch Sibirien von dem Jahr 1733 bis 1743*,
    4 vols., Göttingen 1751/52. For later, shortened reprints cf. Dahlmann,
    Einleitung, pp. 82f.

11 Büsching to Müller, December 23rd, 1766, in: Peter Hoffmann in coop-
    eration with V.I. Osipov (ed.), *Geographie, Geschichte und Bildungswesen
    in Russland und Deutschland im 18. Jahrhundert. Briefwechsel Anton Fried-
    rich Büsching-Gerhard Friedrich Müller 1751 bis 1783*, Berlin 1995, pp.
    325f. This refers to *Sammlungen der besten und neuesten Reisebeschreibun-
    gen*, which was edited by Mylius in Berlin. One copy of this rare work
    can be found in the library of Franckesche Stiftungen in Halle.

12 Gerhard Friedrich Müller, "Nachrichten von Seereisen und zur See
    gemachten Entdeckungen, die von Russland aus längst den Küsten des
    Eismeeres und auf dem östlichen Weltmeere gegen Japan und Amerika
    geschehen sind", in: Gerhard Friedrich Müller, *Sammlung russischer
    Geschichte*, vol. 3, St Petersburg 1758; Russian: «Описание морских
    путешествий по Ледовитому и по Восточному морю с российской сто-
    роны учиненных», in: *Ежемесячные сочинения, к пользе и увеселению*

служащие, St. Petersburg 1758; English: *Voyages from Asia to America for completing the discoveries of the North West Coast of America*, London 1761 and 1764 (= the author given is S. Müller); French: *Voyage et découvertes faites par les Russes le long des côtes de la Mer Glaciales et sur l'Océan Oriental, tant vers le Japon que vers l'Amerique*, 2 vols., Amsterdam 1766.

13 J. N. Delisle, *Explication de la carte des nouvelles découvertes au nord de la Mer du Sud*, Paris 1752; (G. F. Müller), *Lettre d'un officier de la marine russienne à un seigneur de la cour concernant la carte des nouvelles découvertes au nord de la Mer du Sud et le mémoire qui y sert d'explication publié par M. De L'Isle à Paris en 1752*, Berlin n.d. (1753); German: *Schreiben eines russischen Offiziers von der Flotte an einen Herrn des Hofes, die Charte der neuen Entdeckungen gegen Norden des Südmeeres, und die Abhandlung, die zur Erläuterung derselben dient, betreffend, welche beyde von dem Herrn L'Isle im Jahre 1752 zu Paris heraus gegeben worden sind*, Berlin, n.d. (1752); *A letter from a Russian naval officer to a person of distinction at the court of St. Petersburgh, containing his remarks on Mr. de L'Isle's chart and memoir, relative to the new discoveries northward and eastward of Kamchatka*, London 1754.

14 Б.П. Полевой, «Предисловие», in: С.П. Крашенинников, *Описание земли Камчатки*, 2 т., St. Petersburg, Petropavlovsk-Kamchatskii 1994. Reprint of the St.Petersburg edition 1755, pp. 11f.

15 S.P. Krasheninnikov, *The History of Kamchatka and the Kurilski Islands with Countries Adjacent*, illustrated with maps and cuts, London 1764, reprint: Chicago 1962; German: Stephan Krascheninnikow, *Beschreibung des Landes Kamtschatka*, Lemgo 1766, 2nd edition 1789; French: S. P. Krascheninnikov, *Histoire de Kamtschatka, des Isles Kurilski et contrées voisines*, 2 vols., Lyon 1767; *Description abregée du pays de Kamtschaktka*, Paris 1768 (shortened version); Dutch: *Aardryskundige en natuurlyke Beschryving van Kamtschatka en die Kurilische Eilanden*, Amsterdam 1770.

16 Dahlmann, Dittmar, "Von Kalmücken, Tataren und Itelmenen. Forschungsreisen in Sibirien im 18. Jahrhundert", in: Auch, Eva-Maria, Förster, Stig (eds.), *"Barbaren" und "Weisse Teufel". Kulturkonflikte und Imperialismus in Asien vom 18. bis zum 20. Jahrhundert*, Paderborn et al. 1997, pp. 19-44, here: p. 21f.

17 Dahlmann, Einleitung, pp. 44ff.

18 cf. Wendland, Folkwart, *Peter Simon Pallas (1741-1811), Materialien einer Biographie*, 2 vols., Berlin, New York 1991.

19 By G. W. Steller, "vormaligen Adjunkts bey der Kaiserlichen Akademie der Wissenschaften. Tagebuch seiner Seereise aus dem Petripaulshafen in Kamtschatka bis an die westlichen Küsten von Amerika und seiner Begebenheiten auf der Rückreise" in: Peter Simon Pallas (ed.), *Neue nordische Beyträge zur physikalischen und geographischen Erd- und Völkerbeschreibung, Naturgeschichte und Ökonomie*, vol. 5, St. Petersburg 1793, pp. 129-236; "Nachricht von D. Daniel Gottlieb Messerschmidts

siebenjähriger Reise in Sibirien" in ibid., vol. 3, St. Petersburg 1782, pp. 97-158; E. Winter, N. A. Figurovskij (ed.), *Daniel Gottlieb Messerschmidt. Forschungsreise durch Sibirien 1720-1727*, 5 vols., Berlin 1962-1977.

20 Hoffmann (ed.), *Geographie, Geschichte und Bildungswesen*, Introduction p. 29 and a letter from Müller to Büsching, October 24th, 1773, pp. 367-375; Raymond H. Fisher, *The Voyage of Semen Dezhnev in 1648. Bering's Precursor. With Selected Documents*, London 1981, p. 7f.

21 Jürgen Osterhammel, *Die Entzauberung Asiens. Europa und die asiatischen Reiche im 18. Jahrhundert*, München 1998, pp. 114ff.

22 Han F. Vermeulen, "The Second Kamchatka Expedition (1733-1743) and the Danish-German Arabia Expedition (1761-1767)", in: Jan van Bremen, Akitoshi Shimizu (eds.), *Anthropology and Colonialism in Asia and Oceania*, Richmond 1999, pp. 13-39, cf. also the contribution by Gudrun Bucher in this volume, pp. 135-144.

23 In the Second Kamchatka Expedition this applies especially to the relationship between the young scientist Georg Wilhelm Steller, and the elderly Captain Vitus Bering. Cf. Orcutt W. Frost, "Vitus Bering and Wilhelm Steller. Their Tragic Conflict on the American Expedition", in: *Pacific Northwest Quarterly* 84, 1994/95, No. 1, pp. 3-16; Orcutt W. Frost, "Von Deutschland über Russland und Sibirien nach Nordamerika. Der Naturforscher Georg Wilhelm Steller", in: Erich Donnert (ed.), *Europa in der frühen Neuzeit. Festschrift für Günther Mühlpfordt*, vol. 2, Weimar et al. 1997, pp. 515-538.

24 Black, G.-F. Müller, p. 54.

25 Dahlmann, "Kalmücken, Tataren und Itelmenen", p. 22.

26 Lothar Maier, "Die Krise der St. Petersburger Akademie der Wissenschaften nach der Thronbesteigung Elisabeth Petrovnas und die Affäre Gmelin'", in *Jahrbücher für Geschichte Osteuropas*, N. F. 27, 1979, pp. 353-373.

27 Dahlmann, Einleitung, pp. 71ff.

28 Osterhammel, *Entzauberung Asiens*, p. 120.

29 Black, *G.-F. Müller*, p. IX; Сергей В. Бахрушин, «Г.Ф. Миллер как историк Сибири» in: Сергей В. Бахрушин, *История Сибири*, 2 vols., Moscow, Leningrad 1937 and 1941, here: vol. 1, pp. 5-55.

30 Cf. the works on Müller recently begun by Aleksandr Chr. Elert, Экспедиционные материалы Г. Ф. Миллера как источник по истории Сибири, Novosibirsk; Александр Хр. Элерт (ред.), *Сибирь XVIII века в путевых описаниях Г. Ф. Миллера*, Novosibirsk 1996; Александр Хр. Элерт и др. (ред.), *Актовые источники по истории Сибири XVI-XVIII в. в фондах Г.Ф. Миллера*, 2 vols., Novosibirsk 1993 and 1995, and the edition of letters and documents of Georg Wilhelm Steller by Wieland Hintzsche, Thomas Nickol, Ol'ga V. Novochatko (eds.), Георг Вильгельм Штеллер. *Письма и документы 1740*, Moscow 1998.

31 Cf. note No. 10 and the shortened reprint edited by myself.

32 Dahlmann, Einleitung.

33 Dahlmann (ed.) *Expedition ins unbekannte Sibirien,* pp. 228-230, 239, 262-265f.

34 Gerd Robel, "Der Wandel des deutsches Sibirienbildes im 18. Jahrhundert", in: *Canadian-American Studies* 14, 1980, pp. 406-426; Gert Robel, "Die Sibirienexpeditionen und das deutsche Russlandbild im 18. Jahrhundert. Bemerkungen zur Rezeption von Forschungsergebnissen", in: Erik Amburger, M. Ciesla, L. Sziklay (eds.), *Wissenschaftspolitik in Mittel- und Osteuropa. Wissenschaftliche Gesellschaften, Akademien und Hochschulen im 18. Jahrhundert,* Berlin 1976, pp. 271-294.

35 Osterhammel, *Entzauberung Asiens,* p. 154.

36 Dahlmann, "Kalmücken, Tataren und Itelmenen".

37 Dahlmann (ed.), *Expedition ins unbekannte Sibirien,* pp. 215ff.

38 Wieland Hintzsche, Thomas Nickol (eds.), *Die Grosse Nordische Expedition. Georg Wilhelm Steller (1709-1746). Ein Lutheraner erforscht Sibirien und Alaska,* Gotha 1996, pp. 68f.

39 Black, *G.-F Müller,* p. 53 with further records.

40 Ibid., p. 53.

41 Dahlmann (ed.), *Expedition ins unbekannte Sibirien,* pp. 304-306.

42 Müller to Büsching, October 24th, 1773, in Hoffmann (ed.), *Geographie, Geschichte und Bildungswesen,* p. 313.

43 Dahlmann (ed.), *Expedition ins unbekannte Sibirien,* p. 102.

44 Basil Dmytryshyn, E.A.P. Crownhart-Vaughan, Thomas Vaughan (eds.), *To Siberia and Russian America. Three Centuries of Russian Eastward Expansion,* vol. 2: Russian Penetration of the North Pacific Ocean, Oregon 1988, p. 104ff.

45 Black, *G.-F. Müller,* p. 52.

46 Ibid., p. 58.

47 Dmytryshyn et al. (eds.), *Russian Penetration,* pp. 104f.

48 Gmelin, *Reise durch Sibirien,* vol. 2, p. 397. "And because it was exceptional that the police should be dependent on an officer of the fleet who travelled by, we demanded from the office that they, the heads of the police, should give us better accommodation and take notice of the orders which we had with us. We did this in order not to give up our independence from the fleet crew, so that we would not regret it afterwards. But our ideas and plans did not help."

49 Ibid.

50 Ibid., p. 398. "But also because we must fear that it would be even worse further away, in Okhotsk and Kamchatka".

51 Ibid., p. 532. "So we could easily conclude that, if we were not careful enough, they might make us experience a far more uncomfortable fate in such a far off place".

52 Orcutt W. Frost, "Vitus Bering and Georg Steller: Their Tragic Confict on the American Expedition", in: *Pacific Northwest Quarterly* 84, 1994/5, No. 1, pp. 3-16.

53 Adalbert von Chamisso, "Reise um die Welt mit der Romanoffschen

Entdeckungs-Expedition in den Jahren 1815-1818 auf der Brigg Rurik, Kapitän Otto v. Kotzebue", in: *Sämtliche Werke* in vier Bänden, Berlin, Leipzig, s. a., here: vol. 3, p. 93.

54 Gmelin, *Reise durch Sibirien*, vol. 3, p. 361. Letter from Gmelin to the president of the Academy of Sciences, J. A. von Korf, on January 26th 1740 from Krasnojarsk, in: Хинтцше и др. (ред.), Георг Вильгельм Штеллер, *Письма и документы*, pp. 72-77, and from Müller to Steller on January 30th 1740, ibid. pp. 86-93.

55 Gmelin, *Reise durch Sibirien*, vol. 3, pp. 177ff.

Документы архивного фонда Г.Ф. Миллера о Второй Камчатской экспедиции

В.С. Соболев
(РГАВМФ, Санкт-Петербург)

Указом Правительствующего Сената Императорской Академии наук от 22 марта 1733 г. Г.Ф. Миллер был назначен одним из руководителей Второй Камчатской экспедиции. Академией была разработана специальная «Инструкция» для профессоров, участвующих в экспедиции. В частности, её 6-м пунктом на Миллера возлагалось исполнение обязанностей историографа, ведение журнала экспедиции, подготовка регулярных отчётов для Сената и Академии.

Известно, что экспедиция 1732-1743 гг. слагалась из трёх самостоятельных по задачам и районам действий отрядов:

– Перед первым ставились задачи описания берегов Северного Ледовитого океана от Архангельска до Камчатки;

– В задачи второго отряда входили плаванья от Камчатки до Америки и до Японии, исследование самой Камчатки;

– Наконец, работы третьего отряда составили естественно-исторические и историко-этнографические исследования Сибири. Эти работы возглавили Миллер и И.Г. Гмелин, которые имели в своём распоряжении значительный штат помощников (студентов, копиистов, геодезистов, художников).

Документальные материалы, отложившиеся в Петербургском архиве РАН в результате деятельности этого третьего отряда экспедиции, и явились предметом нашего исследования и настоящей статьи.

В Петербургском архиве РАН находится на хранении большой по своему объёму и очень ценный по составу и содержанию фонд академика Г.Ф. Миллера (ф. № 21). Объём фонда составляет 1250 архивных дел. По нашим подсчётам около 350 дел (то есть 30% всего объёма) составляют материалы, так или иначе связанные со Второй Камчатской экспедицией.

Мы попытались провести условную систематизацию данного массива информации и посчитали возможным выделить в нём 8 основных групп документов.

Дадим самую краткую характеристику каждой из этих групп:

1. *Наставления и инструкции о порядке и методике проведения экспедиционных работ.*

Здесь наше внимание привлекли прежде всего инструкции, составленные самим Миллером:

— «Наставление о том, как давать описание сибирских народов», содержит 923 вопросных пункта (ф. 21, оп. 2, д. 8).

— Инструкция, составленная для И.Е. Фишера «Изучение истории и географии Сибири», на 111 листах (ф. 21, оп. 5, д. 36).

— В фонде сохранилось несколько инструкций по описанию природных условий, которые Миллер давал местным чиновникам во время их служебных поездок (ф. 21, оп. 5, д. 73, 142).

2. *Научно-организационные документы и переписка по научно-организационным вопросам.*

В первую очередь следует отметить, что в фонде сохранились годовые реестры всех входящих бумаг Камчатской экспедиции за 1733-1743 гг. (ф. 21, оп. 2, д. 36-47). Эти материалы могут быть очень полезны для исследователей.

Информация по самым различным административным и организационным аспектам содержится в 40 делах, имеющих одинаковое название по описи: «Документы Камчатской экспедиции» за разные годы (ф. 21, оп. 5, д. 69-109).

Здесь нельзя не упомянуть и о более конкретных документах:

— «Письма Г.Ф. Миллера к президентам Академии наук Г.К. Кейзерлингу и И.А. Корфу о ходе экспедиции» за 1733-1740 гг. (ф. 21, оп. 5, д. 137-140).

— «Рапорты Г.В. Стеллера в Сенат и Академию из экспедиции по Сибири» (ф. 21, оп. 2, д. 22).

– «Дневник всех событий и работ во время Камчатской экспедиции» на 161 л. (ф. 21, оп. 2, д. 19).

3. Рукописи трудов Г.Ф. Миллера.

Приведём только несколько заголовков трудов, но они со всей убедительностью свидетельствуют о разнообразии и широте научных интересов учёного:

– «Описания новейших карабельных плаваний по Ледовитому морю», на 148 л. (ф. 21, оп. 2, д. 53).

– «История и описание Сибирских крепостей» (ф. 21, оп. 5, д. 7).

– «Описание Сибирских народов», на 129 л. (ф. 21, оп. 5, д. 6).

– «История Сибири», на 442 л. (ф. 21, оп. 5, д. 4).

– «Географическое и нынешнее состояние Камчатки» (ф. 21, оп. 5, д. 20).

4. Описания и сочинения других участников экспедиции.

Здесь следует упомянуть о том, что в фонде сохранился «Реестр описаний и сочинений, сделанных студентами и геодезистами во время Камчатской экспедиции» (ф. 21, оп. 5, д. 51). В их числе содержатся:

– «Путевые описания С.П. Крашенинникова, присылавшиеся им Г.Ф. Миллеру», на 298 л., за 1737-1742 гг. (ф. 21, оп. 5, д. 34).

– Г.В. Стеллер, «Путевой дневник путешествия от Иркутска до Якутска», на 170 л. (ф. 21, оп. 5, д. 113).

– И.Э. Фишер, «Путешествие от Томска до Бийского острога», на 178 л. (ф. 21, оп. 5, д. 50).

– «Путешествие студента А. Горланова от Тобольска до побережья Северного Ледовитого океана» (ф. 21, оп. 5, д. 65).

5. Реестры, каталоги вещей, документов, книг, привезённых (добытых) в результате экспедиции.

Считаем уместным отметить, что наличие в архивном фонде большого числа учётных, обобщающих документов (мы уже упоминали о реестрах входящих бумаг, описаний и сочинений участников экспедиции) является весомым доказательством того, что всё делопроизводство многолетней экспедиции велось с немецкой аккуратностью.

Упомянем ещё о нескольких подобных документах:

– «Реестр коллекций животных, растений, предметов, рисунков и описаний, присланных в Петербург из экспедиции», на 203 л., за 1733-1747 гг. (ф. 21, оп. 5, д. 121).

– «Реестр рукописей и документов, переданных Г.Ф. Миллером в «Историческую Конференцию», 1748 г. (ф. 21, оп. 5, д. 148).

Sammlung

Rußischer Geschichte

**Des dritten Bandes
Erstes, zweytes u. drittes
Stück.**

St. Petersburg,
bey der Kayserl. Academie der Wissenschaften.
1758.

Title page of the third volume of *Sammlung Russischer Geschichte*, St. Petersburg 1758, containing G.F. Müller's official account of the Kamchatka Expeditions (Royal Library, Copenhagen).

– «Каталоги и списки образцов минералов, руд, естественно-исторических коллекций, присланных И.Г. Гмелиным из экспедиции», на 51 л. (ф. 21, оп. 5, д. 175).

6. Иллюстративные материалы.

Эту группу составляют планы, рисунки, зарисовки, карты. Приведём несколько примеров:

– «План Семипалатинской крепости» (ф. 21, оп. 5, д. 39/3)

– «План г. Томска» (ф. 21, оп. 5, д. 39/14)

– «Вид г. Иркутска» (ф. 21, оп. 5, д. 39/45)

– «Рисунок медного идола» (ф. 21, оп. 5, д. 39/53)

– «Карта озера Байкал» (ф. 21, оп. 5, д. 39/67).

7. Материалы, собранные историком В.Н. Татищевым.

– «Географические и исторические ведомости, собранные и присланные в Академию наук В.Н. Татищевым», на 639 л. (ф. 21, оп. 5, д. 149).

– «Анкеты по географии и истории Сибири» (ф. 21, оп. 5, д. 150).

– «Ведомости городов Сибири», на 207 л. (ф. 21, оп. 5, д. 153).

8. «Сибирский архив».

Эту группу составляют копии, сделанные по распоряжению Миллера с документов, хранившихся в архивах сибирских городов (Енисейска, Иркутска, Красноярска, Тобольска и др.).

Эти списки документов являются ценными источниками по истории Сибири. Все они внесены в опись фонда № 4 и составляют 36 объёмистых архивных дел.

Приведённый нами краткий тематический обзор документов архивного фонда Миллера позволяет, на наш взгляд, сделать вывод о том, что серьёзное, углублённое исследование Второй Камчатской экспедиции невозможно без широкого привлечения и изучения материалов этого фонда.

Nachrichten

von

Seereisen,

und zur See gemachten Entdeckungen,

die von Rußland aus längst den Küsten
des Eißmeeres und auf dem Ostlichen
Weltmeere gegen Japon und
Amerika geschehen sind.

Zur Erläuterung einer bey der Akademie der
Wissenschaften verfertigten Landkarte.

Ob Asien gegen Nordost mit Amerika zu-
sammen hänge? ist allezeit bey den Erd-
und Weltbeschreibern eine wichtige Frage gewesen. Denn die auf den Land- und Seekarten ange-
setzte Strasse Anian gab nur einen schwachen
Grund zur Entscheidung an die Hand, weil niemand mit Gewißheit sagen konnte, zu welcher
Zeit und durch wen diese Strasse entdecket worden. Man dachte, bey Völkern, deren Grundfe-
ste des gemeinen Wohls auf der Schiffahrt be-
ruhet, müsten dießfalls geheime Nachrichten vor-
handen seyn, weil ihre zuversichtliche Bemühun-
gen, einen Weg durch das Eißmeer nach Chi-

Samml. 3. Band.　　　A　　　na

The beginning of G.F. Müller's official account of the Kamchatka Expeditions, in the third volume of *Sammlung Russischer Geschichte*, St. Petersburg
1758 (Royal Library, Copenhagen).

Gerhard Friedrich Müller's Instructions and the Beginning of Scientific Ethnography

Gudrun Bucher
(Universität Göttingen)

Gerhard Friedrich Müller was born in the year 1705 in Herford, Westphalia. He studied in Leipzig, where he came in contact with the ideas of German Enlightenment philosophy. One of Müller's teachers in Leipzig was Johann Burckhard Mencke, who indirectly helped Müller to obtain a contract with the Russian Academy of Sciences, which had been officially opened on 27 December 1725.[1] After having worked eight years for the Academy of Sciences, Müller became one of the participants in the academic contingent of the Second Kamchatka expedition (1733-1743). At the beginning of the expedition the scientific participants were Johann Georg Gmelin (1709-1755), a naturalist, Louis de l'Isle de la Croyère (bef. 1688-1741), an astronomer, and Gerhard Friedrich Müller (1705-1783). All three of them had the rank of professor, and the Academy added a few Russian students to help them. Of these, Stepan Petrovich Krasheninnikov (1711-1755) later became the most famous. The naturalist Georg Wilhelm Steller (1709-1746) joined the expedition in 1737 to replace Gmelin.

Müller's field was history. I especially emphasize this, since it was rather unusual during the first half of the 18th century that scientists specialized in different fields were sent out on an expedition. At that time, usually only one scientist, covering different disciplines, was sent out. Daniel Gottlieb Messerschmidt is a good example of this. He was engaged by Peter I to travel through Siberia from 1720-1727, and had to cover all fields of science.[2]

Before and during the ten years of Müller's travels in Siberia for the Academy of Sciences, he wrote several instructions. He started with a general instruction in which he suggested what should be done during the expedition in his field, history. This instruction consisted of 10 different items and was probably written in the year 1732. After the Academy of Sciences in St. Petersburg had added one item concerning the peoples of the Amur-Region and rumours of old Russian settlements in the Amur, it became the official instruction for Müller himself.[3] Already in this first instruction it is apparent that, in Müller's mind, the Siberian peoples were part of Russian history, and that he considered it very important to collect information about them. Müller wants to know something about the origin of the different peoples, about their borders with their neighbours, their religion, their way of life, economy and warfare. In item 6, he proposes collecting the Lord's Prayer in different languages. It was also important for him to find out the names these peoples gave themselves and how they named the rivers, mountains, settlements and so on, most of which were named differently by the Russians. The history of the peoples and their settlements, as well as old artefacts should be collected and at least be sketched. Clothes should be described and drawn. We can therefore conclude from Müller's first instruction that he had a clear interest in what we later called ethnography. But at this point his questions were not very systematic, and were still not adapted to the conditions he would find in Siberia.

After Müller had acquired some experience with working in the archives and with describing the way of life of Siberian peoples, he wrote several other instructions. I want to have a closer look at two of them that concern the description of Siberian peoples. When Stepan Krasheninnikov was sent to Kamchatka in 1737, he received instructions written by both Müller and Gmelin.[4] Krasheninnikov also obtained information on Kamchatka, collected by Müller in the archives of Jakutsk and the base for Müller's questions. The data on Kamchatka reached Krasheninnikov through a Russian translation by Jachontov[5]. Gmelin's and Müller's instruction was composed of 89 paragraphs, of which 11 deal with ethnographical questions referring specifically to the situation in Kamchatka[6].

But the most important instruction Müller wrote is the one from 1740. After Müller had asked for permission to return to St. Petersburg, the Academy sent Johann Eberhard Fischer to replace him as historian. Müller put all his experience into the instruction for Fischer, in order to prepare him for the continuation of the work he (Müller) had begun. This instruction is titled "Instruction for a geographical and historical description of Siberia" and was written by Müller alone, without Gmelin's participation; so therefore there are no questions concerning nature, because they were not in Müller's field. This instruction encompasses 1228 questions in all, and is divided into 6 parts:
1.   Keeping a detailed journal (20 paragraphs)
2.   Making geographical descriptions (75 paragraphs)

3. Describing the present state of the towns, forts and regions (88 paragraphs)
4. Writing a detailed history of Siberia and doing research in the archives for this purpose (22 paragraphs)
5. Describing and collecting antiquities (100 paragraphs)
6. Making a detailed description of the peoples of Siberia (923 paragraphs).

Only the last two parts of this instruction, which were the longest, were published separately in different contexts at the end of the 19th century.[7] Obviously, this instruction was at that time not regarded as an entity or as something strictly belonging together. Thus it is legitimate to concentrate on the last part, which encompasses 923 paragraphs on how to describe the peoples of Siberia. This last part of the instruction is much longer than all the others together. The second longest is the part on archaeology, consisting of 100 questions. From this, we can conclude that it was of eminent importance for Müller to get good descriptions of the different peoples. Secondly, he knew that Johann Eberhard Fischer could not be prepared for this kind of work, because at the time only scant information was available on the Siberian peoples, and probably Müller understood that it was a new field and an unusual task to deal with for a historian.

Let's have a closer look at the 6th part of Müller's instruction of the year 1740, concerning the Siberian peoples. Müller starts with some theoretical remarks on what could be worth noting and how to categorize and systematize the different peoples. Then he goes on to questions concerning language. In his work on the peoples living in Russia since ancient times[8] Müller explained that, in his opinion, what distinguishes peoples is not their way of life, but their language, and therefore language studies were very important for him. At the time, it was usual to collect translations of the Lord's Prayer, and he had planned to follow this custom in the first instruction. After Müller realized that it was very difficult to explain the ideas in this prayer to non-Christian peoples, he changed his method and collected words with concrete meanings and every-day usage, like 'head', 'arm', 'father', 'mother', the basic numbers and so on.[9] This was not really new, since Philipp Johann Tabbert von Strahlenberg, one of the prisoners of war who had been banished to Tobolsk, had already collected such words when he was travelling with Messerschmidt until 1722. But according to Müller, Strahlenberg tended to give strange etymological explanations of his findings. Müller was an innovator in that he discussed this method and explained why it would be important to follow it.

It is striking how much thought Müller put into the order of his 923 questions. After the questions concerning languages, he continued with what he called the external things, meaning the outer appearance of the people, clothes, and housing. Next, he wanted the researcher to describe the internal things, which means the people's knowledge, their mythology and so on. Following this are a few mixed questions, and then he went on with different topics which do not fit in the dual scheme of external and internal things, like war and economy, including farming, hunting, fishing, and the keeping of animals. The next important topics were the "rites of passage" and everything connected with the education of children, followed by games and pleasures. The last major topic is religion, which is divided into four parts on Paganism, Islam, Buddhism and Christianity. At the end, there were more methodological hints on how to obtain the relevant information, and how to write a *systematic* description of the Siberian peoples.

Very often Müller wanted the researcher to determine whether previous descriptions were really trustworthy. He always had doubts about the correctness of the incredible information given in earlier accounts. He also wanted the researcher to find out how those strange accounts could emerge.

It seems that Müller's instruction of 1740 was the result of his travels from 1733 to 1740 and can be considered as a theoretical manifesto for a new science which did not yet officially exist. One reason for an interpretation of the instruction as a theoretical manifesto is, apart from its contents, the fact that Gmelin and Müller directly address Krasheninnikov and Steller in their instructions (using the polite form of address for the adjunct Steller, and the intimate form of address for the student, Krasheninnikov). The instruction of 1740 was written for Fischer, but Müller never directly addressed him, and all formulations are stated in very general terms.

The most intensely discussed 18th century instructions, seen to be connected to the development of scientific travelling and to the development of ethnography as a modern science, are the one by Johann David Michaelis for the Danish Arabian expedition (1762) and the one by Joseph-Marie Degérando for Baudin's Australian expedition and Levaillant's Africa expedition (1800). The instruction written by Michaelis is said to be scientific because it contains concrete questions on one subject only. Michaelis wanted to know everything concerning the Bible. Carsten Niebuhr, the researcher, went much further in his description of Arabia, and he did much more than just carrying out Michaelis' instruction. In this case, we are lucky to have published versions of both the instruction and the result. The instruction itself, published at the time, was a great success and became well known, being discussed in large parts of the scientific community in the second half of the 18th century.[10]

Degérando's instruction was written and published about 40 years later, in the year 1800. Degérando's interest was more psychological, and he wanted to write an instruction that could be used in all regions of the world. However, we have no results by which to trace its effects. I mention this instruction because Stagl and others identify it as the first methodological hints for an application of ethnography.[11] However, it was written 60 years after Müller's instruction, which is never treated intensively in discussions on the early ethnography of the 18th century.

I will summarize the reasons why I think that Müller's instruction of 1740 should be discussed as one of the precursors of the new science, later called ethnography:

Müller asked 923 different questions regarding only one topic: the description of the Siberian peoples. The way he concentrated on foreign peoples in this instruction is a real innovation. What Müller wanted to know does not differ very much from what ethnographers still wanted to know in the beginning of the 20th century. Müller did not use the foreign peoples to criticize his own society, as was fashionable at the time. Neither did he idealize them, and he never used the term "savages": either in a positive way like the later Rousseau, or in a negative way, as so many others before him. He wanted only to collect information first and draw theoretical conclusions later. Furthermore, Müller wanted to compare the different peoples to each other. In that, he was a successor of Lafitau (1724) who compared the American Indians to the peoples of ancient times. One big difference in Müller's travelling compared to other travellers is that he was in Siberia for 10 years, and often stayed in one place for a very long time. So even though he was not really a participant observer, he lived in the region where the people of his interest lived; he often talked to representatives; tried to take part in feasts, shamanistic séances and so on. But he never tried, for example, to get a position within a camp of reindeer breeders, so that his participation was more or less marginal. He concentrated instead on long-term observation and tried to get an internal understanding of a culture. He was interested in a people's knowledge and how they interpret the world.

The appendix to the instruction is also of great importance. This appendix is divided into three parts, one on mapping – which I am not concerned with – another one on drawing, and the third one on collecting. He wrote a separate instruction on how to make drawings, on what should be sketched and what should be collected. This instruction was added to the general instruction the painters had received at the beginning of the expedition by Georg Gsell. In Gsell's instruction they only had to paint landscapes and items of nature. It was Müller who focused on paintings of ethnographical objects, tents, houses, and the clothes of the indigenous peoples. He also added hints on how to collect different objects for the Kunstkammer, in St. Petersburg. Here, too, he focused on ethnography and archaeology. He used the same systematisation in these two additional instructions as in the 923 questions. So his focus was the same in the three different mediums: description, painting and collecting.

Müller wanted the researcher to give a *systematic* description of the different peoples, and he suggested comparing them to one another and to other peoples of the world in Africa or America. For this purpose he had changed the order of topics compared to his previous instructions.

Of equal importance is the context of the expedition. It was no private initiative; he did not go to Siberia as missionary, trader or soldier, but as a scientist. Previously, ethnographical data had mostly been collected by people of the above-mentioned categories.

On the one hand, it was good that Fischer had taken so little interest in this kind of science that Müller felt forced to give him instructions of such detail that we now have this unique document. On the other hand, Fischer did not produce much that could be seen as an effect of Müller's instruction. He sometimes even tried to use it as a questionnaire, handing it over to officials and expecting them to answer the questions.[12] But even if the instruction was not published until 1900, there was an enormous exchange of documents in the 18th century in general, so it is quite likely that other scholars saw the instruction and were inspired by it.

In addition, we can see that the topics of the famous description of Kamchatka *Opisanie zemli Kamchatki* by Krasheninnikov are what Müller requested in his instructions. It is not negligible that Müller corrected Krasheninnikov's manuscript several times, so that he also had some influence on this work, which was a synthesis of Steller's and Krasheninnikov's materials.

Also, Peter Simon Pallas, who took part in the academic expeditions of 1768-1774, and who wrote the instructions for the Billings expedition (1785-1793/94), was in close contact with Müller. They exchanged many letters, and Pallas consulted Müller, especially on topics concerning Siberian peoples. So Müller certainly also had an influence on the famous academic expeditions of 1768-1774.

The main innovation in Müller's instruction is that he wrote one very detailed instruction for only one topic: the peoples of Siberia. This fact of writing an instruction with a single topic is seen, in Michaelis' case, as a new development toward making travels scientific. If this is true for Michaelis, it applies even more to Müller and the description of peoples, even if he did not claim that he created a new science. For him, it was a part of the history of Russia, as history was seen in the 18th century as the universal history of mankind. But without putting a name on it, Müller had created the new science, later to be called ethnography. The name 'ethnography' is already more or less given in his instruction when he uses the word "Völker-Beschreibung" which is the German equivalent of ethnography.

In my opinion, the contribution of the Second Kamchatka expedition to the development of ethnography has been highly underestimated in the history of ethnography so far. The Russian academic expeditions of the 18th century deserve much more attention, when we think of the early history of modern ethnography or ethnology.

Notes

1 Materialy 6:64, Pekarskij 1870:310, Black 1986:10.
2 Winter & Figurovskij 1962-1977.
3 AAN St. Petersburg F. 21, op. 2, d. 17 list 44-44ob, Alekseev 1984:155, Andreev 1965:76, Black & Buse 1989:47f, Dmytryshyn & Crownhart Vaughan 1988:104f, Istorija Sibiri 1937:460f, Kosven 1961:176.
4 RGADA Moskva, Portfeli Millera No. 527, d. 7, 19 listov. See Kosven 1961:196, AAN St. Petersburg R. I, op. 13, d. 11 listov 57-73.
5 AAN St. Petersburg R. I, op. 13, d. 11, listov 94-127. "Geographie und Verfassung von Kamtschatka aus verschiedenen schriftlichen und

mündlichen Nachrichten, gesammlet [sic] zu Jakuzk, 1737". First published in 1774 in G. W. Steller: *Beschreibung von dem Lande Kamtschatka*, ed. J.B. Scherer.

6   Kosven 1961:196f.

7   Part 5 is published in Radlov 1894:106-114. Part 6 is published in G.F. Müller (Russow, F. ed.) 1900:37-109.

8   G.F. Müller 1788. The translator says in the foreword that he doesn't know the author, but wishes that the text should also be published in German. But it had already been published anonymously by Novikov in 1773.

9   Materialy VI:285f.

10 Moravia 1989:127f; Stagl 1980:373.

11 Stagl 1983; Stagl 1995:61, Moore 1969:2, Greverus 1987:21

12 Kosven 1961:205

References

Алексеев, А.И. и др. (ред.) (1984): *Русские экспедиции по изучению северной части Тихого океана в первой половине XVIII в. Сборник документов.* Москва.

Андреев, А.И. (1965): *Очерки по источниковедению Сибири.* Выпуск второй. *XVIII век (первая половина).* Москва-Ленинград.

Black, J.L. (1986): *G. F. Müller and the Imperial Russian Academy.* Kingston, Montreal.

Black, J.L. and D.K. Buse (1989): *G. F. Müller and Siberia, 1733-43,* Kingston.

Degérando, Joseph-Marie (1800): *Considérations sur les méthodes à suivre dans l'observations des Peuples Sauvages.* Paris.

Dmytryshyn, Basil, E.A.P. Crownhart-Vaughan & Thomas Vaughan (1988): *Russian Penetration of the North Pacific Ocean 1700-1797. A Documentary Record.* Portland, Oregon.

Greverus, Ina-Maria (1987): *Kultur und Alltagswelt – Eine Einführung in Fragen der Kulturanthropologie.* Frankfurt.

Косвен, М.О. (1961): «Этнографические результаты Великой Северной экспедиции 1733-1743 гг.», in: *Труды Института этнографии им. Н.Н. Миклухо-Маклая,* н.с., т. 54. *(= Сибирский этнографический сборник* III). Москва-Ленинград, pp. 167-212.

Lafitau, Joseph François (1724): *Moeurs des sauvages américains comparées aux moeurs des premiers temps.* Paris.

Материалы для истории Императорской Академии наук, Т. 1-10. СПб. 1885-1900.

Michaelis, Johann David (1762): *Fragen an eine Gesellschaft gelehrter Männer, die auf Befehl Ihro Majestät des Königs von Dännemark nach Arabien reisen.* Frankfurt.

Moore, F.C.T. (ed.) (1969): *The Observation of Savage Peoples by Joseph-Marie Dégerando* [1800]. Translated and edited by F.C.T. Moore with a preface by E.E. Evans-Pritchard. Berkeley. (*Considérations sur les méthodes à suivre dans l'observation des Peuples Sauvages*, Paris 1800).

Moravia, Sergio (1989): *Beobachtende Vernunft – Philosophie und Anthropologie in der Aufklärung.* Frankfurt.

Müller, Gerhard Friedrich (1788): *О народах издревле в России обитавших.* С немецкого на Российский язык переведено Иваном Долинским. СПб.

Müller, Gerhard Friedrich (1890): *История Академии наук Г.-Ф. Миллера с продолжениями И. Штриттера (1725-1743)* (= Материалы для истории Императорской Академи наук, Т. 6) СПб.

Müller, Gerhard Friedrich (1900): "Unterricht, was bey Beschreibung der Völker, absonderlich der Sibirischen in Acht zu nehmen. Instruktion G.F. Müllers für den Akademiker-Adjuncten J. E. Fischer". In: Russow, Fr. (ed.): *Beiträge zur Geschichte der Ethnographischen und Anthropologischen Sammlungen der Kaiserlichen Akademie der Wissenschaften zu St. Petersburg.* (= Сборник Музея по антропологии и этнографии при Императорской Академии наук. Т. 1,1). СПб., pp. 37-109.

Пекарский, Пётр (1870): *История Императорской Академии наук в Петербурге.* Том 1. Издание Отделения русского языка и словесности Императорской Академии наук. СПб.

Радлов, В. (1894): «Из сочинений академиков Г.Ф. Миллера и И.Г. Гмелина». *Сибирские древности*, т. 1, вып. 3: *Материалы по археологии* России, 15. СПб., pp. 55-126.

Scherer, Jean Benoît (ed.) (1774): *Georg Wilhelm Stellers gewesenen Adjuncts und Mitglieds der Kayserl. Academie der Wissenschaften zu St. Petersburg Beschreibung von dem Lande Kamtschatka dessen Einwohnern, deren Sitten, Nahmen, Lebensart und verschiedenen Gewohnheiten Herausgeben von J. B. S. mit vielen Kupfern.* Frankfurt und Leipzig.

Stagl, Justin (1980): "Der wohl unterwiesene Passagier. Reisekunst

und Gesellschaftsbeschreibung vom 16. bis zum 18. Jahrhundert".
In: B.J. Krasnobaev et al. (eds.): *Reisen und Reisebeschreibungen im
18. und 19. Jahrhundert als Quellen der Kulturbeziehungsforschung.*
Berlin, pp. 353-384.

Stagl, Justin (1983): *Apodemiken – Eine räsonnierte Bibliographie der
reisetheoretischen Literatur des 16., 17. und 18. Jahrhunderts.* Paderborn.

Stagl, Justin (1995): "Vom Menschenfreund zum Sozialforscher: Der
Patriotic Traveller des Grafen Leopold Berchtold". In: Rupp-
Eisenreich/J. Stagl (eds.): *Kulturwissenschaft im Vielvölkerstaat.
Zur Geschichte der Ethnologie und verwandter Gebiete in Österreich,
ca. 1780-1918,* pp. 49-63.

Steller, Georg Wilhelm (1774): *Beschreibung von dem Lande Kamtschatka.*
See Scherer, J.B.

Winter, E. & N.A. Figurovskij (eds.) (1962): *D. G. Messerschmidt: Forschungsreise durch Sibirien 1720-1727.* Teil 1, *Tagebuchaufzeichnungen
1721–1722* (= Quellen und Studien zur Geschichte Osteuropas, Vol.
8, Section 1). Berlin.

Материалы Г.Ф. Миллера о региональных особенностях во взаимоотношениях между русскими и аборигенами Сибири в XVII – первой половине XVIII в.[1]

А.Х. Элерт
(Институт истории СО РАН, Новосибирск)

Вопрос о характере взаимоотношений между русскими и аборигенами Сибири является остродискуссионным практически с момента его возникновения в научной литературе XVIII в. и актуальным он остается до сих пор. Диапазон мнений по этой проблеме очень широк – от признания определяющей цивилизаторской роли России, которая мирным путем включила в свой состав сибирские народы и вывела их из состояния дикости, до утверждений о том, что русские жестокими методами завоевали эти народы, истребили их значительную часть и, разрушив самобытную культуру сибирских аборигенов, не дали взамен ничего положительного.

По нашему мнению, многие крайности в позициях ученых объясняются тем, что при характеристике взаимоотношений между русскими и коренными жителями Сибири не учитываются региональные и, соответственно, этнические особенности, подчас очень существенные. Сибирь, сибиряки-русские и аборигенные народы рассматриваются как нечто целостное, однотипное и выводы, основанные на локальных примерах, распространяются на всю Сибирь. В действительности же и политика государства, и реальная практика общения русских с аборигенами в разных регионах Сибири имели существенные различия, определявшиеся рядом факторов (уровень политического и социально-экономического развития аборигенных народов, особенности их хозяйственных занятий, состав русского населения, степень удаленности от центральных и местных властей, геополитическое положение, природно-климатические условия и др.).

Источники, по которым можно выявить региональные особенности в истории взаимоотношений между русскими и аборигенами, весьма разнообразны. Первостепенное значение здесь имеют, конечно же, документальные материалы, но следует признать, что они освещают отношения между русским и коренным населением почти исключительно с позиций русской стороны, нередко страдают тенденциозностью, замалчивают негативные моменты в этих отношениях или неверно интерпретируют их. В связи с этим особый интерес представляют материалы, личные свидетельства и оценки тех исследователей прошлых веков, которые путешествовали в разное время по Сибири. В рамках настоящей статьи мы рассмотрим лишь некоторые экспедиционные материалы выдающегося ученого XVIII в., «отца сибирской истории» Герарда Фридриха Миллера (1705-1783 гг.). Эти материалы представляют для исследователей особый интерес, поскольку Миллер был не только первым профессиональным историком и этнографом, изучавшим Сибирь и населяющие ее народы, но и единственным из них, кто побывал во всех сибирских уездах.

Взгляды Миллера на историю взаимоотношений между русскими и аборигенами Сибири уже неоднократно становились предметом анализа специалистов и наиболее основательно эта тема исследована в трудах российских ученых 1960-1980-х гг. В большинстве работ этого времени утверждается, что взаимоотношения русских с коренными народами Сибири ученый рассматривал с позиций лишь русской стороны, не интересуясь, что происходило в это время в среде коренного населения. Данный вывод отчасти справедлив лишь применительно к «Истории Сибири» Миллера, однако он не учитывает его рукописных работ. Дело в том, что Миллер, в отличие от других ученых XVIII в., полагал, что проблемы этнической истории, материальной и духовной культуры сибирских народов должны составлять предмет особой науки – этнографии. В соответствии с этим принципом, он во время путешествия в составе Второй Камчатской экспедиции (1733-1743 гг.) практически одновременно начал работу и над «Историей Сибири», и над фундаментальным «Описанием сибирских народов»,

Представители аборигенных народов Сибири приносят цветы в дар российской императрице. Виньетка неизвестного художника в книге Гмелина *Flora Sibirica*, т. 1, СПб. 1747 (Центральная ботаническая библиотека, Копенгаген),

которое так и не было завершено.[2] Но если «История Сибири» неоднократно издавалась на немецком и русском языках (хотя и в далеко не полном объеме)[3] и активно используется специалистами, то этнографический труд ученого не только никогда не был опубликован, но и не переводился на русский язык, а его материалы не вошли в научный оборот.

«Описание сибирских народов», а также черновые наброски к этой работе, среди которых следует выделить «Известие о якутах и их шаманах, о юкагирах, остяках, тунгузах, самоедах, камасинцах, тайгинцах, качинцах, татарах и об обычаях разных сих народов»,[4] полевой дневник историка,[5] а также некоторые другие немецкоязычные экспедиционные рукописные материалы ученого дают возможность уточнить его истинные взгляды на взаимоотношения между русскими властями и аборигенными народами Сибири, а также выявить их региональные особенности.

Прежде всего следует остановиться на материалах Миллера, касающихся особенностей вхождения отдельных народов Сибири в состав России, поскольку эти особенности наложили отпечаток на всю последующую политику государства в отношении сибирских народов и взаимоотношения между русскими и аборигенными народами. Эти материалы, дополненные данными других источников, позволяют разделить сибирские народы на несколько групп, территориальное размещение которых в определенной мере соответствует миллеровскому разделению Сибири на южную зону степей и лесостепей, срединную зону лесов и северную зону тундры и лесотундры.[6]

Для народов первой из этих зон, имевших тюркское или монгольское происхождение, ученый считал присущими следующие отличительные черты: относительно высокий уровень культурного развития, четкую и достаточно сложную политическую и социальную организацию общества, преобладание в экономике кочевого скотоводства. В южной зоне и в примыкающих к ней районах срединной зоны к моменту прихода русских существовали довольно стабильные политические образования государственного или полугосударственного типа – Сибирское ханство, телеутский Большой Абаков улус, Кыргызская землица и княжество монгольских Алтын-ханов. Каждое из них состояло из господствующего этноса и подчиненных ему этносов и этнических групп. Важно отметить, что, согласно этнографическим описаниям Миллера, в большинстве случаев между господствующими и подчиненными этносами существовали серьезные языковые и культурные различия и они даже номинально не отождествляли себя друг с другом.

Господствующие этносы, среди которых были народы, по выражению Миллера, «уже не совсем нецивилизованные», нельзя было покорить иначе, чем силой оружия. Военные действия сочетались с дипломатическими средствами воздействия, поскольку только силовыми методами окончательно решить проблему подчинения хорошо организованных в политическом и военном отношении народов, которые к тому же имели возможность маневрировать в условиях степей и лесостепей, было очень сложно. Особенно важным Миллер считал тот факт, что у степных народов чрезвычайно трудно было захватить заложников (аманатов). Русские власти вынуждены были учитывать и сложную внешнеполитическую ситуацию на южных границах Сибири, соседство с Джунгарским ханством, Монголией и Китаем, которые также претендовали на южносибирские территории. Поэтому, чтобы добиться признания русского подданства, приходилось искать компромиссов, особенно со знатью. Лишившись власти над подчиненными этносами, эта знать сумела сохранить позиции внутри своих родных этносов и заставляла русские власти считаться с собой, а в ряде случаев фактически стала составной частью русского аппарата управления народами Сибири.

Иначе обстояло дело с народами, занимавшими в указанных политических образованиях подчиненное положение. По сути, приход русских был для них лишь сменой одних господ на других, более сильных. Поэтому стимулов для того, чтобы оказывать русским упорное сопротивление, у них не было. К тому же русские власти сохранили практически в неприкосновенности уже существовавшую фискальную и политическую организацию аборигенного общества (деление на волости и землицы, принципы обложения ясаком).

Легкость покорения народов лесной зоны Миллер объясняет не только их малочисленностью, а также слабостью военной и политической организации. Даже более важной причиной он считал нравственные качества лесных народов – их искренность, доброту, сострадание к сородичам, миролюбие и т. п. В отличие от кочевников юга, лесные народы не имели возможности избежать контактов с отрядами служилых в невыгодных для себя условиях, поэтому захватить заложников из их числа не представляло особого труда. Миллер пишет в связи с этим: «Те, кто бродят по лесам, держатся обычно отдельными семействами, и поэтому было легко схватить одного или нескольких человек, которые были аманатами, или заложниками… Естественная доброта и искренность народа, если они не хотели погубить своих аманатов, и была истинной причиной их податливости».[7] Боязнь за судьбу родственников-заложников, по мнению Миллера, имела следствием не только отказ от попыток сохранить независимость, но и была гарантом покорности лесных народов в качестве русских подданных.

Ко времени сибирского путешествия Миллера русским удалось добиться подданства лишь части оленеводческих народов Севера и Северо-Востока. Трудности, с которыми столкнулись русские при покорении северных народов, Миллер объясняет их дикостью, а также суровыми природными условиями. По материалам ученого можно выявить существенные различия в политике государства в отношении разных северных народов. С ненцами-юраками русские служилые вступили в контакт уже в начале XVII в., но даже и в первой половине XVIII в. они оставались фактически независимыми, а русские мирились с этим и лишь защищали от набегов юраков ясачных ненцев и свои ясачные зимовья. Схожей была ситуация с чукчами и коряками на Северо-Востоке Сибири, но лишь до той поры, пока с открытием Камчатки и в связи с глобальными геополитическими проектами по выходу России в бассейн Тихого океана этот регион не приобрел для русского правительства важное стратегическое значение.

Документальные источники, собранные Миллером, а также записанные им рассказы участников военных походов против коряков и чукчей, показывают, что включение народов Северо-Востока в состав России представляло собой завоевание, осуществлявшееся самыми жестокими методами.[8] Кочевники тундры, а также жители приморских поселений, в отличие от кочевников юга Сибири, были лишены возможности выбирать между подчинением России или другому сильному государству. Поэтому с ними можно было не церемониться и ставка делалась лишь на военное превосходство. Если в правительственных указах XVII в. предписывалось заботиться в первую очередь о пополнении численности ясачных плательщиков, то в документах центральных и местных властей первой половины XVIII в. применительно к народам Северо-Востока нередко ставилась задача «искоренить» и «истребить». Применительно к корякам эти установки были в значительной степени реализованы, а на Чукотке этого сделать так и не удалось.

Особенности подчинения разных народов Сибири прямо отразились на фискальной политике государства. В ходе сибирского путешествия Миллер собрал очень подробные сведения об этническом и численном составе ясачных плательщиков в каждой волости в динамике, ясачных соболиных окладах и их изменениях на протяжении длительного времени, принятых в разных уездах и волостях соотношениях стоимости соболей и других мехов. В этой сфере взаимоотношений между русскими властями и коренными народами различия проявлялись прежде всего в том, что в разных уездах и даже в разных волостях одного и того же уезда ясачные оклады существенно различались. Причины неравномерного обложения ясаком ученый называет разные – в зависимости от возможностей плательщиков, с учетом особенностей подчинения отдельных народов и этнических групп русской власти, а также исходя из конкретной политической ситуации. Миллер редко объясняет причины установления высоких ясачных окладов, считая, видимо, такие оклады нормой. Больше внимания он уделял выяснению причин отклонения от этой нормы в сторону уменьшения окладов.

Естественно было бы ожидать, что льготы при установлении ясачных окладов будут распространяться в первую очередь на те народы и этнические группы, которые добровольно покорились русской власти, а также на тех, кто был беден. Однако на практике картина была иной. В отдельных случаях власти действительно поощряли тех, кто выражал готовность «добровольно» (то есть без вооруженного сопротивления) принять русское подданство, устанавливая им низкие ясачные оклады или даже вовсе освобождая от ясачного платежа. Однако фактов такого рода относительно немного и налицо следующая закономерность: привилегированное положение удавалось занять лишь тем народам и этническим группам, которые представляли серьезную военную силу и могли оказать русским либо эффективный отпор (что нередко и бывало в действительности), либо помощь в покорении других соседних народов. Примером могут служить телеуты, чаты, еуштинцы, часть западносибирских татар. Многие представители этих народов не только были освобождены от уплаты ясака, но и включены в состав служилых, получавших за свою службу жалованье. Те же льготы распространялись на этнические группы, которые имели общее происхождение с народами, жившими в соседних государствах. В данном случае это объяснялось как стремлением удержать эти группы в русском подданстве, так и расчетами привлечь на свою сторону их сородичей, находившихся по ту сторону границы.

Что касается учета материального положения ясачных плательщиков, то приводимые Миллером фактические данные показывают, что в расчет принимались, да и то далеко не всегда, лишь индивидуальные возможности конкретных ясачных, а не народов в целом. Более того, можно с полным основанием утверждать, что ясачные оклады у бедных народов в среднем были более высокими, нежели у народов состоятельных. Основной причиной такого положения вещей являлось то, что бедные народы (а это почти все коренное население лесной зоны) были беззащитны, они не внушали опасения властям и их интересы можно было игнорировать. Поэтому нередки были случаи, когда в одном и том же уезде престарелые или увечные ясачные из народа, экономическое состояние которого Миллер оценивал как «крайнее убожество», облагались «льготным» ясаком, к примеру, в 3 соболя (а не в 6 соболей, как другие их сородичи), тогда как трудоспособные представители другого этноса, имевшие в своем хозяйстве до нескольких тысяч голов скота, платили лишь по 1-2 соболя.

Приведем некоторые примеры из экспедиционных материалов Миллера, которые иллюстрируют сказанное выше. В Кузнецком уезде в почти всех аборигенных волостях ясачные оклады состояли из 5-6 соболей на каждого взрослого мужчину (для подростков, престарелых и ряда других категорий – из 2-4 соболей). Из общей массы выделялись лишь абинцы и телеуты. Абинцы вообще не платили ясака и большая их часть относилась к категории служилых, получавших жалованье наравне с русскими казаками. Миллер объясняет это тем, что абинцы первыми в здешних местах приняли русское подданство, они оказывали служилым помощь в покорении других этнических групп и в районе их проживания был построен Кузнецкий острог. О телеутах историк пишет: «Телеуты платят по одному соболю с каждого человека, способного ходить на охоту. Они в некоторой степени более привилегированные, так как сами перешли под русскую власть».[9] Однако в действительности, как это отмечается в «Истории Сибири» и в ряде других исторических сочинений Миллера, кузнецкие телеуты «добровольно» приняли русское подданство и переселились на территорию Кузнецкого уезда лишь после продолжительной борьбы, а большая часть телеутов предпочла войти в Джунгарское ханство. Примечательно, что и абинцев, и телеутов Миллер оценивает как наиболее зажиточных во всем Кузнецком уезде, имевших богатое скотоводство и пашенное земледелие.

В Нерчинском уезде в большинстве волостей ясак составлял 5 соболей с человека. Привилегированное положение занимали богатые тунгусы-скотоводы во главе с кланом князей Гантимуровых, которые перешли на русскую сторону из Маньчжурии – они платили по 3 соболя с человека, а сами Гантимуровы не только не платили ясака, но и получали жалованье, превосходившее жалованье сибирских дворян-служилых. Меньше всего (по 1 соболю с человека) был ясак у трех тунгусских родов общей численность в 255 ясачных плательщиков, которые перешли в Забайкалье из Монголии на рубеже XVII и XVIII веков. Миллер объясняет это тем, что в момент перехода они были очень бедны, но добавляет при этом: «Сейчас они довольно обогатились, а именно скотом … и некоторые имеют до 500 и более лошадей и в пропорции другой скот, а также верблюдов».[10] Здесь необходимо добавить, что многие роды лесных тунгусов Нерчинского уезда, платившие по 5 соболей с человека, были, по оценке Миллера, бедны как во время их покорения в середине XVII в., так и в первой половине XVIII в.

Материалы экспедиционных рукописей Миллера убедительно показывают, что взаимоотношения между русскими и аборигенами в немалой степени зависели от особенностей состава русских в разных районах Сибири. С коренными народами непосредственно контактировали в основном служилые (рядовые казаки, ясачные сборщики, приказчики острогов и зимовьев и др.), «промышленные люди», занимавшиеся охотой на пушных зверей, и крестьяне. Процентное соотношение представителей этих сословий в разных уездах весьма сильно варьировалось. На Севере и Северо-Востоке русские были представлены почти исключительно казаками и промышленными людьми, причем с истреблением здесь наиболее ценных пушных зверей в XVII в. доля последних значительно сократилась. Поэтому для коренных жителей этих регионов понятия «казак» и «русский» были синонимичными. Впрочем, схожую ситуацию Миллер обнаружил и в ряде других районов, где доля крестьян среди русских была довольно велика, поскольку и здесь аборигены непосредственно общались чаще всего с казаками и по ним составляли представление о русских в целом. Анализируя аборигенные этнонимы, использовавшиеся для обозначения русских, ученый, в частности, отмечает, что значительная их часть происходит от слова «казак». Например, по его данным, в Красноярском уезде качинцы, котовцы и аринцы называли русских *Casak*, камашинцы – *Chasak*.[11] Точно так же словом *Chasak* называли русских и селькупы Томского уезда.[12]

Для Миллера-историка казаки – это прежде всего герои, заслуживающие вечной памяти потомков. В исторических сочинениях он не идеализирует этих людей, но, по его убеждению, все их недостатки меркнут в сравнении с заслугами в деле завоевания огромного края для России. В ином, преимущественно негативном, свете предстают казаки в этнографических трудах ученого и его полевом дневнике. По нашему мнению, это объясняется не только тем, что в исторических работах Миллера речь идет главным образом о казаках-воинах, а в этнографических – о казаках, выполнявших функции управления аборигенами и обеспечения их покорности русским властям. Описывая историю включения Сибири в состав России, Миллер опирался на документальные источники официального происхождения, а взаимоотношения казаков с аборигенами в первой половине XVIII в. он оценивал исходя из личных наблюдений и рассказов самих аборигенов.

Взаимоотношения между казаками и аборигенами в разных регионах складывались неодинаково. Во многом это определялось местной спецификой состава самих казаков, а также условиями их существования. По нравственным качествам историк проводил разграничение между казаками Западной и Восточной Сибири. Казаков Восточной Сибири, в особенности на Северо-Востоке (Якутия, Камчатка), он считал более склонными к актам неповиновения властям (в том числе и к бунтам), злоупотреблению служебным положением, взяточничеству, грабежам, вымогательству, пьянству и другим порокам. Основанием для такого мнения ученого были не только личные наблюдения, но и данные собранных им документальных источников из сибирских архивов. Важнейшими причинами такого положения вещей Миллер считал бесконтрольность служилых в удаленных от губернских, провинциальных и уездных властей острогах и зимовьях, а также их специфический состав. Нередко служилый, совершивший преступление в Западной Сибири, получал в виде наказания ссылку в более восточные уезды, где он не только сохранял свой статус, но даже получал назначение на более высокую должность и у него появлялось больше возможностей для злоупотреблений, чем на прежнем месте. Естественно, что основным объектом для этих злоупотреблений были коренные жители.

Суровые природные условия Севера также влияли на образ жизни казаков и сказывались на их отношениях с коренными жителями. Отсутствии собственного хозяйства и то, что нерегулярно получаемое и весьма скудное хлебное и денежное жалованье не могло обеспечить элементарные потребности казаков, толкало их на такие действия (например, реквизиции оленей, часто ставившие аборигенов на грань голодной смерти), которые в других местах были характерны лишь во время военных действий.

В других регионах Сибири большинство казаков имело собственное хозяйство, занималось земледелием, скотоводством, ремеслами и другими видами хозяйственной деятельности. Зачастую как по образу жизни, так и по характеру взаимоотношений с аборигенами, такие казаки мало отличались от крестьян и посадских. Исключение здесь Миллер делает лишь для ясачных сборщиков и приказчиков ясачных острогов и зимовьев. По его убеждению, ясачный гнет для аборигенов не был бы и наполовину так тяжел, если бы не злоупотребления, которыми сопровождался сбор ясака. В связи с этим ученый предлагал ограничить функции служилых по сбору ясака, в особенности, что касалось определения размеров ясачных окладов и порядка сбора ясака, а также установить за ясачными сборщиками всеохватывающий контроль.

Говоря о взаимоотношениях между промышленными людьми, основная масса которых находилась в лесной зоне Сибири, и аборигенами, Миллер также акцентирует внимание на их негативных сторонах. По его мнению, хищническое истребление промышленными пушных зверей привело к подрыву основ хозяйственной деятельности многих народов, в особенности, на Севере и в таежной полосе Сибири. В ряде случаев ученый прямо связывает бедственное положение коренных жителей определенных районов с деятельностью промышленных. Сами коренные жители считали деятельность промышленных нарушением их исконных прав на охотничьи угодья и не останавливались даже перед убийством чужаков на территории, которую они считали своей. Почти все приводимые Миллером примеры, касающиеся взаимоотношений между промышленными людьми и аборигенами, говорят об острых противоречиях между ними, вражде и конфликтах. Между тем, если мы обратимся к материалам ученого, характеризующим материальную культуру и хозяйственную деятельность коренных народов, то обнаружим, что многие положительные перемены в этой сфере он связывал именно с влиянием промышленных людей. Так, по его мнению, многие орудия и способы охоты, а также транспортные средства коренные жители заимствовали у промышленных.

Очень мало у Миллера данных о конфликтах крестьян с коренными жителями. Это, пожалуй, единственная категория русских-сибиряков, которая в экспедиционных записках ученого предстает в сугубо положительном свете. Именно с крестьянством связывал он перспективы цивилизующего влияния русских на сибирских аборигенов. Миллер был убежден, что в перспективе возможен и желателен переход народов тех районов Сибири, где это позволяют природно-климатические условия, к оседлому образу жизни и к земледелию «по русскому образцу».

Российское правительство в основу своей национальной политики в Сибири положило невмешательство в традиционные взаимоотношения в аборигенной среде, привнося в них лишь отдельные нормы из общероссийской практики. Миллер одобрял такой подход и почти всегда оправдывал случаи вторжения властей в эту сферу необходимостью изживать проявления дикости (кровная месть у тунгусов, захоронения слуг-рабов вместе с умершим хозяином у якутов, человеческие жертвоприношения у манси и т. п.). Исключение составляет отношение ученого к христианизации сибирских народов.

На протяжении всего XVII в. русские власти не стремились форсировать христианизацию и, соответственно, русификацию сибирских аборигенов – в этом не были заинтересованы как центральные, так и местные власти, поскольку это не только ломало устоявшиеся взаимоотношения, но и предполагало большие финансовые затраты, потери от неизбежных льгот ясачным, становившихся православными. По данным Миллера, до XVIII в. православие принимали обычно лишь те аборигены, которые поступали в разряд служилых, а также представители знати, стремившиеся упрочить свое положение. Для большинства коренных народов и, в определенной степени, для русских принятие православия означало смену не только религии, но и этнической принадлежности. Например, Миллер пишет в полевом дневнике: «*Mjachatschin* – так называется в Верхоленске братский (бурят – А.Э.). Как только он крестится, его называют *Mangut*, то есть русский».[13]

Лишь в эпоху правления Петра I в первой четверти XVIII в. было принято решение о массовой христианизации народов Сибири, что явилось одним из элементов новой, имперской, политики в крае. События, связанные с этой акцией являются еще одним свидетельством того, что в своих отношениях с аборигенами русские власти вынуждены были постоянно учитывать региональные и этнические особенности. На юге Сибири власти, боявшиеся обострения отношений с аборигенами, не только не пытались провести массовую христианизацию, но даже не могли противостоять распространению среди язычников мусульманства и буддизма, к принятию которых, по наблюдениям Миллера, сибирские народы были более склонны. Попытки крестить некоторые народы Севера (ненцы, ханты-оленеводы и др.), успехом не увенчались из-за активного сопротивления аборигенов, которым, по данным Миллера, в этом тайно помогали служилые, не желавшие делить свое влияние с духовными властями. Формально успешной была лишь массовая христианизация ряда народов лесной зоны (манси, ханты, селькупы, кеты, чулымские татары). Миллер считал эту акцию насильственной и совершенно неэффективной, а саму возможность ее проведения связывал со слабостью и разобщенностью лесных народов, беззащитных перед любым произволом властей.

В целом экспедиционные материалы Миллера свидетельствуют о том, что как российские власти, так и русские-сибиряки строили свои отношения с аборигенами, исходя прежде всего из прагматических соображений и с учетом региональных особенностей. Более или менее нормальные отношения складывались лишь с теми народами юга Сибири, которые оказывали или потенциально могли оказать русским как вооруженный отпор, так помощь в осуществлении планов дальнейшей экспансии. Покорность слабых и беззащитных народов лесной зоны не только не вознаграждалась, но и приводила к установлению наиболее несправедливых форм взаимоотношений. Особенности отношений русских с север-ными народами, которые нередки имели характер бескомпромиссных и взаимно жестоких войн, Миллер объясняет низким уровнем нравственных качеств сторон.

СНОСКИ

1. Статья подготовлена при поддержке Российского гуманитарного научного фонда (проект 01-01-00427а).

2. РГАДА, ф. 181, д. 763-1386, ч. 1, л. 1-170; ч. 2, л. 1-92 об.

3. До сих пор опубликовано лишь 9 из написанных Миллером 23 глав «Истории Сибири». В настоящее время под руководством С.И. Вайнштейна готовится полное издание этого труда. Первые тома уже вышли из печати (Г.Ф. Миллер, *История Сибири*. Москва 1999-2000, т. 1-2).

4. РГАДА, ф. 199, портф. 509, д. 3, л. 1-178 об.

5. Там же, портф. 507, ч. 2; портф. 521, ч. 1-2; портф. 522, ч. 1-2. О происхождснии, составе, структуре и содержании данного источника см.: А.Х. Элерт, «Экспедиционные черновые записки Г.Ф. Миллера (1733-1743 гг.)», в: *Исследования по истории литературы и общественного сознания феодальной России*. Новосибирск 1992, с. 88-101.

6. РГАДА, ф. 199, портф. 508, д. 1, л. 2.

7. РГАДА, ф. 181, д. 763/1386, ч. 1, л. 79.

8. См.: А.Х. Элерт, «Новые материалы по истории русско-корякских отношений в первой четверти XVIII в.», в: *Русское общество и литература позднего феодализма*. Новосибирск 1996, с. 247-264.

9. РГАДА, ф. 199, портф. 521, ч. 1, л. 112.

10. Там же, л. 219 об.

11. Там же, л. 160, 161, 161 об., 162 об.

12. Там же, ч. 2, л. 54 об.

13. Там же, ч. 1, л. 293 об.

Gerhard-Friedrich Müller's correspondence with Leonhard Euler and Anton Friedrich Büsching during and after the Second Kamchatka Expedition, 1733-1743

Dittmar Dahlmann
(Rheinische Friedrich-Wilhelms-Universität Bonn)

Gerhard Friedrich Müller, then 20 years old, came to the recently founded St. Petersburg Academy of Sciences in 1725. He had studied history in Rinteln from 1722, and later, from 1723 on, in Leipzig under Christoph Gottsched and Johann Burckhard Mencke.[1] At Mencke's suggestion, Müller was to accompany the Leipzig historian Johann Peter Kohl to the St. Petersburg Academy of Sciences to continue his studies. At the same time he was to teach at the "Gymnasium".[2] Müller did not seem overmuch enthusiastic about this idea, for he only followed Kohl eight months later, and arrived in St. Petersburg in November 1725. His contract with the Academy had been made for a year.[3]

The mathematician Leonhard Euler came to the Academy two years later. In St. Petersburg, both Müller and Euler were appointed professors in January/February 1731. Müller received a professorship in history, Euler in physics, and two years later in higher mathematics.[4] Müller left the Russian capital that same year to take part in the Second Kamchatka Expedition under the supervision of the Danish Captain Vitus Bering. Müller, the historian, as well as his countryman Johann Georg Gmelin, professor of chemistry and natural history, and the Frenchman Louis de L'Isle de la Croyère, professor of astronomy, belonged to the expedition's Academic Group. Müller volunteered for the Siberian undertaking due to the illness of Gmelin, who had originally been designated for the expedition.

In 1731, shortly after Bering's return from his first journey, Müller had taken note of the preparations for a second expedition and gradually developed an active interest in the little-known Eastern regions of the Russian Empire. He was familiar with the book *Noord- en Oost Tatarye*, written by the Dutchman Nicolas Witsen, which contained sections on Siberia.[5] At the same time, he was working on the Kalmyks and Samoyeds, tribes which also were the subjects of his publications.[6] In the announcement of his work on the Kalmyks, he referred to the Second Kamchatka Expedition: "The only thing which could delay the complete composition and printing of this work for several years is a long journey to be made according to highest instruction. However, I am sure and hope that this journey will not be a disadvantage for my plans, but help to bring them to a greater perfection because there will always be the time and opportunity to correct and complete the information collected so far."[7]

However, the most important motive for Müller's interest in the expedition was his acquaintance with Vitus Bering, for whom he had already worked as an interpreter.[8] Thanks to Bering's intercession, which was supported by Ivan K. Kirilov, First Secretary of the Senate, and Baron A.I. Ostermann, first Cabinet Minister of the Russian Empire, Müller did not become involved in the internal strife of the St. Petersburg Academy. In his application for the expedition, Müller offered to describe the history of Siberia and her antiquities, the customs of the indigenous peoples and the events of the journey.[9] Müller's offer was accepted, and he remained a member of the expedition despite Gmelin's somewhat surprising recovery.

In June 1733 he received instructions for the journey from the Chancellery. His task was – as he had wished – to write a history of the peoples they came across during the expedition. This included descriptions of their religion, life, customs, trade, military and political institutions, language, clothing and the regions they lived in. Since, according to rumour, Russian tribes had lived in this area in ancient times, he was also supposed to write about the peoples living north of the Amur River. Moreover, he was to keep a "proper journal in Latin".[10]

After one detachment of the expedition had been sent ahead, leaving St. Petersburg in February 1733, Bering followed in April, and the Academic Group started at the beginning of August. Apart from the three professors, the Academic Group consisted of draftsmen, geodesists, students, technicians responsible for the instruments, and 12 soldiers with a drummer, under the command of a Corporal.[11] The group brought along nine wagonloads of instruments, a 200-volume library, and drafting material. Müller and Gmelin did not return to St. Petersburg until ten years later, in February 1743. According to their own calculations they had covered 31362 verst, i.e., 33463 kilometres in this time.[12]

In the expedition, which was subdivided into three sections, the Academic Group held a special position because it was only subordinate to Bering's command to a limited extent, and tried to keep its autonomy as far as possible.[13] Each of the three professors had received his own instructions, but all of them were to take part in the most important event of the whole expedition: Bering's voyage, which should clear up the question of the existence of a connection between Asia and America. Müller and Gmelin, however, who mostly travelled together, knew how to evade this undertaking. Besides, they did not think highly of their French colleague, who soon preferred to travel alone – for whatever reasons. De L'Isle de la Croyère had been on the second ship of the "Seecommando" which was under the command of Aleksei Chirikov. He died on the day of his return to Kamchatka on October 10th/21st 1741.[14]

Müller and Gmelin spent the major portion of the ten-year-expedition together. However, when they were separated due to work on different projects, they corresponded with each other at regular intervals, usually of only a few days. This correspondence has not yet been edited, but is almost completely preserved in the archives of the St. Petersburg Academy of Sciences, and will be edited by an international circle of editors under the chairmanship of Wieland Hintzsche (Franckesche Stiftungen Halle) in the next few years.[15] This also includes the reports which the two scientists sent to the Senate and the Academy of Sciences. These "rapports" – as Müller called them in his letters to Euler – were probably read out during the meetings of the Academy, so that its members – like Euler – were kept informed about the process and preliminary results of the expedition.[16]

The correspondence between Müller, who was travelling, and Euler, who had stayed in St. Petersburg, started at the end of 1734 or the beginning of 1735, with an undated letter from Euler to Müller. In the following approximately seven years until the end of the great Siberian journey, only 13 letters were written: seven from Euler to Müller and six from Müller to Euler. On the whole, almost 300 letters from Euler to Müller are preserved, all of which are published in the edition already mentioned.[17]

As the small number of letters seems to indicate, the traveller Müller had little to report. The first strange event was reported in great detail by Euler, living in the Russian capital, in a letter on May 20th/31st. He expressed his views on the death of a Buddhist Lama who died during a visit in St. Petersburg, and the burial ceremony which followed. It was thus he who stayed at home who could report exotic events, whereas the traveller wrote only of everyday things.

The strange ceremony was described in the terms and categories common at that time. It culminated in a comparison to a Catholic ceremony: "[...] if only there had been crosses. Therefore it is very likely that the religion of the Dalai Lama is the rest of a Christian Sect, of which my honoured colleague might be able to give a better explanation as time goes by."[18]

This was a manner of recording events suited to the level of knowledge of the first half of the 18th century. As we know from his own disclosures, Müller gratefully noted it and completely shared Euler's views. Müller's response is dated in July or August of the following year. He expressly asked him to keep observing "peculiarities", at the same time referring to the already mentioned "rapports" and giving hardly any news concerning his journey. The same goes for the letter which followed between September and November 1737. He wrote, he said, "to no one, I have nothing to write, and even if I had something to write, time does not allow it. Time, which Lieut. Laptiew in his zealousness gives us only in very small portions."[19]

Laptev, who had belonged to the Northern Group of the expedition, was on his way back to St. Petersburg, travelling via Yakutsk and Irkutsk. However, Müller did not reach the city until the beginning of November, so that there was in fact little time to write letters. Despite their usual brevity, they contain important information about the structure of the expedition. Müller asked Euler to send him, from St. Petersburg, the observations on the degrees of longitude in Siberia which had been made by the two members of the expedition, De la Croyère and Krasil'nikov. He needed them to rectify the maps. It becomes clear that communication between the members of the Academic Group was not unimpaired. It obviously went so far that research results were first sent to St. Petersburg to the Academy of Sciences, and from there to the other members of the group. Müller wrote that he had already asked the mathematician and physicist, Gerhard Wolfgang Krafft, who worked at the Academy, as well as Johann Albrecht Korff, director of the Academy, for information about the results. He expressed his low opinion of De la Croyère, which was shared by his companion Johann Georg Gmelin, in the following sentence: "What do you think of the present enterprise of our Mr. Colleague?"[20]

Quarrels over competence and hierarchy were ever-present among the members of the most important Russian expedition up to the beginning of the 20th century. Previous to the Danish-German Arabia-Expedition, this was the first scientifically organized and planned expedition with instructions from the Academy of Sciences and permanent reports to St. Petersburg.

In the letters to his correspondence partner, Müller again and again mentions the reports, with descriptions of research results and the circumstances and route of the journey. To the governing Senate in St. Petersburg he and his friend and companion, Gmelin, expressed a desire for permission to end the undertaking and return. It was the love of science that kept him going in spite of everything. "I do not want to accuse myself", he wrote, "of having left something undescribed, or of leaving out a town or other strange place in Siberia to which I have not been. I think thus especially because I hope to find news in those towns still to be visited concerning the history of Siberia, for which I will have to wait a long time if they are to be collected by the Kamchatkians – [by which is meant the so-called "Seekommando" under the command of Bering, to which also Steller, Krasheninnikov and De la Croyère belonged – D.D.]"[21]

Müller's passion for collecting material meant that during the almost eighty years of his life he could only partly edit the material which he had brought from Siberia or which had been sent to him from there. His ethnographic collections are only now being edited, and much remains to be discovered.[22]

The scientist, however, seemingly conditioned by the journey, was not completely inexperienced when it came to the circumstances of profane life. With regard to Gmelin's application for permission to return, he wrote to Euler in the same letter: "[...] and if it is necessary to give something to a Secretaire of the Senate to enhance the issue of documents, Gmelin will always willingly and gratefully pay the expenses."[23] It should be noted that Gmelin received his permission to return only two years later, in July 1742.

Private and scientific matters balance each other in Müller's further letters until his return. Early in 1741 he ordered 20 pounds of good tobacco and six shirts "of fine Dutch linen with sleeves of good cloth"[24] from Tobol'sk for himself and Gmelin. Even in the remoteness of Siberia, the scientists did not wish to do without the amenities of life. Thus the first thing Johann Georg Gmelin did when his house in Tomsk had burned down in January 1741 was to make sure that his supply of Rhine wine had not suffered any harm.[25]

After his return from Siberia, Gerhard Friedrich Müller correspond-

ed for the next 24 years with Leonhard Euler, who worked at the Berlin
Academy of Science from 1742 to 1766. The expedition to Siberia is
an ever-recurring topic in their letters, but it does not dominate their
contents. The correspondence between Müller and Anton Friedrich
Büsching, who was 20 years younger than Müller, is entirely different.
Müller and Büsching had met in St. Petersburg in 1750, i.e., seven
years after the expedition, where Büsching had spent several months
working as a private teacher in the family of the Count of Lynar.[26]
He returned to the St. Peter's Congregation in the Russian capital as
preacher and headmaster in 1761. In 1766 he became headmaster of the
Berlin Gymnasium "Zum Grauen Kloster" as well as superintendent,
and stayed in these positions until his death in May 1793.

Peter Hoffmann, the editor of Müller's correspondence, calls Büsching a "poly-historian with many interests" and a wide knowledge of
classical, oriental, Germanic and Romanic languages who, however,
knew hardly any Slavic languages. Despite his stay in St. Petersburg,
which had lasted more than four years, he could neither read nor speak
the Russian language.[27]

In the second half of the 18th century, Büsching primarily appeared
as a geographer and historian, mainly as the editor of the 22-volume
Magazin für neue Historie und Geographie and the *Wöchentliche Nachrichten von neuen Landcharten und geographischen, statistischen und historischen
Büchern und Schriften,* published between 1773 and 1783.

Central topics in the correspondence between Müller and Büsching
are the Russian geographical discoveries in the North and East of Siberia
and the Pacific. Especially after criticism by the geographer Samuel
Engel, Landvogt of Argau, at the beginning of the 1770s, questioning
the correctness of Russian maps based on Müller's descriptions since
the 1750s, Müller filled page after page with corrections, rebuttals
and defence.

The history of travel is one of the most important points in their correspondence. Starting with the reports of Marco Polo, Johannes von
Plano Carpini, Wilhelm de Rubruq, and up to James Cook, this topic
was discussed again and again. Every new publication was commented
on; every discovery of sources was reported. Sometimes his correspondence seems almost a privatissime on the returns of geographical
research from the ten-year-expedition to Siberia and the general results
for Russian geography.

Büsching was working on his *Neue Erdbeschreibung,* the first edition of
which came out in five parts between 1754 and 1768. He also published

a *Neue Beschreibung des Russischen Reiches* in 1763. What we have here is thus a technical correspondence in which even the smallest details were of interest. At the same time, private matters as well as general news of science were never neglected.

In an extensive letter on October 24th/November 3rd 1773, Müller began his detailed response to the reservations and attacks by the Swiss geographer Samuel Engel, as already mentioned. Parts of Müller's letters were published in Büschings *Wöchentliche Nachrichten,* however, his letter does not in any way make it clear that Müller suggested the publication or even approved of it. It was he who wrote in the same letter: "My honoured colleague [Büsching], you are right to think that the reason for my lack of reaction is my dislike of quarrels, my age [Müller was at that time 68 years old], and other important matters that must be taken care of."[28] He also thought that "sensible readers would recognize Engel's mistakes without being reminded of them by me."[29]

However, as the number of "sensible readers", then or now, is not notably high, Müller had to redo his journey, even though it had ended more than 30 years before. Engel doubted the correctness of the Russian details on the degrees of longitude and latitude, and also considered the expansion of Siberia to the North and East to be incorrect. Thus this land – including the peninsulas of Chukotka and Kamchatka seemed to be situated much farther to the South than represented by the Russian side, although this idea was shared by other cartographers. This led to Engel's opinion that there was a possibility of a Northern passage through the Arctic Sea, which Müller, in particular, considered impossible under the existing circumstances.

Müller vehemently defended the results of his research, insisting that he was only following empirical data and had never knowingly maintained or presented anything wrong or incorrect. "If he [Engel] wants to act correctly he must not accuse me of spreading untruth, because I, whose honour is based on sincerity and my love of truth, have the unrestricted freedom to write what I think is correct".[30] Müller considered this controversy pointless, since the observations and measurements that had been made, and which he again presented in great detail, spoke on his behalf without further proof being necessary.

Only when writing in March 1775, did he give Büsching permission "to freely use what you think is good and to leave out what seems incorrect" from this letter.[31] Büsching did make use of it and quoted – though after Müller's death – parts of it in his *Beyträge zu der Lebensgeschichte denkwürdiger Personen.*[32]

After a while the empiricist Müller, who, like Büsching, was primarily interested in collecting, systematizing and summarizing, found the fruitless discussion with the theoretician Engel objectionable. He did not even want to respond to Engel's publication of 1779, *Anmerkungen über den Teil von Capitain Cooks Reiserelation, so die Meerenge zwischen Asia und Amerika ansiehet.*[33] Engel, he thought, was one of those people "who were only waiting for us to print something in order to then pour their venom out over it."[34]

What is missing in his letters is the picture of the foreigner. It cannot be said that Müller was not interested in it – quite the contrary. It is quite certain that he collected a most extensive material about the peoples of Siberia, of which only a small amount was published during his lifetime.[35] However it does not play a role in his correspondence with Euler or Büsching, although it is not immediately apparent why this is the case. In 1739 Müller wrote an instruction for the exploration of Siberia to his adjunct, Eberhard Fischer, containing over a thousand questions, in which ethnological matters are of primary interest.[36]

The recipients of Müller's correspondence made their own use of the information. Euler notified some of his colleagues in Europe of results of the Second Kamchatka Expedition, which at that time were not to be officially published.[37] Approximately 30 years later, under the reign of Catherine II, the information policies of the Russian Empire were greatly altered, and the results of the expeditions were now unrestrictedly discussed in the European public. Büsching published the information from Müller's letters without many editorial changes, and public and private matters were still widely mixed.

In a remark about the different methodologies of Georges Louis Buffon and Peter Simon Pallas, Büsching showed Müller's understanding of science as it is mirrored in his correspondence. "The one [Buffon] wastes his wit on hypotheses, whereas the other [Pallas] tells us what he has observed, seen and examined, and delivers it as natural history. In my opinion the latter is to be preferred if truth is worth more than witty hypothesis."[38]

Notes

1 Black, Joseph Lawrence, *G.-F. Müller and the Imperial Russian Academy,* Kingston, Montreal 1986, pp. 3, 4. For the history of the expedition, cf. Hintzsche, Wieland et al. (eds.), *Die Grosse Nordische Expedition. Gerhard Wilhelm Steller (1709-1746). Ein Lutheraner erforscht Sibirien und Alaska,* Gotha 1996; Posselt, Doris et al. (eds.), *Die Grosse Nordische Expedition von 1733-1743. Aus Berichten der Forschungsreisenden Johann Georg Gmelin und Gerhard Wilhelm Steller,* Leipzig, Weimar 1990.

2 Secondary school. Black, *G.-F. Müller,* pp. 9, 10.

3 Ibid., p. 10.

4 *Die Berliner und Petersburger Akademie der Wissenschaften im Briefwechsel L. Eulers.* Part I: *Der Briefwechsel L. Eulers mit G. F. Müller 1735-1767,* ed. and intr. by A.P. Juskevic and E. Winter, with the collaboration of P. Hoffmann, Berlin 1959, p. 2.

5 Witsen, Nicolas, *Noord- en Oost Tartarye ofte bondig ontwerp van eenige dier landen en volken, welke voormaels bekent zijn gewest [...],* Amsterdam 1692, 2nd ed. Amsterdam 1705. Müller, Gerhard Friedrich, *Sammlung Russischer Geschichte,* vol. 1, 3rd piece, St. Petersburg 1733, pp. 196-221; cf. also Hundt, Michael (ed.), *Beschreibung der dreijährigen chinesischen Reise. Die russische Gesandtschaft von Moskau nach Peking 1692-1695 in den Darstellungen von Eberhard Isbrand Ides und Adam Brand,* Stuttgart 1999, pp.64-66.

6 Black, *G.-F. Müller,* p. 52; Müller, *Sammlung Russischer Geschichte,* ibid., pp. 273-279: Entwurff eines ausführlichen Wercks Kalmückischer Geschichte, welches der Verfasser dieser Sammlungen zu schreiben vorgenommen.

7 "Das einzige, was die völlige Ausarbeitung und den Druck des Wercks um einige Jahre verzögern wird, ist eine auf allerhöchsten Befehl vorzunehmende weite Reise, wovon aber hoffe und versichert bin, dass selbige meinem Vorhaben nicht so sehr zum Nachteil, als zu weiterer Vollkommenheit angedeyen soll: weil sich überall Zeit und Gelegenheit finden wird, die gesammelten Nachrichten theils zu vermehren, theils auszubessern." Müller, *Sammlung Russischer Geschichte,* ibid., pp. 276, 277.

8 Black, *G.-F. Müller,* p. 52.

9 Ibid.

10 *Материалы для истории императорской Академии наук,* том 2, St. Petersburg 1886, pp. 326, 327, 346, 347; *Протоколы заседаний конференции императорской Академии наук, 1725-1803гг.,* том 1, St. Petersburg 1897, p.65; Гнучева, В.Ф. (ред.), *Материалы для истории экспедиций Академии наук в XVIII и XIX веках: хронологические обзоры и описание архивных материалов,* Moscow, Leningrad 1940, pp. 40-42.

11 Black, *G.-F. Müller,* p. 54.

12 *Berliner und Petersburger Akademie,* part 1, p. 3.

13 Dahlmann, Dittmar (ed.), *Johann Georg Gmelin. Expedition ins unbekannte Sibirien,* Sigmaringen 1999, Introduction, p. 46ff.; Dahlmann, Dittmar, "Johann Georg Gmelin and the Second Kamchatka Expedition", in the present volume, pp. 120-121.

14 Dahlmann (ed.), *Johann Georg Gmelin.* Introduction, p. 55.

15 Cf. fonds 1, 3 and 21 of the archives of the St. Petersburg Academy of Sciences (in the following called AAN, St. Petersburg).

16 Letter from Müller to Euler, after May 1737, in: *Berliner und St. Petersburger Akademie,* p. 40. Cf. also AAN, St. Petersburg, fond 2, op. 1, No. 811 and 814: registered are the reports and letters of the "Professors of the Kamchatka Expedition" to the Academy and to individual professors.

17 *Berliner und Petersburger Akademie,* vol. 1, p. 1.

18 "[...] wann nur noch Creutze dabey gewesen wären. Weswegen es ziemlich wahrscheinlich ist, dass die Religion des Dalaylama ein Rest einer christlichen Sekte gewesen seye, worüber vielleicht Ew. Hochedelgeb. mit der Zeit bessere Erläuterungen werden geben können". Euler to Müller, 20th/ 31st May 1736, in: *Berliner und St. Petersburger Akademie,* part I, p. 40.

19 "jetzo an niemand, habe auch nichts zu schreiben, und wenn ich auch etwas zu schreiben hätte, so erlaubet solches nicht die Zeit, welche H. Lieut. Laptiew mit seiner Eilfertigkeit uns sehr sparsam zuschneidet." Müller to Euler between September 3rd and November 6th 1737, in: *Berliner und St. Petersburger Akademie,* part 1, p. 41.

20 "Was dencket man wohl bey Ihnen von der jetzigen desparaten Entreprise unsers H. Collegen?" Ibid.

21 "Ich mag aber nicht den Vorwurf haben, etwas ohnbeschrieben zurückzulassen, noch dass eine Stadt oder anderer merckwürdiger Ort in Sibirien übrigbleiben sollte, in welchem nicht gewesen: zumahl, da in denen noch zu besuchenden Städten sehr alte Nachrichten, die sibirische Historie angehend zu finden verhoffe, auf welche lange würde warten müssen, wenn sie von den Herrn Kamtschatkiern gesammlet werden sollten." Müller to Euler, after 21st June 1740, ibid., p. 43.

22 Cf. footnote 35.

23 "[...] und wenn auch einem Schreiber oder Secretaire bey dem Senat etwas muss in die Hand gestecket werden, um die Ausfertigung zu beschleunigen, so wird solches d. H. Doctor allezeit willig und mit Dank vergelten."

24 "[...] von feiner holländischer Leinwand mit Manchetten von guten Cammertuche". Müller to Euler, 21st January/ 1st February 1741, ibid., p. 44.

25 Dahlmann (ed.), *Johann Georg Gmelin. Expedition ins unbekannte Sibirien,* p. 319.

26 Hoffmann, Peter, in cooperation with Osipov, Valerij I. (ed.), *Geographie, Geschichte und Bildungswesen in Russland und Deutschland im 18. Jahrhundert. Briefwechsel Anton Friedrich Büsching - Gerhard Friedrich Müller 1751 bis 1783*, Berlin 1995, p. 18.

27 Ibid., p.13.

28 "Euer Hochwürden haben recht, wenn Sie mein Stillschweigen meiner Abneigung zu Streitigkeiten, meinem Alter und anderen nötigen Geschäften zuschreiben." Müller to Büsching, 24th October/ 3rd November 1773, in: Hoffmann (ed.), *Geographie, Geschichte und Bildungswesen*, p. 368.

29 "[...] verständige Leser [...] des H. Engels unrecht auch ohne mein Erinnern einsehen." Ibid. For the controversy between Engel and Müller cf. Black, *G.-F. Müller*, pp. 187, 188.; Breitfuss, L., "Early Maps of North-Eastern Asia and of the Lands around the North Pacific: Controversy between G.F. Müller and N. Delisle", in: *Imago Mundi* 3, 1939, pp. 87-99, here: p. 98; Андреев, А.И., «Труды Г.Ф. Миллера о второй камчатской экспедиции», in: *Известия. Всесоюзное географическое общество* 91, No. 1, pp.3-16, here: pp. 9-13.

30 Müller to Büsching, 12th March 1775, in: Hoffmann (ed.), *Geographie, Geschichte und Bildungswesen*, p. 368.

31 Ibid., p. 390.

32 Büsching, Anton Friedrich, *Beyträge zu der Lebensgeschichte denkwürdiger Personen, insonderheit gelehrter Männer. Part 3: G.F. Müller, E.D. Hauber, Chrn.L. Scheidt, H.M. v. Ramsay*, Halle 1785, pp.120 and 128, 129.

33 Engel, Samuel, *Anmerkungen ..., in einem Brief an Ihro Hochedlen, Herrn ***, s.l. 1780.

34 "[...] die nur darauf lauern, dass etwas bei uns gedruckt werde, um ihre Galle darüber auszubreiten." Müller to Büsching, January 1780, in: Hoffmann (ed.), *Geographie, Geschichte und Bildungswesen*, p. 439.

35 Элерт, А.Хр., *Экспедиционные материалы Г.Ф. Миллера как источник по истории Сибири*, Novosibirsk 1990; Элерт, А.Х. (ред.) *Сибирь XVIII века в путевых описаниях Г.Ф. Миллера*, Novosibirsk 1996.

36 Dahlmann, Dittmar, "Von Kalmücken, Tataren und Iltelmenen: Forschungsreisen in Sibirien im 18. Jahrhundert", in: Auch, Eva-Maria/ Förster, Stig (eds.), *"Barbaren" und "Weisse Teufel". Kulturkonflikte und Imperialismus in Asien vom 18. bis 20. Jahrhundert*, Paderborn et al. 1997, pp. 19-44, here: p. 33.

37 Dahlmann, *Johann Georg Gmelin*. Introduction, pp. 56, 57.

38 *Wöchentliche Nachrichten 1783*, 47th piece from November 24th, p. 372.

G. W. Steller's

ehemal. Adjunkts der kayſ. Akademie der Wiſſenſchaften
zu St. Petersburg

Reiſe

von

Kamtſchatka

nach

Amerika

mit dem

Commandeur = Capitán Bering.

Ein Pendant zu deſſen Beſchreibung von Kamtſchatka.

St. Petersburg,
bey Johann Zacharias Logan,
1793.

Title page of G.W. Steller's account of his voyage to America with Bering,
edited by P.S. Pallas (Royal Library, Copenhagen).

The Travel Journals of Georg Wilhelm Steller

Wieland Hintzsche
(Francke Foundation, Halle)

Depending on its purpose and the sponsor's instructions, a scientific expedition may produce a variety of results. Besides the exploration of unknown territories' nature and people, these can include the discovery and mapping of new sea or land routes and the collection of natural objects such as minerals or plants for later exploitation and/or man-made objects that could later be traded.

The Second Kamchatka Expedition, and particularly its academic participants, addressed all of these tasks. Indeed, the results achieved by the small group of scientists headed by Gerhard Friedrich Müller (1705-1783), Johann Georg Gmelin (1709-1755), Georg Wilhelm Steller (1709-1746) and Johann Eberhard Fischer (1697-1771) in fields ranging from geology, geography, botany and zoology to linguistics, history and ethnology can be regarded as the first truly scientific study of Siberia. Rising interest in Siberia in recent years has increased demand for greater information about their results, whether to contribute to comparative studies in natural sciences or to revive lost knowledge of the history of the Siberian nations as they have moved towards greater independence from Czarist or Soviet colonialism.

As only relatively few of the expedition's results have been published until now, our main sources for this information are its handwritten documents. These are mainly in Russian archives, especially those of the Academy of Sciences in St. Petersburg (AAS) and the RGADA in Moscow. Many of the objects collected during the expedition, such as dried plants, minerals and ethnological items, have been lost or dispersed across Russia and other countries.

The expedition's documents include work from all fields of natural sciences, as well as geography, history and ethnology. They range from rough notes to complete manuscripts ready for publication.

Many of the documents, especially those for the natural sciences, are written in Latin. Under the expedition's orders, they should also have been sent to the Governing Senate in Russian. However, the scientists did not know enough Russian for this and the Russian students and copyists' Latin was also inadequate.

On the other hand, many of the geographical descriptions were written in German and partly translated into Russian. In addition, a considerable proportion of them were written in Russian by students such as Stepan Krasheninnikov (1713?-1755), Aleksei Gorlanov (d. 1759) or Il'ya Yakhontov (d. 1739) under Müller, Gmelin and Steller's supervision.

A large number of the documents are official letters between administrative entities such as the Governing Senate, the Academy, the Sibirskii prikaz and gubernational or local chancelleries or local chancelleries and the participants. The letters also include orders and instructions for the students and others and responses from many local institutions and people to the scientists' requests. Many of the letters relate problems of transport, food and salaries.

In contrast to this wealth of documents, there are relatively few private letters. Those between Müller and Gmelin, which give a more intimate view of the expedition's participants and other people in Siberia, are an exception.

Making maps of the areas they travelled through was only a minor task for the academic group, unlike the marine detachment. Nonetheless, several maps – those of the rivers Irtysh and Tom, for example – were made partly by Müller and partly by the two geodesists Vasilii Shetilov and Petr Skobel'tsyn.[1] Both were sent to the academic group, where they were under the command of Müller, Gmelin and Louis De l'Isle de la Croyère (before 1688-1741), at a later stage to explore new routes to the Sea of Okhotsk. They produced several maps of the eastern parts of Siberia from Lake Baikal to the Chukchi Peninsula.

Drawings made by the three painters Johann Christian Berckhan (d. 1751), Johann Wilhelm Lürsenius (d. after 1770) and Johann Cornelius Decker, who belonged to the academic group, were of great importance for the expedition's scientific work. Although registers show how many drawings were made during the expedition, only a small number of these have been found so far.

Many of the documents are copies of historical documents from Siberian archives. Müller gave orders to copy most of the oldest documents in every town the expedition visited and sent the copies to St. Petersburg. Although many of the originals were lost subsequently, the copies have been preserved to this day.

Diaries or travel journals very often turn out to be the most authentic documents of any expedition. New observations are written down immediately and allow readers to participate emotionally in the daily life of the members of expeditions, as well as their adventures, needs and fears.

Nearly all of the Second Kamchatka Expedition's participants wrote travel journals. The best known of these is the journal by Gmelin, which was published in 1751/52 in four volumes under the title *Reise durch Sibirien*.[2] Such journals usually lose something of their spontaneous nature if they are prepared for publication. It is not known whether the originals of Gmelin's journals still exist, but the many remaining lesser documents show that in the books' preparation he inserted a large number of his own observations and other people's reports that are unconnected with the dates at which they appear in the published work.

Another important source is Steller's journals. Born in 1709 in Windsheim (Franconia), Steller studied theology and medicine at the universities of Wittenberg and Halle from 1729 to 1734 and already had a rich knowledge of natural sciences when he went from Germany to St. Petersburg via Danzig at the end of 1734. He applied to participate in the Second Kamchatka Expedition and at the beginning of 1737 got a contract as adjunct of the Academy of Sciences for natural history. This included participation in the expedition, which had already been running for nearly four years. Until his departure in December 1737 he had access to the materials in the Academy's archives, giving him the opportunity of reading the travel journals of Daniel Gottlieb Messerschmidt (1685-1735), who was sent by Peter I on an expedition to Siberia which lasted from 1720 to 1727 and to whose widow Steller was married.

Steller and his wife left St. Petersburg for Moscow, from where he and the painter Johann Cornelius Decker departed in March 1738. Travelling via Tobol'sk they reached Eniseisk, where Steller met Müller and Gmelin, in December 1738. The professors sent him on to Kamchatka in March 1739. Lack of food and transport forced him to stay nearly a year in Irkutsk. In March 1740 he continued his journey to the Lena, Yakutsk and eventually Okhotsk. He finally reached Kamchatka in September 1740.

Before Bering invited him to the sea voyage to America, he travelled in 1740 to the Avacha bay and in spring 1741 to Cape Lopatka. In May 1741 he left with Vitus Bering for America from where he returned in August 1742 to Kamchatka after shipwrecking on Bering Island. Until his return-call he traveled to South Kamchatka and the Kurile

Islands and to the northern parts of the peninsula up to the Island of
Karaga. In August 1744 he left Kamchatka to return to St. Petersburg
via Yakutsk, Irkutsk and Tobol'sk but died in November 1746 in the
town of Tyumen' west of Tobol'sk.

Before his departure from St. Petersburg, Steller received relatively
short instructions from the Academy on September 19th, 1737.[3] These
described his responsibilities on the expedition in general terms and said
nothing about writing a travel journal. When Steller left Eniseisk for
Kamchatka in March 1739, Müller and Gmelin gave him 50 paragraphs
of very detailed instructions.[4] Paragraph 44 states explicitly that he was
to write a journal with daily entries on all that happened during the
journey, which places he visited, what difficulties arose and so on.

In 1747 Stepan Krasheninnikov listed 62 documents by Steller that
were in the Academy's archive at that time. This list was later published
by Pekarskii[5] but there is no mention of a travel journal. What is definitely known is that Steller wrote a travel journal from his departure
in St. Petersburg in 1737 to his return from Bering Island in the summer of 1742. Steller himself mentions it in several letters. A letter to
his brother written in 1744 or 1745 says that he made a description of
his travels from St. Petersburg to Kamchatka and gives details of what
subjects were included. Several documents from his journey to Kamchatka, such as botanical descriptions, contain the cross-reference "see
journal from a special date". He probably continued to write a journal
until his departure from Kamchatka; no reference to one is found in
the documents from his return journey.

Ever since the second half of the 18th century it was believed that
the first part of his journal from St. Petersburg to Eniseisk (from December 1737 to February 1739) had been lost. The American zoologist
and Steller biographer Leonhard Stejneger (1851-1943) wrote in 1936:
"During his long voyage from St. Petersburg to Okhotsk, which took
nearly three years to accomplish, Steller kept a diary (Itinerarium und
Journal von St. Petersburg bis nach Kamtschatka) which unfortunately
has been lost. If it was kept with anything like the detail and zest with
which he wrote his Tagebuch seiner Seereise, what a wonderful commentary we should have had on men and conditions as they prevailed
during the time of the Second Kamtchatka Expedition!"[6]

It was not until recently that I found the original journal in St. Pe-
tersburg.[7] In around 330 pages, mostly in German but with parts in
Latin, Steller describes his way from St. Petersburg via Moscow, Kazan,
Tobolsk, Surgut, Narim and Tomsk to Eniseisk. He gives a wealth of

information about his daily life, as well as the climate and geology, flora and fauna, and local history of the places on his route. He gives topographical descriptions of the towns he visited. His natural science observations, descriptions of plants, birds, fishes and other animals, and river systems are mainly in Latin. He gives special attention to the peoples living along his route, such as the Samoyeds, Ostyaks (Khantys) and the different Tataric groups, and includes vocabularies of their languages, descriptions of folk medicine and so on.

The parts which deal with his stay in Moscow give interesting insights into the thorough preparation for these travels. There Steller met the botanists Traugott Gerber (d. after 1742) and Johann Gottfried Heinzelmann (d. after 1738) and the famous physician Damian Sinopeus (d. 1776). He adds excerpts from their descriptions of Siberia, the Caspian Sea and Persia to his travel journal.

Steller's journal from March 1739 to May 1739 is also extant in his own handwriting. It describes his journey from Eniseisk to Irkutsk and the first part of his time in Irkutsk after his arrival on March 23rd. It begins with a description of the town of Eniseisk and the people living there. Steller tells us something of their professions and gives a list of trade goods and their prices.

After his departure he gives a short description of every village or town they travelled through. He describes the rivers on his way in great detail, especially the Enisei river with all its tributaries. Everywhere he tries to find people who can provide information about places he lacked time to see himself. He notes which fishes occur in which river, which birds and other animals live in which places and lists the plants and minerals found on his way. At the river Usolka he visits salt springs and wells, describing how the salt is extracted and its economic importance. He gives detailed descriptions of the native peoples he met on his way, especially the Buryats.

After his arrival in Irkutsk he notes people who gave him invitations or were his guests and reports what he heard about the trade with China at the border town of Kyakhta and something about goods sold in Irkutsk. As noted, Steller stayed in Irkutsk for almost a year. In the summer he went across Lake Baikal to Barguzinsk. The journal from this period up to March 1740 is lost or has not been found.

The next period for which we have the journal in Steller's own handwriting is from March 1740 to September 1740, with the exception of April. In this period Steller travelled from Irkutsk to the Lena river, by river to Yakutsk, from there to Okhotsk and by ship to Bol'sheretsk on Kamchatka. Later that year he made his first trip on Kamchatka to Avacha Bay and in spring 1741 his second trip, to Cape Lopatka on the peninsula's southern tip.

Steller's journal of the second trip is extant, not in his own handwriting but that of a copyist. This copy is bound with two other documents,[8] a description of Bering's first expedition and Steller's journal of the sea voyage to America. The title page indicates that these three documents were prepared for joint publication by Johann Benedict Scherer (1741-1824), the publisher of Steller's "Description of Kamchatka".[9] The archives of the Academy in St. Petersburg also contain an identical second manuscript of the sea journal.

In my opinion, Steller revised the sea journal copy himself. What has happened to the original manuscript is not known. It is known that it was in the Academy in St. Petersburg in 1746 and that the chief librarian Johann Daniel Schumacher (1690-1761) took it home to read it; he probably failed to return it.

Peter Simon Pallas (1741-1811) published a part of it, the "Physical description of Bering Island", in 1781[10] and the sea journal itself in 1793.[11] Pallas wrote that he got the original manuscript from Johann Eberhard Fischer in 1769 to make a copy of it. It is believed that Fischer also gave the manuscript of the "Description of Kamchatka" to Scherer.

The Pallas edition omits some parts, especially those with criticism of Russia and the naval officers. Pallas also revised and polished the text, so that there has been no complete edition of the German text. However, the 1925 English translation by Frank Golder[12] was based on the St. Petersburg manuscript and includes the parts that Pallas omitted.

Some time ago I found parts of Steller's original journal from Bering Island among his documents in St. Petersburg. These cover the period from the end of December 1741 to their departure from Bering Island on a daily basis, with the exception of the month of May 1742. These parts were probably not used for the revised sea journal because they contain no dramatic events. In them Steller describes the weather conditions, his travels across Bering Island and his botanical and zoological observations.

As noted, no journals have been found for the rest of the time Steller was on Kamchatka or from his way back through Siberia. However, a considerable part of his travel journals is extant and and give insight into his personality and the expedition's other participants. The

Francke Foundation in Halle and the archives of the Russian Academy of Sciences in St. Petersburg are now preparing publication of these journals for the joint publication series of documents from the Second Kamchatka Expedition. The second volume, which appeared in 2000, contains Steller's journal from Irkutsk to Kamchatka.[13]

Notes

1   Some of these maps have been published in Hintzsche, Wieland & Nickol, Thomas (eds) (1996) *Die Grosse Nordische Expedition: Georg Wilhelm Steller (1709-1746) - ein Lutheraner erforscht Sibirien und Alaska*. Gotha: Justus Perthes, 1996 and Hintzsche, Wieland & Nickol, Thomas (eds) (1996) *Monumenta Sibiriae: Quellen zur Geschichte Sibiriens und Alaskas aus russischen Archiven*. Gotha: Justus Perthes.

2   Gmelin, Johann Georg (1751) *Reise durch Sibirien von dem Jahr 1733, bis 1743*. 4 Theile. Göttingen: Vandenhoeck. (= Haller, Albrecht von (ed) Sammlung neuer und merkwürdiger Reisen zu Wasser und zu Lande, Tlc. 4-7).

3   AAS, f. 21, op. 2, d. 31, pp. 183r-184v.

4   AAS, f. 3, op. 1, d. 800, pp. 24r-41r; published in German translation in: Georg Wilhelm Steller (2001) *Briefe und Dokumente 1739*. Bearbeitet von W. Hintzsche unter Mitarbeit von T, Nickol, O.V. Movchatko und T, Schulze. Halle: Verlag der Franckeschen Stiftungen (= Quellen zur Geschichte Sibiriens und Alaskas aus russischen Archiven, Band III),.pp. 71-90.

5   Пекарский, П.П. (1870) *История Императорской Академии наук в Петербурге*, т. 1. СПб: Типография Императорской Академии наук, с. 613-616.

6   Stejneger, Leonhard (1936) *Georg Wilhelm Steller. The pioneer of Alaskan natural history*. Cambridge, Mass., p. 135.

7   See *National Geographic* (German edition), August 2001, pp. 108-111.

8   AAS, f. 21, op. 5, d. 177.

9   Steller, Georg Wilhelm (1774) *Beschreibung von dem Lande Kamtschatka...* Frankfurt a.M.: Johann Georg Fleischer. English translation: *Steller's History of Kamchatka*, edited by Marvin W. Falk, Fairbanks: University of Alaska Press, 2003.

10   Steller, Georg Wilhelm (1781) "Topographische und physikalische Beschreibung der Berginsel, welche im ostlichen Weltmeer an der Küste von Kamtschatka liegt, in: *Neue Nordische Beyträge*, Bd. 2, (Ed. Pallas, P.S.), pp. 255-301.

11   Steller, Georg Wilhelm (1793) *G.W. Stellers ... Reise von Kamtschatka nach Amerika mit dem Commandeur-Capitän Bering*. St. Petersburg: Johann Zacharias Logan.

12 Golder, Frank A. (1925) *Bering's Voyages* ... Vol. II, New York: American
    Geographical Society, pp. 9-187; an English language edition based on
    the same manuscript was published in 1988 by O.W. Frost (Stanford
    University Press).

13 Georg Wilhelm Steller, Stepan Krašeninnikov, Johann Eberhard Fischer
    (2000) *Reisetagebücher 1735 bis 1743,* bearb. von Wieland Hintzsche
    unter Mitarbeit von Thomas Nickol, Olga V. Novochatko und Dietmar
    Schulze. Halle (= Quellen zur Geschichte Sibiriens und Alaskas aus rus-
    sischen Archiven, Band II).

А.И. Андреев и несостоявшиеся «Берингианы»

Н. Охотина-Линд
(Орхусский университет)

Мы начали издавать документы по истории Беринговских экспедиций. Первый том уже вышел.[1] Если нашей заветной мечте суждено будет осуществиться, то через несколько десятков лет на полках библиотек встанет многотомная публикация документов Камчатских экспедиций на языке оригинала, с фактическими и археографическими комментариями, справочным аппаратом, иллюстрациями. Приступая к этой увлекательнейшей работе, мы хотели бы сказать «Спасибо!» всем нашим предшественникам на этом поприще, и в особенности всем тем, кто так же как и мы горели идеей публикации документов экспедиций Беринга и в упоении работали над их изучением и изданием, но работа которых так никогда и не увидела света.

* * *

Главное действующее лицо нашего повествования – А.И. Андреев. Вероятно, многим молодым историкам приходилось наталкиваться на имя Андреева, обращаясь к совершенно различным областям изучения истории России, и поначалу считать, что это всё однофамильцы, а потом с изумлением понимать, что – нет, не однофамильцы, это всё один и тот же человек. Андреев оставил работы по истории средневековой Карелии, колонизации Кольского полуострова в 16 в., древнерусским частным актам и памятникам законодательства, Петру, Татищеву, Ломоносову, Крашенинникову, Миллеру, Ремезову, Радищеву, Академии наук, истории и источниковедению Сибири, истории географических открытий, истории освоения Северного Ледовитого, Тихого океанов и Антарктиды, по вспомогательным историческим дисциплинам, был активным участником и редактором многих крупных периодических изданий.

Но уважение и изумление вызывает не то, что его работы столь разнообразны по тематике, а то, что при этом каждый его труд отличается такой глубокой проработанностью, что любой учёный мог бы считать свою жизнь состоявшейся, если бы он издал хотя бы одно исследование такой высокой пробы. А список печатных трудов Андреева составляет около 170 наименований, и в его фонде в Петербургском филиале Архива Российской Академии наук хранится огромное количество работ на разной стадии завершённости, так никогда и не увидевших свет.

Большого обобщающего биографо-историографического очерка об Андрееве ещё не написано, но по различным статьям о нём можно более или менее составить картину его творчества. Мы здесь будем говорить лишь об одной сфере научных интересов Андреева – истории Камчатских экспедиций и освоения Сибири и берегов Тихого и Ледовитого океанов,[2] в первую очередь в свете биографии учёного. Без преувеличения можно сказать, что Андреев был наиболее крупным специалистом, когда-либо писавшим по данной тематике, задавшим высокий научный уровень исследованиям в этой области, его работы до сих пор являются настоящими «настольными книгами» для исследователей Камчатских экспедиций, из которых можно бесконечно черпать новые и новые сведения и мысли. Правда, начал Андреев заниматься историей Сибири, что называется, не по своей доброй воле, а в силу довольно печальных обстоятельств.

Но начнём по порядку. Александр Игнатьевич Андреев родился в 1887 г., но закончил историко-филологический факультет Петербургского университета лишь в 1916 г., т.к. вынужден был параллельно с учёбой зарабатывать на жизнь. В университете он занимался в спецсеминарах А.С. Лаппо-Данилевского и А.Е. Преснякова по истории России и по вспомогательным историческим дисциплинам (в первую очередь источниковедению и археографии). От своих учителей Андреев получил понимание методологии источниковедения и знание техники анализа исторических источников. Школа Лаппо-Данилевского воспринимала исторические источники как

явления культуры, что предполагало единый, интегрирован-
ный подход к материальной и духовной, знаковой и вещест-
венной сторонам источника. Единый культурологический
подход к источникам разных эпох позволил последователям
этого научного направления в дальнейшем сравнительно легко переходить к совершенно новым и для них и для исторической науки в целом темам (так, Андреев стал пионером источниковедения Сибири, а С.Н. Валк с той же математиче-
ски-научной беспристрастностью занялся источниковедени-
ем декретов Советской власти). Методологический подход, ос-
нованный на признании общности свойств разных эпох (как
произведений общечеловеческой культуры), имеет своё логи-
ческое следствие: он предполагает принципиальное единство
научно-критических методов анализа документов, оценки их
достоверности, точности интерпретации, – вне зависимости от
того, являются ли они фрагментом далекого прошлого или
явлением современной политической жизни.[3] За научную и
человеческую преданность своим учителям А.И. Андрееву
приходилось расплачиваться всю свою жизнь.

Уже в 1913 г. по приглашению Лаппо-Данилевского Андреев начал работать в Постоянной исторической комиссии Академии наук (позже преобразованной в Постоянную истори-
ко-археографическую комиссиию). Начиная с университет-
ских лет и до конца 20-х гг. Андреев занимался изучением и
публикацией источников по древнерусской тематике: грамо-
тами Коллегии экономии, частными актами Московского государства, Судебником 1589 г., русской колонизацией Севера
(Кольского полуострова), историей Печенгского монастыря.

К концу 20-х гг. над учёными старых научных школ навис-
ли грозовые тучи. Идеолог нового марксистского учения об
истории М.Н. Покровский, бывший в то время заместителем
наркома просвещения, главой Комакадемии, Общества исто-
риков-марксистов и Центрархива, повёл решительную борьбу
с Академией наук, считавшейся цитаделью «буржуазной,
контрреволюционной» науки. Нарком просвещения А.В. Лу-
начарский принял решение не уничтожать Академию наук, а
«очистить» её состав и превратить в полностью лояльное и под-
контрольное Советской власти государственное учреждение.

По аналогии с другими делами о контрреволюционной деятельности и вредительстве «буржуазных специалистов», гре-

мевшими тогда по стране одно за другим (например, «Шахтинское дело» или «дело Промпартии»), ОГПУ было сфабриковано и «Академическое дело» или «дело академика Платонова». Академик С.Ф. Платонов (с которым Андреев много и плодотворно сотрудничал в области изучения колонизации русского Севера), С.В. Рождественский, Е.В. Тарле, Н.П. Лихачев, М.К. Любавский и другие обвинялись в создании контрреволюционной организации «Всенародный союз борьбы за возрождение свободной России», целью которого якобы являлось – путем иностранной военной интервенции и вооруженного восстания – свержение советской власти и установление монархического образа правления. Первым был арестован 23 октября 1929 г. учёный секретарь Археографической комиссии А.И. Андреев. Всего по «академическому делу» проходило более ста человек, среди них четыре академика и пять членов-корреспондентов АН СССР – цвет русской гуманитарной науки. Под физическими пытками и психологическим давлением арестованные давали всё новые и новые показания о чудовищных злоумышлениях «Союза». Шесть «заговорщиков» было расстреляно, некоторые попали в концлагеря, другая группа (и среди них Андреев) была по приговору Коллегии ОГПУ от 8 августа 1931 г. «осуждена к высылке в отдаленные места СССР сроком на 5 лет».[4] Платонов, Рождественский, Любавский погибли в ссылке, судьба других сложилась более удачно: Тарле, Готье, Бахрушин, Андреев сумели вернуться в науку, но величину и глубину нанесённой им моральной травмы и её последствий для их творчества мы никогда не узнаем.

Вот так Александр Игнатьевич Андреев стал историком Сибири. С осени 1931 по весну 1935 г. он жил в ссылке в г. Енисейске, работая сначала счетоводом и бухгалтером в сплавной конторе и на дорожном строительстве, но с весны 1933 г. став научным сотрудником Енисейского музея, одного из самых старых и богатых музеев Сибири.[5]

Андреев, действительно, в годы ссылки «заболел» историей Сибири, а его мощная методическая база, эрудиция и опыт предшествующей работы позволили ему быстро овладеть новым материалом и стать ведущим учёным в этой области. Справедливости ради надо оговориться, что Андреев не был абсолютным новичком в сибирской истории. Ещё в студенческие годы он входил в группу молодых историков, помогавших Ф. Гольдеру (другу и коллеге Лаппо-Данилевского, вместе с которым он работал над проектом издания книги по истории России на английском языке)[6] собирать в русских архивах материалы для его книги *Bering's Voyages*.[7] Тогда это делалось скорее всего для приработка, но знакомство с колоссальным архивным богатством по истории Камчатских экспедиций сослужило впоследствии хорошую службу для Андреева.

Обратившись к изучению Сибири, Андреев включил в область своих интересов не только источниковедение и археографию, но и географию, картографию и этнографию. Этот симбиоз наук позволил ему совершенно по-новому смотреть на известные уже проблемы, ставить новые вопросы и делать глубокие выводы. Историческая география как самостоятельная научная дисциплина во многом обязана своим появлением и высоким научным уровнем Андрееву. В 1938 г. Андреев стал членом Всесоюзного географического общества и с тех пор всегда принимал активное участие в его деятельности и публикациях.

Занятия историей Сибири быстро дали плоды. Уже в 1937 г. вышел 1-й том *Истории Сибири* Г.Ф. Миллера, подготовленный Андреевым совместно с С.В. Бахрушиным, в 1941 г. вышел 2-й том. В 1940-м году Андреевым была блестяще защищена докторская диссертация *Очерки по источниковедению Сибири XVII-XVIII вв.*[8] Первую половину своего исследования учёному удалось напечатать в 1940 г., выходу второго тома воспрепятствовала война. Но Андреев до конца своих дней продолжал работать и над опубликованной частью и над неопубликованной – он явно был последователем девиза «совершенствование не имеет пределов». Эти два тома были изданы учениками учёного уже после его смерти, ещё два замысленных тома остались незавершёнными и неизданными. *Очерки по источниковедению Сибири* стали классикой, золотым фондом русского источниковедения.

В 1940 г. Андреевым были изданы «Записки Свена Вакселя». Вообще в конце 30-х годов изучение истории Камчатских экспедиций шло необыкновенно интенсивно, в него было вовлечено много исследователей – и историков, и географов. Надвигавшийся юбилей – двухсотлетие со дня смерти Беринга

9 декабря 1741 г. – давал хорошую возможность для издания научных сборников и публикаций. В Академии наук СССР был создан специальный Комитет по отмечанию двухсотлетия смерти Беринга под председательством президента АН СССР академика Б.Л. Комарова. На заседании Президиума АН СССР, состоявшемся 22 апреля 1941 г., Юбилейному комитету было поручено «предусмотреть … следующие мероприятия:

а) подготовку и издание судового журнала Беринга, возложив эту работу на Институт истории АН СССР;

б) издание сборника статей о деятельности Академии Наук по экспедиции Беринга, с включением в него дневника Стеллера (под редакцией члена-корреспондента АН СССР Л.С. Берга), поручив выполнение этой работы Комиссии по истории АН СССР;

в) подготовку и издание статей о деятельности Академии наук в связи с Камчатскими экспедициями;

г) окончание издания работы Миллера «История Сибири» (IV том), возложив выполнение этой работы на Институт этнографии и Институт истории АН СССР;

д) издание работы Гмелина «Путешествие через Сибирь»;

е) издание работы Линденау «Описание народов Восточной Сибири».[9]

Ни один пункт этого изумительного проекта осуществлён не был.

8 июня 1941 года газета *Ленинградская правда* известила своих читателей, что в издательстве Главсевморпути выходит под редакцией А.И. Андреева первый выпуск серии «История освоения Крайнего Севера и Северного морского пути в документах», посвященный обеим Камчатским экспедициям В. Беринга. Но через две недели началась война и нарушила все планы. Так никогда и не увидели свет юбилейный двухтомник научных статей и публикаций, готовящийся Визе, и сборник публикаций документов, подготовленный Андреевым. Готовящийся юбилейный номер «Известий ВГО» с посвящением «памяти Командора Витуса Беринга в связи с 200-летием со дня его смерти и открытием Аляски и Командорских островов» удалось издать в блокадном Ленинграде только в конце 1942 г. и в сильно урезанном виде – собственно, к тематике юбилея относится лишь одна небольшая статья Л.С. Берга.[10]

Повезло только сборнику публикаций «Экспедиция Беринга», составленному А.А. Покровским, который был опубликован Главным архивным управлением НКВД в начале 1941 года (во всяком случае, книга была подписана к печати 5 марта 1941 г.). Интересно заметить, что два разных ведомства (Главсевморпуть и Главархив) готовили одновременно большие публикации документов (соответственно под редакцией Андреева и Покровского) практически по одной и той же теме, что выглядит несколько удивительно в условиях планового общества. Впрочем, если приглядется внимательнее даже к оглавлению обоих сборников, то легко увидеть, что дублирование одних и тех же документов в них совсем незначительное и выход книги Покровского первой в свет никоим образом не зачёркивал работы Андреева, к тому же последняя обладала многими явными преимуществами перед первой. В 1943 г. Андреев опубликовал подробную рецензию на книгу Покровского.[11] В начале рецензии он даёт указание на судьбу своего сборника: «...Покровский ... выполнил поручение в срок, а Управление издало сборник еще до наступления войны. Кроме ГАУ НКВД СССР, подготовкой материалов по экспедиции Беринга для печати было занято и Главное управление Северного морского пути (совместно с ЦГВМА в Ленинграде), но этот *вполне законченный сборник документов*, в связи с войной, пришлось сохранить в рукописи» [курсив мой – Н.Л. Неужели Андреев хотел этим сказать, что он просто не успел сдать свой труд в срок?]. Андреев сначала даёт в целом высокую оценку *Экспедиции Беринга* и подчёркивает её сильные стороны, но затем разбирает критически буквально чуть не каждый документ (в результате от сборника Покровского по сути не остаётся камня на камне), давая по ходу дела необыкновенно ценные замечания не только по конкретным текстам, но и общего источниковедческого и архивоведческого характера.

А.И. Андреев оставался в осаждённом Ленинграде (конечно же, не переставая работать!), в декабре 1941 г. он делал доклад о Беринге на торжественном заседании памяти мореплавателя, состоявшемся в Доме учёных.[12] В июне 1942 г. Андреев был эвакуирован сначала в Татарию, потом в Ташкент. В конце 1942 г. он переехал в Москву, где ему предоставилась счастливейшая возможность: помимо работы в Институ-

те истории АН СССР, он стал заведующим кафедрой вспомо-
гательных исторических дисциплин в Историко-архивном институте. В то время кафедра ВИД ИАИ была единственной
на всю страну. Вспомогательные (или специальные) научные
дисциплины (в первую очередь источниковедение, археография, палеография и т.д.) всегда пользовались нелюбовью и по-
дозрительностью советского научного генералитета, т.к. они
требовали эрудиции, конкретных знаний, беспристрастного
критического метода и, что наверное самое неприятное, их
было почти невозможно идеологизировать и сделать марксист-
скими науками. В силу тех же самых причин и многие учёные
старых школ, и их ученики предпочитали уходить в эти
«ниши», где можно было относительно спокойно и в полную
силу заниматься наукой, не рискуя «наступать на горло собст-
венной песне» и писать в предисловиях то, чего ты совсем не
думаешь.

Для Андреева преподавание в институте было также и
возможностью устно высказать то, что нельзя было напечатать. Так, Андреев читал лекции о дипломатике в трудах Лаппо-Данилевского – и это была единственная возможность для
студентов в те годы познакомиться с методикой одного из
крупнейших русских теоретиков источниковедения. Но когда в 1944 г. Андреев вывесил в институте объявление о го-
товящемся заседании, посвященном 25-летию смерти учителя,
где он собирался выступить с публичным докладом «Труды
А.С. Лаппо-Данилевского по источниковедению, вспомогательным научным дисциплинам и археографии», то среди руководства института началась паника, заседание было отме-
нено.[13]

На лекциях Андреев открыто утверждал, что наука недели-
ма и изучение новых достижений западных учёных необходимо, сам он всегда использовал в своих работах научную
литературу на многих языках. По его инициативе в планы кафедры были включены доклады о трудах современных аме-
риканских и европейских учёных в области источниковедения и специальных исторических дисциплин, обсуждалась
даже возможность установления контактов с западными научными учреждениями. Мысль, кажущаяся тривиальной се-
годня, в 40-е годы в нескольких стах метрах от Красной
площади звучала революционно.

В 1949 г. Андреев был лишён кафедры и уволен из Историко-архивного института. В вину ему ставились «преклонение перед Западом» и отказ выступить с идеологической критикой методологии Лаппо-Данилевского. В развернувшейся в те годы кампании борьбы с «низкопоклонством перед иностранщиной» в советской исторической печати началась травля учёных – представителей старых школ, в том числе и Андреева. Вслед за Андреевым вынужден был покинуть Историко-архивный институт и В.К. Яцунский, обвинявшийся в использовании в своей работе иностранных трудов по исторической географии.[14]

В те же годы под руководством А.И. Андреева было выпущено два очередных солидных тома *Писем и бумаг Петра Великого*, и Петр Первый прочно вошёл в круг интересов исследователя. Во время своего «московского периода» он особенно много работал над историей географических открытий, рассматривая их, как всегда, одновременно через призму различных научных дисциплин. После неуспеха со сборником документов *История освоения Крайнего Севера* перед войной, в конце 40-х годов Андреев выпустил сразу два фундаментальных сборника публикаций: *Русские открытия в Тихом океане – Северной Америке в XVIII в.* и *Русские открытия в Тихом океане и Северной Америке в XVIII-XIX в.* посвящённые в основном Русско-американской компании и Шелихову (к экспедициям Беринга в первом сборнике относится всего три документа).

После возвращения Андреева в Ленинград летом 1949 г. к его научным темам прибавились новые, относящиеся в первую очередь к истории науки в XVIII веке: он издавал сочинения Ломоносова, Радищева и Татищева, писал статьи об их творчестве и работал над более обобщающими трудами по истории Академии наук.

А.И. Андреев скончался 12 июня 1959 г. на 73 году жизни. Если его список опубликованных трудов производит сильное впечатление, то даже от краткого перечня сохранившихся в его архиве неоконченных или оконченных, но не опубликованных трудов, и подготовительных материалов – всего 1440 дел![15] – просто перехватывает дыхание. Исследователи Камчатских экспедиций могут найти золотые россыпи знаний по очень многим крупным и мелким вопросам, связанным с историей освоения Северного Ледовитого и Тихого океанов при обращении к бумагам Андреева в Петербургском филиале Архива Академии наук.

* * *

В КОМИТЕТ[16] по ОЗНАМЕНОВАНИЮ 200-летия со ДНЯ СМЕРТИ БЕРИНГА при ПРЕЗИДИУМЕ АКАДЕМИИ НАУК СССР

В виду предложения Комитета наметить содержание сборников, предусмотренных постановлением Президиума Академии Наук от 22-го апреля 1941 года (§ 7, п.2, а и б) мы, нижеподписавшиеся, полагаем, что

1) необходимо издать один сборник, размером до 50 авт. листов;

2) в этот сборник включить: а) рапорты Беринга и его письма 1740-1741 г.г., касающиеся подготовки плавания в Америку, б) судовой журнал плавания Беринга в Америку в 1741 году на корабле «Святой Петр»; в основу издания положить официальный судовой журнал, подписанный Вакселем и Хитровым, и к нему в некоторых случаях привести варианты из двух других сохранившихся частных судовых журналов Хитрова и Юшина; в) судовой журнал плавания Чирикова в Америку в 1741 году на корабле «Святой Павел», по единственной сохранившейся копии официального судового журнала, который вел лейтенант Елагин; г) отчеты о плаваниях 1741 года, составленные Вакселем, Стеллером и Чириковым; д) подробное описание плавания в Америку вместе с Берингом, составленное Стеллером; е) частные письма участников плавания: Стеллер, Чириковым и др.

3) Сборнику предпослать статью «Экспедиция Беринга и Академия Наук»; автора статьи, размером до 2-х листов, наметить теперь же.

4) Так как, за немногими исключениями, все материалы для сборника находятся в Ленинграде, подготовку сборника (снятие копии, сверка их с подлинниками, перевод труда

Стеллера и др.) поручить Комиссии по истории Академии Наук.

5) Составление предисловия и примечаний к труду Стеллера и редакцию его сохранить за Л.С. Бергом.[17] Подбор всех проч[их] материалов, краткие вводные статьи и примечания к материалам, а также их редактирование поручить А.И. Андрееву.

6) Установить срок окончания всех подготовительных работ – 1 сентября 1941 года.

7) В соответствии с прилагаемой сметой перевести в распоряжение Комиссии по истории Академии Наук …. рубл.

8) Так как печатание судовых журналов является технически трудной типографской работой, то необходимо теперь же поставить об этом в известность Издательство Академии Наук и согласовать с ним заранее все связанное с подготовкой рукописей сборника и его печатанием; в крайнем случае, если Издательство признает невозможным в небольшой срок напечатать судовые журналы по той сложной форме, по которой они велись в 1741 году, признать возможным издание их упрощенным способом.

9) Включить печатание сборника в план Издательства Академии Наук в последнем квартале 1941 года.

Члены Комитета

Член-корреспондент Академии Наук СССР

Профессор

/Л.С. БЕРГ/

Доктор Исторических Наук

/А.И. АНДРЕЕВ/

[ПФА РАН, ф. 934, оп. 1, № 173, лл. 18-20. Машинопись, 2-й экземпляр, на оборотах бланков Всесоюзного Географического Общества.]

* * *

ПЛАН

юбилейного издания о Витусе Беринге, посвященного двухсотлетию со дня смерти великого мореплавателя (декабрь 1741 г.) составлен Б.Ю.Визе[18]

I том

1. Исследование Крайнего Севера России до начала XVIII века и возникновение экспедиций Беринга – 2-4 авт.л.[19]

2. Витус Беринг и его экспедиции (общий обзор) – 5-7 л.

3. Результаты работ экспедиций Беринга в области физической географии – 2 л.

4. Картография Крайнего Севера России до и после Великой Северной экспедиции – 2 л.

5. Судостроение и судоходство в России, в первой половине XVIII века – 1 л.

6. Обзор архивных материалов по экспедициям Беринга

7. Библиография   1-2 л. _____

                                   Всего   13-18 л.

II том

1. Оригинальные журналы отрядов Великой Северной экспедиции (в первую очередь отрядов Прончищева, Харитона и Дмитрия Лаптевых, Челюскина) с комментариями.

Сюда же войдут дополнительно и отдельные документы из материалов Великой Северной экспедиции.

Все это составит 20-28 авт.л.

Общий листаж двух томов по первому варианту 33-46 л.

[ПФА РАН, ф. 934, оп. 1, № 173, лл. 44. Машинопись. На л. 44 были сделаны пометы карандашом А.И. Андреевым, но затем стёрты.]

* * *

История освоения Крайнего Севера и Северного морского пути в документах

Том I
«Камчатские экспедиции Витуса Беринга
1725-1730 и 1733-1743 г.г.»
Вводная статья
А.И. Андреев – Камчатские экспедиции Беринга

I
Материалы об экспедициях на Камчатку, предшествовавших первой экспедиции Беринга.

1. Указ Петра I о посылке на Камчатку Евреинова и Лужина в 1718 г.
2. Отчет Евреинова 1722 г. (б[ывший] Гос[удар-ственный] Арх[ив, р[азряд] IX, отд[ел] II, № 59,[20] лл. 1137-1138).
3. Сообщение французского консула в Петербурге Кампредона об экспедиции в устье Оби 1721 г.

II
Первая экспедиция Беринга 1725-1730 гг.

1. Указ и инструкция Петра I 23.XII.1724 г. (Бума-ги Адмирал[тейского] Совета 1724, № 29, л.л. 129-130).[21]
1a. Инструкция Петра Берингу января 1725 г.
2. Высоч[айший] указ Сибирскому губернатору от января 1725 г. (там же, л. 131).
3. Письмо генерал-адмирала Апраксина сибирско-му губернатору Долгорукову 4.II.1725.
4. Рапорты Беринга 1726 г. X.28
5. Рапорт Шпанберга янв[арь] 1727 г.
6 - 7 - 8
8 - 9 - 10. Рапорты Беринга 1727 г. 26/I, 19/VII, 1/X.
9. Рапорт Беринга 11.V.1728.
10. Рапорт Беринга 10.VII.1728
543-563 11. Выписка из судового журнала за август 1728 г.
12. Протокол опроса чукоч 8.VIII.1728 г.

13. Мнение Чирикова и Шпанберга о продолжении плавания, 13 и 14 авг[уста] 1728 г.
14. Мнение Беринга о продолжении плавания, 15.VIII.1728 г.
15. Протокол опроса чукоч 20.VIII.1728 г.
16. Рапорт Беринга 10.II.1730 г. о плавании с июля 1728 г.
17. Рапорт Беринга 12.III.1730 г. о наградах участникам экспедиции.
313-328 18. Предложения Беринга 1730 г. *XII.4.*[22]
19. Экстракт из рапортов Б[еринга] по 1-й эксп[едиции] (А[дмиралтейская] К[оллегия] 1742, № 2,[23] лл. 13-16).[24]

III
Материалы 2-й Камчатской экспедиции
Организация экспедиции

1. Записка И.К. Кирилова «о пользах» Якутского уезда и Камчатки, 1731 г.
312 2. Указ императрицы 17.IV.1732 г. о 2-й Камчатской экспедиции.
3. Постановление Адм[иралтейской] Колл[егии] о снаряжении экспедиции Беринга 19.V.1732 г.
4. Указ Сената Адм[иралтейской] Колл[егии]. 13.IX.1732 г.
5. Указ Сената Адм[иралтейской] Колл[егии]. 15. IX.1732 г.[25]
329-351 5а. Всеподдан[ейший] докл[ад] Сената 28.XII.1732.
6. Указ Сената Адм[иралтейской] Колл[егии]. 31.XII.1732.
7. Доношение Адм[иралтейской] Кол[легии] в Сен[ат] 16.II.1733 г. о внесении некоторых изменений в сен[атский] указ. 31. XII.1732.
8. Инстр[укция] Адм[иралтейской] Кол[легии] Шпанбергу 23.II.1733.
9. Инстр[укция] Адм[иралтейской] Кол[легии] Берингу 28.II.1733
10. Инструкция Сен[ата] Берингу 16.III.1733

11. Проект о строении судов и перевозках провианта в Охотск, присланный из Сибирского приказа в 1733 г.[26]

12. Штат 2-й Камчатской экспедиции 1733 г.

13. Записка секретаря Сената И.К. Кирилова по истории Камчатских экспедиций, гл[авным] образ[ом] второй, 1733

2-я экспедиция Беринга в 1733-1740 г.

1. Письмо Б[еринга] Остерману 30.I.1736 г. (ГАФ-КЭ, Сиб[ирские] дела 1732-1738 г.г. лл. 16-19).[27]

2. Письмо Б[еринга] Головину 27.IV.1737 (там же, л. 22-29).[28]

3. Доношение Б[еринга] 31.XII.1737 (№ 60,[29] л. 307)

4. Постановление А[дмиралтейской] К[оллегии] 11. VIII. 38 г. (там же, л. 308)

5. Постановление Адмиралтейской Коллегии 6.XI. 39 г. (там же, 314-315)[30]

226-237 6. Рапорт Б[еринга] в Адм[иралтейскую] Колл-[егию] 27.IV.1737 г. (№ 24,[31] лл. 8-20)

287-289 7. Рапорт Б[еринга] в Адмиралтейскую Коллегию 15.VII.1737 г (№ 24, лл. 731-2)

295 300 8. Рапорт Беринга в Адмиралтейскую Коллегию 29.XI.1737 (№ 24, л. 847-255)[32]

NB 536-542 8a. *Рапорт Беринга в Адмиралтейскую Коллегию 5.XII.1737 г.*

9. Постановление А[дмиралтейской] К[оллегии] 20.XII.1737 г. по поводу рап[орта] 27.IV-1737.

112 9a. *Рапорт Б[еринга] 31.XII.1737 (ф. Бер[инга],[33] № 60, л. 307)*

472-483 10. Указ А[дмиралтейской] К[оллегии] XII.1737 г. в ответ на рапорт 27.IV.37 г. (№ 24, лл. 161-170)

84-95 11. Постановление А[дмиралтейской] К[оллегии] 27.II.1738 г. (№ 24, лл. 643-649)

309-311 12. Постановление А[дмиралтейской] К[оллегии] 11.VIII.38 г. (№ 24, лл. 787-88об.)

113 12a. *То же (№ 60, л. 308)*

13. Доношение А[дмиралтейской] К[оллегии] в Сенат 2.IX.38 г. (№ 24, лл. 906-70об.)

502-503   *Письмо Беринга Головину 1.XI.1738 г.*

284-6   14. Рапорт Б[еринга] в А[дмиралтейскую] К[олле-
гию] от 3.I.1739 г. (№ 24, лл. 347-348об.)

290-292 15. Рапорт Беринга в Адмиралтейскую Коллегию от
30.IV.1739 г. (№ 24, лл. 813-814)

114-117 *15а.Рапорт Чир[икова] 6.XI.1739 (№ 60, лл. 314-315)*

л.504   *15б.Письмо Беринга Головкину 19.XI.1739 г.*

16. Рапорт Беринга в Адмиралтейскую Коллегию от
17.XII.1739 (№ 24, лл. 1053-1055)

505-508 *16а.Письмо Чирикова Головкину 20.XII.1739 г.*

509-510 *16б.Письмо Чирикова Головкину 20.XII.1739 г. (второе)*

17. Резолюция Кабинета министров 19.VIII.1738

469-471 *17а.Доношение А[дмиралтейской] К[оллегии] в Сенат 1738.IX.2 о Скорнякове (№ 24, лл. 906-907об.)*

18. Письма Якутского воеводы Заборовского Г.Ф.
Миллеру 1738-1741 г.г. о Шпанберге, Беринге и
Д. Лаптеве

391-461 19. «Выписка» 5.X.1738 г. по присланному из Сената указу о рассмотрении о Камч[атской] экс-
пед[иции], возможно ль оную в действо произво-
дить (№ 24, лл. 1000-1033)[34]

462-468 20. Постановление 20.XII.1738 г. по поводу «выпис-
ки» (там же, лл. 1038-1040).

21. Указ А[дмиралтейской] К[оллегии] Б[ерин]гу
22.XII.1738 (там же, лл. 1048-1049)

22. Постановление А[дмиралтейской] К[оллегии]
12.I.1739

501   *22а.Письмо Беринга Головину 30.VI.1739*

23. Рап[орт] Б[еринга] 27.VIII.1739 о плавании
Шпанберга

152-154 *Рап[орт] Шпанб[ерга] 6.X.1739 № 44,[35] л. 152-
157*

515-535 *Рапорт Шпанберга 16.XI.1739 г.*

24. Рап[орт] Шпанберга Б[ерин]гу 21.I.1740 о плаваниях 738 и 739 гг. (№ 14, лл. 564-173)[36]

511-512 *24а.Письмо Беринга Головину 4.II.1740 г.*

40-48 25. Доклад А[дмиралтейской] К[оллегии] 17.III.1740
г. о расходах на экспедицию (А[дмиралтейская]
К[оллегия], 1740, № 14,[37] лл. 135-141об.).

Плавание Лассиниуса и Д. Лаптева

238-9, 240-246

       1-2. Рапорты Лассиниуса 6.VIII.1735 и 14.X.1735

246-251 3. Рапорт Д. Лаптева 21.XI.1736 (№ 24, лл. 69-71об. – в А[дмиралтейскуюв К[оллегию], 22-32 – в А[дмиралтейскую] К[оллегию] Беринга)

260-7 4. Рапорт Д. Лаптева 5.VI.1739 (№ 24, лл. 807-810)

293-4 5. Рапорт Д. Лаптева 22.VII.1739 (№ 24, лл. 816-817)

       6. Письмо Д. Лаптева Г.Ф. Миллеру с реки Инди-гирки 11.XI.1739 (ГАФКЭ, портф. Миллера,[39] № 646, V, тетр. 3)

49-65 7. Рапорт Д. Лаптева 30.XI.1739 (А[дмиралтейская] К[оллегия] 1740, № 14, лл. 275-*281, 282-283,289, 292-293, 401*).

370-374 8. Рапорт Д. Лаптева А[дмиралтейской] К[олле-гии] 30.X.1740 (А[дмиралтейская] К[оллегия] 1740, № 6,[40] л. 383-385об.)

383-386 8а. Доношение корякского князца Плаксина штур-м[ану] Щербинину 1741.I.6 (ib[id], лл.421-422об.)

387-389 Допрос 1741.II.23 подъяч[его] Сорокоумова (ib[id], л. 423-424)

375-377, 378-382

       9. Рапорты Д. Лаптева 1.III. и 5.III.1741 г. (лл. 414-5, 418-428)

149-150 9а. Рапорт Д. Лаптева 21.XI.1741 г. (№ 42, л. 1); постановл[ение] А[дмиралтейской] К[оллегии] 17.I.1743 (л. 2)

390 Пост[ановление] А[дмиралтейской] К[оллегии] 28.XII.1741

101 10. Рапорт Д. Лаптева янв[аря] 1744 г. (№ 60, лл. 123 и об.).

96-100 11. «Покорнейшее представление» Д. Лаптева 2.II. 1744 (№ 60, лл. 113-116)

151-152 Рапорт 27.III.1743 г. – № 42,[41] л. 7.

153-4 Рапорт 15.V.1743 – № 42, л. 9.

Плавание Беринга и Чирикова в 1740-1741 гг.
в Америку

27-32 1. Рап[орт] Б[еринга] из Авачи 14.X.1740 г. (А[дми-ралтейская] К[оллегия] 1740, № 7,[42] лл. 595-598об.)

- 5 -

22-32 — В-АКБ

246-257 ✓ 3 Рапорт Д. Лаптева 21.XI.1736 /№ 24, лл 69-71 об/ ✓
260-7 4 -"- Д. Лаптева 5.УI.1739 /№ 24, лл 807-810/ *ЕАК*

293-4 ✓5 -"- -"- 22.УП.1739 /№ 24 , лл 816-817/

6 Письмо Д. Лаптева Г.Ф. Миллеру с реки Индигирки
11.XI.1739
/ГАФКЭ, портф. Миллера, № 546, У, тетр. 3/ *231*

49-65 ✓7 Рапорт Д. Лаптева 30.XI.1739 /АК 1740, № 14, лл 275-2

370-374 ✓8 Рапорт Д. Лаптева АК 30.л.1740 /АК 1740 г., № 6,
л. 383-385 об/
383-385
5-377,978-379 9 Рапорты Д. Лаптева 1.Ш. и 5.Ш.1741 г. / лл 414-5,
418-428/

151 ✓10 Рапорт Д. Лаптева янв. 1744 г /№ 60, лл 123 и об/

95-100 ✓11 "Покорнейшее представление Д. Лаптева 2.П.1744 /№ 60,
лл 113-116/

151-152 ← Рапорт 27.Ш 1743. - №42,л.7.
183-4 ← №42 л 9

Плавание Беринга и Чирикова в 1740- 1741 гг.
==

в Америку
===========

27-32 ✓ I Рап. Б. из Авачи 14.л.1740 г. /АК 1740, № 7, лл 595-59

2 Рап. В. 27.XI.1740 *(л.,л.59₁)*
33-30 33-37
✓3- 4 " 22.IУ и 20.IУ- 1741 г.

3-215 ← ✓5 Рапорт Чирикова 7.XП.1741 /№ 44 лл 5-14 об/ *с прилож.*
27-28 217-221, *л.26, 27-28*
222-225 ✓6 " " 9.XП.1741 / лл 53-54/
162-173 *← Рапорт Шпанберх 11.XII.1742 /1740г. №6, л.459-464*
7 Рапорт Вакселя 15.XI.1742 /АК 1742, № 2, лл 223 - 236/
143-147 ✓8 *Чирикова 20.XII. 1743 (№ 60,л.54)*

Окончание экспедиции
=========================

I Экстракт о 2-й Камчатской эксп., 30.л.1742 /АК 1742, №
лл 39-82 об/

2 Ведомость о действиях Камчатской экспед. /дополн. к пре-
дущ./, отправленная АК в Сенат 17.У.1743 / лл 168-175

3 Указ Сената АК 26.IX. 1743

3-21 ✓ 4 Рапорт Д. Лаптева 23.П.1746 /№ 48, лл 725-8/

-22 ✓ 5 " А. Чирикова 18.УI.1746 /№ 48, лл 737-748/

ПФА РАН, ф. 934, оп. 1, № 173, л. 49. Страница из подготовленного, но неопубликованного тома «История освоения Крайнего Севера и Северного морского пути в документах. Том 1. Камчатские экспедиции Витуса Беринга 1725-1730 и 1733-1743 гг.» Правка и дополнения рукой А.И. Андреева.

2.   Рап[орт] Б[еринга] 27.XI.1740 *(ib[id], л. 591)*.
38-39, 33-37

3-4. Рапорт Беринга 22.IV и 23.IV-1741 г.
лл. 193-215, 216, 217-221

5.   Рапорт Чирикова 7.XII.1741 (№ 44, лл.5-14об., *с
приллож[ением] л. 26, 27-28)*

222-225 6.   Рапорт Чирикова 9.XII.1741 (лл. 53-54об.)
*Рапорт Шпанберга 11.XII.1742 (1740 г., № 6, лл.
459-464)*

162-173 7.   Рапорт Вакселя 15.XI.1742 (А[дмиралтейская]
К[оллегия] 1742, № 2, лл. 223-236)[43]

л. 513-514   *Письмо Овцына Шпанбергу 25.XI.1742*

143-148 8.   *Рапорт Чирикова 20.VIII.1743 (№ 60, л.54)*

Окончание экспедиции

1.   Экстракт о 2-й Камчатской эксп[едиции],
30.X.1742 (А[дмиралтейская] К[оллегия] 1742, №
2,[44] лл. 39-82об.)

2.   Ведомость о действиях Камчатской экспед-
[иции] (дополн[ение] к предыдущ[ему]), отправленная А[дмиралтейской] К[оллегией] в Сенат
17.V.1743 (лл. 168-175об.)

3.   Указ Сената А[дмиралтейской] К[оллегии]
26.IX.1743

23-26 4.   Рапорт Д. Лаптева 23.II.1746 (№ 48,[45] лл. 725-8)

1-22 5.   Рапорт А.Чирикова 18.VI.1746 (№ 48, лл. 737-
748)

Приложения:

1.   Статья В.Ю. Визе

2.   Статья В.Ф. Гнучевой[46] – Карты Камчатских
экспедиций Беринга

3.   Библиография

4.   Указатель (личный)

5.   Карты, планы, фотоснимки с документов и пр-
[отчее].

[ПФА РАН, ф. 934, оп. 1, № 173, лл. 45-50. Машинопись на 6 страницах и рукописная редакторская правка почерком Андреева. Номера листов, приписанные на левом поле у многих документов, обозначают рабочую нумерацию страниц готовящейся публикации. В фонде Андреева в ПФА РАН сохранилось девять дел с подготовительными материалами к публикации (ПФА РАН, ф. 934, оп. 1, д. 162-170)[47], где, естественно, значительно больше документов чем то, что вошло в оглавление *Истории освоения Крайнего Севера*. Степень подготовленности документов к публикации разная: Некоторые представляют собой просто перепечатанные на машинке копии с архивных подлинников, и по правилам того времени заверенные печатью архива и личной подписью архивного сотрудника, удостоверяющей идентичность копии с подлинником, а также и «несекретность» документа. Другие – уже готовые к публикации, с археографическими и фактологическими комментариями.

Надо сказать, что правила археографической передачи текста для публикации были выбраны самые упрощённые, какие только могут быть. Понятно, что это было сделано не по инициативе Андреева, а в силу, с одной стороны, господствовавшей тогда тенденции публиковать исторические источники так, чтобы они были «понятны народу», с другой стороны, категорического нежелания издательств возиться с технически и типографски сложными текстами.

Для примера возьмём рапорт Чирикова в Адмиралтейскую коллегию от 9 декабря 1741 г. В оглавлении книги он помещён под № 6 в разделе «Плавание Беринга и Чирикова в 1740-1741 гг. в Америку», по рабочей пагинации Андреева это страницы 222-225, современный шифр: ПФА РАН, ф. 934, оп. 1, д. 164, л. 177-180. В тексте сохранилась правка, по которой можно легко судить об археографических принципах готовящегося издания: убраны канцелярские пометы и разбивка текста на листы; орфография последовательно унифицирована и модернизирована (напр. «рапорт» вместо «репорт», «штурман» вместо «штюрман», «лучшие» вместо «лутчие» и т.д.). В легенде указывалось название архива, номер фонда, номер дела, листы (оборотные листы учитывались). Текстологический комментарий отмечал только пропуски, обрывы и неразборчивые места текста.

Несмотря на «облегченность» передачи текста, готовящийся сборник должен был бы сразу поднять всё изучение Камчатских экспедиций на принципиально более высокий уровень и дать богатейший материал для исследователей. «Рука мастера» сразу видна при ознакомлении с содержанием книги – Андреев не только лучше всех знал источники по истории Камчатских экспедиций, но и умел выбрать из этого моря наиболее значимые документы и скомпоновать их в цельное единство. Вся тщательно продуманная структура сборника и отбор документов для него дают необыкновенно чёткую и стройную картину истории экспедиций. Подавляющая часть документов этой книги должна была быть уопубликована впервые. И хотя после того вышли в свет такие солидные публикации как *Экспедиция Беринга* (сост. А. Покровский, 1941) и *Русские экспедиции по изучению северной части Тихого океана в первой половине XVIII века* (сост. Т. С. Фёдорова, 1984), но многие документы из намеченных к изданию Андреевым так и остаются неопубликованными до наших дней, а изящество и законченность композиции его книги остаются непревзойдёнными до сих пор.

Обещали быть интересными и полезными и сопроводительные статьи к сборнику. Мы не знаем, успели ли написать свои разделы Визе и Гнучева, ими во всяком случае ничего не издано. Сам Андреев выпустил в последующие годы серию блестящих статей, до сих пор являющихся основополагающими трудами по экспедициям Беринга.[48] Можно предполагать, что эти статьи родились в процессе подготовки сборника к изданию или даже замышлялись как вступительная статья к нему.]

* * *

Следующая глава в истории неосуществлённых изданий по Камчатским экспедициям носит отчасти трагико-комический характер, или во всяком случае вызывает смешанные чувства. Публикуемые ниже два документа принадлежат к более позднему времени и совершенно иной эпохе – расцвету «борьбы с космополитизмом» в Советском Союзе. Оба отзыва были присланы Андрееву в сентябре 1949 г. из издательства Главного управления Северного морского пути при Совете Министров СССР. Андреев только что переехал в Ленинград после увольнения из Московского историко-архивного института, где он обвинялся среди прочих «грехов» и в «преклонении перед Западом». В сопроводительном письме за подписью А. Блажко редакция просила Андреева дать его заключение о работе Баскина и оговаривались условия гонорара Андрееву за этот труд.[49] Книга Баскина *Первая камчатская экспедиция Витуса Беринга* так и не была опубликована, рукопись её (по меньшей мере на 840 машинописных страницах) нам, во всяком случае, не известна, о ней мы можем судить лишь на основании приводимых в отзывах цитат.[50] Ясно, что бедный Баскин не был большим стилистом, а попытки писать «научным» языком с усердным применением марксистской терминологии постоянно загоняли его в ловушки. В то же время его монография была первой попыткой[51] дать связное изложение истории Первой Камчатской экспедиции, им был собран огромный документальный и фактический материал и предложены многие оригинальные (хотя, может быть, и не всегда бесспорные) решения существовавших в литературе вопросов. В случае с невышедшей монографией Баскина сначала возникает желание сказать, что это может быть и не была такая уж великая потеря для науки. Однако, присмотревшись повнимательнее, понимаешь, что это как раз тот случай, когда вместе с грязной водой был выброшен и ребёнок.

В данном случае большой интерес представляют и сами отзывы на его работу, поскольку они как нельзя лучше характеризуют обстановку, сложившуюся в СССР в конце 1940-х – 50-ые гг. вокруг изучения истории Камчатских экспедиций.

На сопроводительном письме из редакции аккуратный Андреев сделал помету, что ответ отправлен им 4 октября 1949 г., но что он ответил и написал ли он свой отзыв на работу Баскина – мы не знаем.

* * *

ОТЗЫВ

О РАБОТЕ С.И. БАСКИНА: «ПЕРВАЯ КАМЧАТСКАЯ ЭКСПЕДИЦИЯ ВИТУСА БЕРИНГА»
Член[а]-корресп[ондента] АН СССР
проф. А. ЕФИМОВА[52]

ЗАМЕЧАНИЯ ОБЩЕГО ПОРЯДКА

Работа кандидата географических наук тов. С.И.Баскина о первой Камчатской экспедиции при известной ее переработке может восполнить существенный пробел в исторической литературе о русских географических открытиях. Имеющиеся исследования В. Берха, А. Соколова, А. Полонского, Ф. Голдера и др[угих] частью устарели, частью, как весьма ценный труд акад[емика] Л.С. Берга, не ставят целью специального монографического освещения первой экспедиции Беринга. Между тем и в истории мировой географической науки, и в истории России Камчатские экспедиции занимают весьма видное место, что еще далеко не осознано некоторыми нашими видными историками. Так например, в вышедшем в 1947 г. учебнике Истории СССР для Педучилищ проф. М.Н. Тихомиров[53] сообщает много подробностей о русской жизни середины XVIII в., иногда даже излишних. Например на стр. 169 М.Н. Тихомиров пишет: «Для шутовской свадьбы карлика и карлицы был устроен Ледяной дом на Неве, где новобрачные чуть не замерзли на ледяной постели». О Камчатской же экспедиции в учебнике нет хотя бы глухого упоминания. Вопрос об изучении Камчатских экспедиций по пропаганде идеи об их большом значении не только для русской, но и для всемирной истории отнюдь еще не разрешен и не снят.

С.И. Баскин поднял большой архивный материал о первой Камчатской экспедиции, затратив на эту работу много труда и времени. Его работа является первой большой монографией по данному вопросу, основанной на хотя и не на исчерпывающем, но на весьма большом архивном материале. С.И. Баскину удалось показать огромное значение 1-ой беринговой экспедиции для поднятия мировой науки. Учитывая эти обстоятельства мы пришли к выводу, что несмотря на то, что работа имеет ряд существенных недостатков, целесообразно поработать над устранением этих недостатков для того, чтобы иметь возможность настоящую работу издать.

Издание работы в настоящем виде несомненно вызвало бы весьма серьезные нарекания, и именно потому, что мы считаем издание работы весьма желательным, мы укажем на ее недостатки с целью их устранения до появления работы в свет.

Неудачно сформулировано исходное методологическое положение С.И. Баскина о том, что развитие географической мысли обязано своим ростом развитию производственных сил каждого общества (стр. 1). Мы знаем, что вообще экономическое развитие определяет в конечном счете, на протяжении широкой исторической перспективы, все общественное развитие в целом, но мы не усматриваем прямого и непосредственного влияния экономики на развитие науки, например, географии. Если мы исключим всю систему надстроек, роль государства и всего состояния идеологии, то впадем в грех вульгарного «экономического материализма». Положение о влиянии экономики на развитие науки, в системе марксизма отнюдь не исключает посредствующей роли названных выше моментов. У С.И. Баскина каждый […][54] в развитии производительных сил непосредственно вызывает соответствующий сдвиг в развитии географической науки (стр. 1).

Отсюда заключение о том, что экспедиции были вызваны торговыми задачами, отсюда эпиграф о всеопределяющей роли торгового капитала. Если даже признать за автором право отстаивать свою концепцию о том, что Камчатские экспедиции были вызваны к жизни задачами развития торговли, – эта концепция проведена С.И. Баскиным на протяжении всего его труда, то во всяком случае надо исключить из работы методологически несостоятельное положение о прямом непосредственном и чуть ли не автоматическим воздействием экономики на развитие географической науки.

В работе вообще много противоречий. Одно из основных принципиальных утверждений автора – это, что географические открытия были определены целями обогащения господствующего класса. Рядом сообщается, что географические открытия определялись народными задачами. Соответственно многократно утверждается, что Петр 1 представлял господствующие классы России и тут же он называется представителем народных интересов. Читатель запутается. Концы с концами не сведены.

Стр. 57. Автор без конца твердил о том, что экспедицию Беринга организовал господствующий класс в целях своего обогащения, при этом коварно прикрываясь интересами науки. А здесь оказывается, (5 строка снизу), что экспедиция Беринга, это первая морская экспедиция русского народа. Опять не сведены концы с концами. Через две строчки автор возвращается к своей излюбленной версии и пишет о Первой камчатской экспедиции Беринга: «В ее основе, как и в каждом общественном мероприятии того времени, лежали экономические интересы господствующего класса России, в противном случае ее бы не снарядили».

Стр. 65, в середине. Характерный пример неправильного оперирования текстами классиков марксизма. Автор пишет так: «Надо сказать, что лишение Петра, а вместе с ним русского народа инициативы в организации экспедиции следует считать полнейшей бессмыслицей. При всех положениях «даже туманные образования в мозгу людей являются необходимыми сублиматами (продуктами) их материального жизненного процесса, который может быть установлен на опыте и который связан с материальными предпосылками». Маркс и Энгельс. <u>Полное собр. соч</u>. т. 4, стр. 17. Для каждого маломальски здравомыслящего человека – пишет автор, – вполне ясно, что организация экспедиции должна была быть вызвана экономическими условиями развития русского государства и русского народа, представленного в тех условиях Петром 1». Итак, мы благополучно докатились до идеи о том, что всякое даже туманное образование в мозгу Петра 1 вызывалось экономическими условиями развития русского государства и русского народа! Петр Великий прямо не назван народным царем, но до этого не далеко. Во всяком случае так писать об этом не следует. Попутно отметим, что полного собрания соч[инений] Маркса и Энгельса пока ещё не издано и что такая сноска является мифической.

<u>На стр.74</u> Петр уже окончательно стал народным царем. Так написано: «...Петр 1, т.е. русский народ, который он возглавлял, на той исторической ступени социально-экономического развития». Сползание с классовых позиций.

Неразбериха в этом вопросе продолжается.

На стр. 152 автор пишет: «Инициатором организации экспедиции являлся господствующий класс России, представленный в тех условиях Петром 1».

На стр. 153 «Вся петровская политика объясняется борьбой за интересы русского торгового капитала». Но ведь это – концепция Покровского.[55]

Говорится о том, что планы Петра 1 «далеко забегали». Что значит забегали? А дальше С.И. Баскин пишет: «При этих условиях неоценимую услугу оказывает диалектическое понимание явлений, т.к. только этот метод дает возможность, при помощи логической категории, отметать все неверное, т.е. не историческое в официальном изложении данного явления истории». «Прибегая за помощью к объективно совершившейся истории мы получаем возможность отбросить все несовершенное, – пишет автор – все вымышленное, все голые умозаключения, появившиеся в связи с анализом хода развития первой Камчатской экспедиции». К этому трудно что-нибудь прибавить.

Стр. 77 и следующие, до 122, без ущерба можно опустить, т.к. здесь автор берет материал из вторых рук, пользуясь главным образом публикацией Алексеева «Сказания иностранцев», а т.к. русские источники автором не привлечены, то заслуги иностранцев повышаются чрезмерно преувеличенными. Из этого раздела можно было бы оставить лишь ценную разработку вопроса об инструкциях Берингу и вкратце сказать о Дежневе. Вообще же в этом разделе имеется столько ошибок и противоречий, что переработать его вряд ли возможно.

Стр. 165-166. Нужно ли в данной работе с одной стороны заявлять, что Беринг был настоящим Иван Ивановичем, добрым патриотом, к тому же полностью растворившим себя в составе своей экспедиции, а затем подробно расписывать как, не получив очередного чина, Беринг рвался к себе на родину, в Данию. Вообще, имеет ли это существенное значение?

Стр. 335. Очень ли нужен материал об отрицательном нравственном облике служилого?

Стр. 639. Зачем это одатчаниванье? (шаутбенахт) русских адмиралов.

Стр. 665. Автор любит пользоваться терминами номографический и идеографический, но эта терминология в исторической работе свидетельствует только о виндельбандовском влиянии.[56]

Идея о противопоставлении номологического (генерализующего) идеографическому (индивидуализирующему) свойственна идеалистической философии. Она порочна, т.к. построена на отрицании существования закономерности в единичном.

Стр. 762. Не уверен, что следует публиковать или даже повторять уже опубликованные сведения о ледовом режиме Берингова моря, особенно в данное время.

Стр. 840. Значение иностранного проекта Эльтона явно преувеличено. Вообще, вопрос о второй Камчатской экспедиции освещен поверхностно и лучше бы, в данной работе, вопрос о ее предпосылках не ставить, т.к. это не обязательно, а в освещении этого вопроса допущены ошибки.

Стр. 63. Протестую против того, чтобы считать Миллера первым историком России. По разным причинам эта характеристика к нему не приложима.

На стр. 46 неудачна теория о том, что о личности Беринга даже и ставить вопроса нельзя, что существовал только коллектив Беринга, одним из членов которого он являлся. Кстати, не совсем понятно, заслугой или упущением Беринга и Чирикова является то, что они «с одинаковым рвением выполняли задания господствующего класса России первой четверти XVIII в.». Между прочим С.И. Баскин всем содержанием стр. 46 вступает в жестокую коллизию с Ломоносовым, который с полным основанием ставил вопрос о роли Беринга и Чирикова в русских открытиях на Тихом океане и с таким же основанием утверждал, что «Чириков был главным». Как видно отсюда, Ломоносов не был сторонником бригадного метода оценки исторических деятелей.

Стр. 448. К «теме» о мордобое, который учинял Шпанберг. Надо ли его оправдывать во-первых и во-вторых, насколько это нужная для данной работы тема?

Образец неясной и неправильной по существу мысли: «Беринг, прибывая на Камчатку, заинтересован был не собиранием ясака, а наоборот» (читатель подумает, что он платил ясак ительменам, а оказывается другое. Оказывается Беринг «даже сделал попытку освободить от такового ительменов, занятых на работах по транспортировке экспедиции»). Это уже «новая нотка в движущих силах географии и она характерна для первого периода следующей эпохи истории географии». Это не «новая нотка», а идеализация Беринга. Беринг был вынужден освободить ительменов от ясака для того, чтобы сделать возможным транспортировку грузов. Беринг был замечательный путешественник, но изображать его творцом новых моральных норм не стоит.

Много внимания уделено иностранным известиям о Сибири (а русским мало). В этой части много существенных ошибок. Ее следовало бы сократить, а частью опустить вовсе для того, чтобы в центре внимания поставить историю самой камчатской экспедиции, которая в отличие от первой части изложена не в порядке компиляции, а на основе обработки свежего, самостоятельно добытого архивного материала.

Последний абзац на стр. 38 настолько неудачен в целом, и носит настолько хвалебный характер в отношении англичан, что его можно с пользой для дела опустить.

Стр. 39. «Интересы мануфактуры и сбыт ее продуктов – торговля являлись содержанием внутренней и внешней политики феодальных монархий, управлявшихся едиными самодержцами, помазанниками божьими» (прим[ечание] к стр. 39). Эта далекая от научности характеристика воскрешает концепцию Покровского. Вообще все это примечание неполезно.

Стр. 43. Проводит концепция о том, что в феодальных монархиях господствующим классом являлась буржуазия, а далее сообщается, что молодая французская буржуазия с успехом воздействовала на русских помещиков и подчиняла их своему влиянию. Опять таки, стоит ли отвлекаться от беринговой экспедиции ради этих сомнительных открытий.

На стр. 45 и во всей работе неоднократно говорится о туземцах Сибири. От этого термина мы отказались, т.к. он имеет презрительный оттенок.

Стр. 157. С.И. Баскин делает здесь важное научное открытие, своим анализом текста инструкции Петра. Это его большая заслуга. Не стоит только при этом проявлять такую кровожадность в отношении Б. Островского,[57] который повторил чужие ошибки. Автор готов обвинить Б. Островского в сознательном искажении. Конечно, это дело автора, но я бы опустил этот критический пассаж. Точнее, критический пассаж оставил бы, но отказался бы от мрачных подозрений о причинах ошибки Б.Г. Островского.

На стр. 168 в примечании опять в отношении Островского

возникают мрачные подозрения.

На стр. 56, первый абзац. Различение формы двух видов жажды обогащения – жажды непосредственного обогащения и «формы посредственного обогащения» – вероятно, автор имел в виду «опосредствованное обогащение» – не двигает вперед науки. Что за русские путешественники второй половины средневековья?

Стр. 156. Археографические установки за последние 100 лет изменились. Это следовало бы учесть при критике публикации документов, сделанных в прошлом столетии.

*   *   *

Первая часть сухопутной экспедиции Беринга изложена с большим количеством утомительных подробностей. В научном отношении они не интересны.

Стр. 220. Начиная от 7 главы и вплоть до трагического эпизода, описанного перехода из Горбеи[58] в Охотск, автор с величайшим тщанием, но с излишними подробностями, описывает движение экспедиции, отмечая все ускорения и замедления этого движения, подробно описывая историю Тобольска и многих других сибирских городов. Разбирается вопрос о плотности населения бывшей Тобольской губ[ернии] и т.п. Развивается даже теория о «наклонности русских людей к использованию рек для передвижения» (стр. 223). Конечно, это дело авторского замысла, однако, у читателя могут возникнуть к нему претензии. Читатель взял книгу об экспедиции Беринга, но вместе с ней получает рассказ по истории Сибири и по многим другим вопросам. Между тем, нельзя сказать, чтобы Западная Сибирь в начале XVIII века была бы настолько неисследованной, что всякое сведение о ней являлось бы драгоценным. Гораздо более ценными являются сведения о Восточной Сибири, особенно поскольку, изучая экспедиции Беринга, можно получить эти новые сведения. Нам представляется, что в интересах автора было бы сокращение 7 – 12 глав. Иначе многие читатели, не дойдя до самого важного этапа экспедиции, отложат книгу в сторону. Что же касается этапа от Горбеи до Охотска и особенно морского похода, то здесь мы предложений о сокращении не вносим, а это составляет основную часть книги. Однако и здесь нужна тщательная редакционная и литературная правка текста.

Стр. 590. Автора на протяжении многих глав заедает любовь к ненужным подробностям: что из того, что «ительмены сидят на цыпочках, спустя штаны в куклянку».[59] Не всё нужно описывать в учёном исследовании на историческую тему!

Материал по положению на Украине на стр. 115-116 никак не связан с изложением проблемы. Кроме того, в этом разделе многие возможные предположения преподносятся читателю в качестве бесспорных истин. Кстати, почему все ж таки Ремезов называется средневековым картографом России?

Стр. 122, первый абзац, 3 строки – не соответствует действительности.

* * *

Главная ценность книги заключается в описании прохождения экспедиции Восточной части Сибири, особенно от Горбейского зимовья до Охотска, в описании пребывания экспедиции на Камчатке и в анализе данных о морских походах Беринга в 1728 и 1729 гг.

Вводная часть с чрезвычайно широким тематическим охватом разработана недостаточно, поверхностно, содержит большое количество ошибок и при недостатках методологической концепции автора и при его уклоне больше к географии, чем к истории, требует частью сокращения, частью всьма основательной доработки и переработки.

* * *

Много несправедливых отвлечений, не относящихся к делу цитат из классиков марксизма-ленинизма, прекрасных самих по себе, но данных вне связи с темой.

Автор высказывает свои предположения и сразу же начинает оперировать ими как установленными фактами.

Например, стр. 753. Уже раньше автор неосновательно утверждал, что Мориссон бывал в Канаде. Теперь сообщено, что он встречался с аборигенами Северной Америки. Но ведь известно, что севернее мыса Мендоцино никто из европейцев в то время не был, поэтому всякие гадания о том, где был Мориссон и с кем он встречался – весьма легковесны.

Стр. 643. Решительно ни откуда не видно, что Джордж Мориссон плавал в Канаду. Ни одной ссылки на документ, которая это подтверждало бы – нет.

Стр. 756. Беринг и Шпанберг предполагали о существовании Анианского пролива, но самые документы говорят именно об их подобном предположении – автор же переходит к версии о том, что они были уверены в существовании этого пролива. […][60]

МЕЛКИЕ ФАКТИЧЕСКИЕ ОШИБКИ

Стр. 193. Карта Страленберга, по мнению некоторых авторов, впервые была опубликована в 1725 г. Мне лично представился случай видеть французское издание этой карты 1726 г. Во всяком случае, нельзя считать, как это делает автор, следуя Л.С.Бергу, о том, что она впервые была опубликована в 1730 г.

Стр. 193. Автор очень подробно специально разбирает вопрос о датировке инструкций Петра 1 Берингу и приходит к выводу о том, что в полном собрании русских законов этот указ датирован 3 февраля 1725 г. Вопрос о дате – это центральный пункт небольшого исследования, но самая дата приведена неверно. Достаточно взять в руки соответствующий том ПСЗРИ, чтобы увидеть, что в этом издании инструкция датирована не 3, а 5 февраля 1725 г. Кстати и название издания С.И.Баскин привел неверно: полного собрания русских законов нет. В те годы издавалось Полное собрание законов Российской империи.

Стр. 123. Карты Петра Анианского и Мюнстера разделены не 10-ю, а 9-ю годами. «Герасимов в Лугсбурге показывал карту» – это еще надо доказать. По-видимому, это был не Герасимов.

Стр. 443. Капрал Анашкин на этой же странице и дальше именуется матросом, что противоестественно. Капрал петровского времени, да и сейчас – это сухопутное звание, а не морское. Рекомендую автору посмотреть прилагаемые им документы. На стр. 30 капрал Анашкин значится в числе солдат, поэтому именовать его матросом никак нельзя.

Стр. 845. «С соответствующими заданиями в этом направлении убыл русский посол» в Лондон в 1731 г. (Кантемир). Во-первых, не убыл, а отбыл, во-вторых, не посол, а резидент. Послом Кантемир сделался позже.

Стр. 277. На стр. 277 говорится о камергере Енисейской провинции. Звание это несуществующее. Очевидно речь идёт о камерире.

Стр. 648. Андрей Бум, это не Бум, а самый настоящий Андрей Яковлевич Буш, он же Бутин. Это обязательно надо исправить, а то в индексе появится новый подпорутчик Киже.[61] В одном русском издании немецких мемуаров немецкое выражение «общий бум» подало повод к появлению в индексе генерала Бума. Тут же появился Бум, хотя и не генерал. Надо покончить с ним, пока не поздно.

Стр. 818. Трудно согласиться с автором о том, что плавание по Курильскому проливу в ясную погоду не составляет затруднений. И в настоящее время по ряду причин эта зона чрезвычайно трудна для навигации.

Стр. 49. Автор утверждает, что в известных науке русских картах XVII в. нигде не фигурируют вымышленные земли. Это неверно. Можно даже назвать карты XVIII в. Наприм[ер] Шестакова, где имеются вымышленные земли, да и на карте Ремезова имеются аналогичные ошибки.

Стр. Проф. Боднарский подвергает сомнению факт убийства Атласова.

Стр. 400. Сообщается, что идея об использовании Ленской системы рек для переброски основных грузов экспедиции к Охотску зародилась у Беринга в Тобольске. Стоило бы отметить, что аналогичная идея выдвинута начальником Большого Камчатского наряда полковником Яковом Агеевечием Елчиным ещё до Беринга.

Стр. 621. О Беринговом море говорить рано. Нужна оговорка. Имеются дефекты в транскрипции.

Стр. 270 и др. В имени Дюгальда автор флексию перевёл в корень и упорно вместо Дю Гальд автор пишет Дю Гальда (стр. 70 и др.)

На стр. 32 и на протяжении всей работы несколько десятков раз Семен Ульянович Ремезов упорно именуется Ремизовым. Если это новелла машинистки, то автор очевидно, придя в отчаяние, примирился с этим искажением фамилии.

На протяжении многих страниц (в последней части работы) Страленберг имеет начертание Стралленберг. Сам Страленберг никогда так своё имя не писал.

Стр. 51. Попутно отметим: нельзя сказать, что карты Сибири составил Страленберг. Их составил Табберт, который в дальнейшем, уже вернувшись в Швецию, получил дворянство и вместе с ним имя Страленберга.

В английских текстах имеются совершенно невозможные ошибки, например, на стр. 9. Автор мирится с ними.

Стр. 201. В тех случаях, когда даётся архаическая транскрипция документов. Например: Шентарских, – надо давать примечанию современную транскрипцию.

На стр. 453. Григорий Потулов превратился в Григория Путилова (исправление рукой автора). Какой транскрипции должен верить читатель?

Стр. 639. Путилов опять превратился в Потулова.

Стр. 403. Читателю представляется самому догадаться, что «Евтолуштов» – это Полуэктов.

Стр. 537. Почему Курилы через 2 л ?

Стр. 551 – прыгающая транскрипция.

Стр. 325. Небрежная транскрипция «Орочаны» и «орочены».

Стр. 682. Не скучи, а сиучи. Несомненно, это не буква К, а буква И.

ВОПРОСЫ ЭТНОГРАФИИ И НАВИГАЦИИ

Представляют интерес новые гипотезы этнографического порядка, но о них совершенно необходимо получить мнение Восточно-сибирской этнографической экспедиции, члены которой весьма разносторонне, глубоко и успешно разрабатывают вопросы этнографии народов Восточной Сибири. Профессор Дебец в настоящее время находится на Дальнем Востоке, профессор Левин, зам. директора института этнографии и участник этой экспедиции, в настоящее время вернулся в Москву и, вероятно, мог бы или сам дать консультацию или указать на лиц, которые могли бы дать свое заключение по этому вопросу. В частности, в Москве сейчас находится один из крупнейших знатоков этнографии Сибири проф. С.А. Токарев, автор выдающейся монографии о якутах.

Только что вышел второй том трудов института Этнографии им. Н.Н. Миклухо-Маклая, новая серия, в котором большинство статей посвящено вопросам этнографии Восточной Сибири. Поскольку С.И. Баскин выдвигает ряд новых этнографических теорий, при наличии в Москве крупных специалистов по данному вопросу, мне представляется совершенно необходимо получить их заключение. Для этой цели достаточно показать этнографам указанные самим автором места из работы, где трактуются вопросы этнографии.

Есть ещё круг вопросов, по которым я не берусь высказаться. Это специальные технические вопросы кораблевождения и составления карт морского пути. Но поскольку автор является географом, эти вопросы можно оставить на его ответственности.

Есть опечатки. Например: стр. 719: не объясанения, а объясачения; стр. 724: не сленный, а оленный. Стр. 178: цитируется документ: «Благодарный господин капитан». Подобных документов в архиве много, но во всех них написано не благодарный, а благородный. Здесь опечатка, искажающая, однако, смысл. Опечаток много.

ПРИЛОЖЕНИЯ

Поскольку основные документы о политическом значении первой Камчатской экспедиции приведены полностью в тексте, постольку естественно, что в при ...[62] Камчатской экспедиции и о некоторых этапах передвижения экспедиции. Документы эти представляют интерес.

К работе приложен обширный список иллюстраций. Однако, надо сказать, что этот список составлен не весьма удачно. Во-первых, нет никакой нужды воспроизводить всем известную иллюстрацию из популярной книги Самойлова о Дежневе или из книги Алексеева, который, кстати, половину своих иллюстраций заимствовал из первого (голландского) издания книги Витсена. Кроме того, первый поход Беринга (в его морской части) был совершён на боте, поэтому надо бы показать бот петровского времени и галиот, с его парусной оснасткой. Это можно сделать.

* * *

Настоящая рецензия может дать только общее представление о характере и ценности данной работы и не может заменить работы редактора. Она лишь может привести к выводу, что такой редактор совершенно необходим.

Автор сообщал, что проф. Боднарский дал согласие быть ответственным редактором книги. Это, разумеется, превосходная кандидатура.

Ряд мелких дефектов отмечен в самом тексте работы. В заключение повторяю, что мною указанные недостатки в большой и ценной в своей основной части работе т. Баскина, чтобы обратить на них внимание автора и способствовать их устранению ещё до выхода книги в свет.
15/XII-47 г.

А. Ефимов

[ПФА РАН, ф. 934, оп. 6, д. 17, лл. 1-2, 5-23. Машинопись. После окончания текста роспись А. Блажко «Верно. 15/VIII 49 г.». Сохранились подчёркивания и правка опечаток, сделанные А.И. Андреевым при чтении отзыва.]

* * *

ОТЗЫВ
НА РАБОТУ ДОЦЕНТА С.И.БАСКИНА «ПЕРВАЯ КАМЧАТСКАЯ ЭКСПЕДИЦИЯ ВИТУСА БЕРИНГА»

Работа С.И. БАСКИНА «Первая Камчатская экспедиция Витуса Беринга» содержит очень большой фактический материал, извлеченный из различных архивов и существенно восполняющий наши сведения о первой Камчатской экспедиции. Автор, несомненно, затратил много сил и времени на работу по изучению архивных материалов и разнообразной литературы по теме.

При написании своего труда автор стремился дать широкую панораму одного из интереснейших и больших этапов в развитии русской географической науки.

Но труд доц[ента] С.И. БАСКИНА страдает очень серьезными недостатками, препятствующими издать его в настоящем виде.

Главный недостаток работы С.И. БАСКИНА – большая недоработанность труда в целом и растянутость в изложении. Если редактирование труда может привести к снятию ряда длинот в изложении, например, ненужные экскурсы по истории сибирских городов, то не представляется возможным изменить общий характер изложения, присущий как структуре работы, так и способу изложения своих мыслей автором (большое количество внутренних противоречий).

Если при редактировании возможно снять ряд неудачных и просто неверных с точки зрения советской исторической науки положений и выводов (о роли торгового капитала, о характере реформ Петра 1 и их историческом значении и др.), без коренной переработки труда это невозможно сделать в ряде других случаев. Так, например, автор строит ряд глав второй части своего труда о сухопутном рейде экспедиции Беринга в Северо-Восточной Сибири таким образом, чтобы показать особый героизм каждого из начальников отрядов. В результате такого однобокого подхода получилось, что один из типичных представителей немецкой наемной военщины, подвизавшейся в Сибири, Шпанберг выглядит героем мучеником из истории географических открытий. Его жестокое отношение к местному коренному населению бывшее его типичной чертой, всячески оправдывается интересами экспедиции. Вообще С.И. Баскин при изложении хода первой Камчатской экспедиции несвободен от упреков в известной идеализации общего характера колониальной политики царизма в Сибири и на Камчатке.

Другая особенность работы С.И. Баскина – необычайная гипер-критика в отношении работ своих предшественников. С.И. Баскин с какой-то особой придирчивостью расправляется не только с рядом старых русских авторов (напр[имер] с Островским и др.), но и с наиболее авторитетными советскими географами. В многочисленных подстрочных примечаниях С.И. Баскин с мелочной придирчивостью обрушивается на работы академика Берга часто без всякого существенного основания. Все эти особенности работы С.И. Баскина свидетельствуют, что в настоящем своем виде без коренной переработки самим автором печатание ее нецелесообразно.

НОВИЦКИЙ,[63] декан Исторического факультета Московского

Университета, Зав. кафедрой музееведения МГУ,
действительный член Государственного Исторического музея
(завед. отделом истории СССР в XVI-XVIII вв.)
1/IX-49 г.

[ПФА РАН, ф. 934, оп. 6, д. 17, лл. 24-25. Машинопись. После окончания текста роспись А. Блажко «Верно. 20/IX 49 г.».
Сохранились подчёркивания, сделанные А.И. Андреевым при
чтении отзыва]

СНОСКИ

*   Автор статьи выражает глубокую признательность помогавшим ей
     в работе архивистам – М.Ю. Сорокиной (АРАН) и М.Ш. Файн-
     штейну (ПФ АРАН).

1.   *Вторая Камчатская экспедиция. Документы 1730-1733*. Часть 1. *Мор-
     ские отряды*. Составители: Н. Охотина-Линд, П.У. Мёллер. Москва
     2001, 639 с.

2.   Наиболее подробные обзоры творчества Андреева по данной теме:
     В.К. Яцунский, «Александр Игнатьевич Андреев. Краткий очерк
     жизни и научной деятельности», в: *А.И. Андреев, Очерки по источ-
     никоведению Сибири*, вып. 1. XVII в., второе издание, Москва-Ле-
     нинград 1960, с. 3-14; Л.А. Гольденберг, «Александр Игнатьевич
     Андреев как историко-географ», в: *Вопросы истории Сибири досо-
     ветского периода*, Новосибирск 1973, с. 288-299. В этих же статьях
     можно найти ссылки и на другие, более широкие, очерки о науч-
     ном творчестве Андреева, некрологи, воспоминания его учеников.
     Его автобиография опубликована в книге: Л.Н. Простоволосова,
     А.Л. Станиславский, *История кафедры вспомогательных истори-
     ческих дисциплин*, Москва 1990, с. 44-51. Список трудов Андреева
     опубликован в: *Археографический ежегодник за 1957 год*, Москва
     1958, с. 496а-501.

3.   Более подробно об источниковедческой школе Лаппо-Данилевско-
     го в советское время см.: О.М. Медушевская, «Источниковедение в
     России XX в.: научная мысль и социальная реальность», в: *Совет-
     ская историография. Россия XX век*, под редакцией Ю.Н. Афа-
     насьева, Москва 1996, с. 42-77.

4.   Большая часть сведений об Академическом деле взяты нами из

книги *Академическое дело 1929-1931 гг.* Вып. 1. *Дело по обвинению академика С.Ф. Платонова*, Санкт-Петербург 1993, – 296 с., к которой мы и отсылаем читателей за более подробной информацией, если у них на это хватит духу. Решение Политбюро по этому делу см.: *Академия наук в решениях Политбюро ЦК РКП(б) – ВКП(б). 1922-1952.* Сост. В.Д. Есаков, Москва 2000, № 41, с. 80-90.

5. Л.Н. Простоволосова, А.Л. Станиславский, *История кафедры ВИД*, с. 48.

6. Ф.Г. Тараторкин, «А.С. Лаппо-Данилевский и проект создания «Истории России» на английском языке (1915-1918 гг.)», в: *Археографический ежегодник за 1994 год*, Москва 1996, с. 270-273.

7. Об этом пишет сам Андреев: А.И. Андреев, *Очерки по источниковедению Сибири. Выпуск второй. XVIII век (первая половина).* Москва – Ленинград 1965, с. 56.

8. Невозможно удержаться от соблазна привести слова официального оппонента диссертации С.В. Бахрушина: «Сегодняшний наш диспут имеет некоторые особенности. Обычно диссертант ..., не без некоторого опасения ожидает выступления своих оппонентов. Я боюсь, что в данном случае оппонентам приходится быть очень осторожными в своих выступлениях, поскольку никогда не знаешь, какой новый источник извлек Александр Игнатьевич из архивных фондов, какой источник он приволок на случай нашего диспута и как он сумеет отразить те возражения, которые будут ему сделаны. Это является результатом совершенно исключительного знания им архивных фондов, причем не одного какого-нибудь или нескольких архивных фондов, а, я бы сказал, всех решительно больших и мелких архивных фондов, которых требует данный сюжет.» (Цитируется по: Т.И. Лысенко, «Фонд А.И. Андреева в Ленинградском отделении Архива Академии наук СССР», в: *Археографический ежегодник за 1978 год*, Москва 1979, с. 294)

9. АРАН, ф. 2, оп. 6, д. 30, л. 217-218. Машинопись.

10. *Известия ВГО*, т. 74, 1942, с. 5-15.

11. *Известия ВГО*, т. 75, вып. 2, 1943, с. 60-64.

12. М.И. Белов, «Дания и Витус Беринг», в: *Путешествия и географические открытия в XV - XIX веках*, Москва-Ленинград 1965, с. 46.

13. Л.Н. Простоволосова, «О несостоявшемся заседании памяти А.С. Лаппо-Данилевского в Историко-архивном институте (1944 г.)», в: *Археографический ежегодник за 1994 год*, Москва 1996, с. 276-280.

14. О.М. Медушевская, «Источниковедение в России XX в.», с. 65-67.

15. Т.И. Лысенко, «Фонд А.И. Андреева», с. 292-300.

16. При публикации всех документов сохранена орфография, употребление прописных букв подлинников и система подчёркиваний и по мере возможностей другие особенности текста. В тех случаях, где употреблены знаки повтора (Прочерк – кавычка – прочерк), мы повторяем имеющиеся в виду слова или ставим «там же». Явные опечатки исправляются без комментариев. В квадратных скобках нами раскрываются сокращения, курсивом передан рукописный текст.

17. Л.С. Берг (1876-1950) – академик АН СССР, географ, биолог. Работал в области ихтиологии, климатологии, озероведению, а также истории географии. Основные монографии по истории географических открытий и Камчатским экспедициям: *Открытие Камчатки и экспедиции Беринга 1725-1742*, Москва-Ленинград 1946; *Очерки по истории русских географических открытий*, Москва-Ленинград 1946; *История русских географических открытий*, Москва 1962.

18. Б.Ю. Визе (1886-1954) – исследователь Арктики, метеоролог, океанограф и специалист по истории полярных исследований, член-корреспондент АН СССР. С 1912 по 1938 был активным участником многих русских и советских экспедиций по Северному Ледовитому океану. Им открыто несколько островов, в том числе остров Визе в Карском море, положение которого он вычислил заранее благодаря научным наблюдениям (см. о нём: *Русские мореплаватели*, Москва 1953, с. 393-404, 491). Основная работа по нашей тематике: *Русские полярные мореходы из промышленных, торговых и служилых людей XVII-XIX вв. Биографический словарь*, Москва-Ленинград 1946.

19. Здесь и далее сокращения «авт.л.» или «л.» обозначает «авторский лист» – принятая в Советском Союзе и в России единица измерения печатного текста, составляет 40 тысяч знаков.

20. Современный шифр: РГАДА, ф. 9 (Кабинет Петра I и его продолжение), оп. 2, д. 59.

21. Современный шифр: РГАВМФ, ф. 223, оп. 1, д. 29, л. 110-111.

22. У пункта 18 стоит знак, показывающий, что документ следует перенести в начало следующего раздела «Материалы 2-й Камчатской экспедиции».

23. Современный шифр: РГАВМФ, ф. 212, оп. 11, д. 794.

24. Весь пункт 19 вычеркнут.

25. Весь пункт 5 вычеркнут.

26. У пунктов 8-10 стоит на поле общая рукописная помета «Копий нет».

27. Во времена Андреева документ находился Государственном архиве феодально-крепостнической эпохи (ныне РГАДА). Современное место хранения этого документа: АВПР, ф. 130 (Сибирские дела), оп. 130/1, д. 4, лл. 16-19.

28. Современное место хранения документа: АВПР, ф. 130 (Сибирские дела), оп. 130/1, д. 4, лл. 22-29.

29. Здесь и далее «№ 60» обозначает: РГАВМФ, ф. 216, оп. 1, д. 60.

30. Пункты 3, 4, 5 полностью вычеркнуты.

31. Здесь и далее «№ 24» обозначает: РГАВМФ, ф. 216, оп. 1, д. 24.

32. Так в тексте.

33. Здесь и далее под «фондом Беринга» имеется в виду: РГАВМФ, ф. 216 («Канцелярия капитана-командора В.Й. Беринга, капитана А.И. Чирикова и капитана I ранга П.К. Креницына»).

34. У этого пункта на поле Андреевым сделана в более позднее время помета: «напеч[атано] у Покр[овского], 85-120». Здесь и далее имеется в виду: *Экспедиция Беринга. Сборник документов.* Подготовил к печати А. Покровский. Москва 1941, с. 85-120.

35. Здесь и далее «№ 44» обозначает: РГАВМФ, ф. 216, оп. 1, д. 44.

36. Так в оригинале. Современный шифр документа: РГАВМФ, ф. 212, оп. 1, д. 782, л. 341-350об.

37. Здесь и далее «Адмиралтейская коллегия, 1740, № 14» или просто «№ 14» соответствует современному шифру: РГАВМФ, ф. 212, оп. 11, д. 782.

38. Здесь и далее «№ 52» обозначает: РГАВМФ, ф. 216, оп. 1, д. 52.

39. Современный шифр: РГАДА, ф. 199 (портфели Миллера)

40. Современный шифр: РГАВМФ, ф. 212, оп. 11, д. 774.

41. Здесь и далее «№ 42» обозначает: РГАВМФ, ф. 216, оп. 1, д. 42.

42. Современный шифр: РГАВМФ, ф. 212, оп. 11, д. 775

43. Современный шифр: РГАВМФ, ф. 212, оп. 11, д. 794, лл. 155-167.

44. Современный шифр: РГАВМФ, ф. 212, оп. 11, д. 794

45. Здесь и далее «№ 48» обозначает: РГАВМФ, ф. 216, оп. 1, д. 48.

46. В.Ф. Гнучева – исследовательница источников по истории Академии наук, в том числе академического отряда Второй Камчатской экспедиции. Ею изданы книги *Материалы для истории экспедиций Академии наук в XVIII и XIX веках. Хронологические обзоры и описание архивных материалов* (Труды архива АН СССР, выпуск 4), Москва-Ленинград 1940 и *Географический департамент Академии*

наук *XVIII в.*, под ред. А.И. Андреева. *(Труды архива АН СССР, выпуск 6)*, Москва-Ленинград 1946.

47. См.: Т.И. Лысенко, «Фонд А.И. Андреева», с. 295.

48. А.И. Андреев, «Экспедиция В. Беринга», в: *Известия ВГО*, 1943, т. 75, вып. 2, с. 3-44; Он же, «Русские открытия в Тихом океане в первой половине XVIII века», в: *Известия ВГО*, 1943, т. 75, вып. 3, с. 35-52; Он же, «Вторая Камчатская экспедиция 1733-1743 гг.», в: *Известия ВГО*, 1944, т. 76, вып. 1, с. 56-58.

49. ПФА РАН, ф. 934, оп. 6, д. 17, л. 1а.

50. Статьи этого автора см., например: С.И. Баскин, «Большой чертеж Камчадальской земли», в: *Известия ВГО*, 1949, т. 81, вып. 2, с. 226-238; Он же, «Путешествие Евреинова и Лужина в Курильский архипелаг (1719-1722)», в: *Известия ВГО*, 1952, т. 84, вып. 4, с. 363-379. Ответственным редактором журнала в те годы был А.И. Андреев.

51. Только в 1976 г. появилась книга по истории Первой Камчатской экспедиции, которая в любом случае значительно меньше по объёму монографии Баскина: Е. Кушнарев, *В поисках пролива*, Ленинград 1976.

52. А.В. Ефимов (1896-1971) – член-корреспондент АН СССР, специалист по истории и этнографии США и географических открытий. Основные книги по интересующей нас тематике: *Из истории русских экспедиций на Тихом океане. Первая половина XVIII века* (1948), *Из истории великих русских географических открытий в Северном Ледовитом и Тихом океанах. XVII – первая половина XVIII в.* (1950), *Атлас географических открытий в Сибири и в северо-западной Америке XVII-XVIII вв.* (1964). В 1949 г. вышел сборник статей *Летопись Севера* под общей редакцией А.И. Андреева, В.Ю. Визе и А.В. Ефимова.

53. В оригинале имя М.Н. Тихомирова дважды ошибочно написано с инициалами «Н.Н.» и исправлено на «М.Н.» рукой Андреева.

54. Оставлен пропуск для одного слова – видимо, машинистка не разобрала оригинал.

55. В данном контексте – тяжёлое оскорбление. М.Н. Покровский, благодаря которому в своё время А.И. Андреев попал в Сибирь, сам после своей смерти в 1932 г. оказался в идеологической опале. Марксистская историография сталинского периода обвиняла Покровского в антимарксизме, вульгарном социологизме, антиленинизме, экономическом материализме.

56. В данном контексте – грубое ругательство. Виндельбанд – немец-

кий философ-неокантианец, его понимание исторического процесса активно осуждалось марксизмом.

57. В машинописи здесь и далее инициалы Островского ошибочно указаны «В.Г.» и исправлены рукой Андреева на «Б.Г.».

58. Исправлено, в машинописи ошибочно стоит «Гордеи».

59. Куклянка – нераспашная верхняя одежда , вместо шубы.

60. Текст отзыва на л. 12-17 в публикации опускается. Там собраны в первую очередь примеры крайне неудачных с точки зрения языка и стиля высказываний Баскина, например: «бессмертный исследователь Камчатки Степан Крашенинников»; «Баланс мучных продуктов, который Беринг мог использовать для плавания, был ниже чем отрицательный»; «Плотник ... по дороге нашёл свою могилу». Можно себе представить, как веселился Ефимов, собирая эти цитаты! Впрочем, о писательской беспомощности Баскина можно судить и по многим другим отрывкам из его труда, приводимым в отзыве.

61. Ставшее нарицательным имя литературного героя рассказа Ю. Тынянова, где «человек» появился в официальных бумагах благодаря описке писаря.

62. Так в машинописи. Вероятно, машинистка Ефимова не разобрала текст и поставила длинное отточие.

63. Г.А. Новицкий (1896-1985) – профессор истфака МГУ, кафедрой музееведения заведовал с 1939 по 1955 г., написал несколько статей по истории Прибалтики периода Ливонской войны, истории народов Поволжья (см: *Историческая наука в Московском университете 1934-1984*, Москва 1984, с. 101-121). Насколько нам известно, Камчатские экспедиции никогда предметом его специального интереса не были.

Abstracts/Резюме[1]

Карол Урнес

Первая Камчатская экспедиция в фокусе внимания

Основной вопрос исследования: с какой целью была предпринята Первая Камчатская экспедиция? Экспедиция выглядит обеднённой и недостаточно значительной в трудах тех исследователей, которые утверждают, что её задачей было или исследование Северо-восточного прохода из Европы на Восток или нахождение пути в Америку с Камчатки. Сторонники этих двух точек зрения смотрят на Первую Камчатскую экспедицию в слишком узком фокусе. Наиболее важной задачей экспедиции было картографирование, и составленная ею карта была первой, точно изображающей территорию России к востоку от Тобольска. Интересно отметить, что большинство русских и европейских карт кон. XVII – нач. XVIII вв. не показывают Азию и Америку соединёнными. Обращаясь к инструкции Петра Первого Берингу, которую можно трактовать в соответствии с любой теорией, следует подчеркнуть, что её нельзя понять без учёта географических представлений, на которых она основана. Р. Фишер и Б. Полевой считали, что в основе инструкции лежит карта Камчатки Гомана. Но эта карта слишком примитивна, и экспедиции по всей вероятности была дана другая, более новая карта того же Гомана. Идея о том, что Первая Камчатская экспедиция должна была исследовать Северо-восточный проход, появилась позже, под влиянием Миллера и других учёных, которым хотелось, чтобы этот проход изучили. Обсуждая вопрос, прав или не прав был Беринг, повернув корабль назад, не доказав окончательно существования Северо-восточного прохода, исследователи не учитывают, что его основной задачей было картографирование. Исследовательской группой во главе с автором готовится к публикации текст и перевод судового журнала Первой Камчатской экспедиции, который вёл П. Чаплин. Из него ясно следует, что экспедиция постоянно, на всём своём пути через Сибирь, занималась картографированием – и именно в этом заключается основное достижение Первой Камчатской экспедиции.

---

1. The abstracts are by the editors./ Резюме – редакторские.

Tatyana S. Fedorova
Denunciations against Bering as a source for the study of
everyday life under the Second Kamchatka Expedition

Basing her work on the holdings of the Russian State Navy Archive
(RGAVMF), Fedorova examines a much neglected category of sources:
expedition members' denunciations of and complaints against their
commander, Vitus Bering.

Lieutenant-commander Vasilii Kazantsev was among the first to
criticise Bering. In 1735 he wrote a number of denunciations in which
he claimed that the expedition was operating at unwarranted expense.
Great numbers of people were being sent to Okhotsk for no clear purpose, while Bering himself was idling and enjoying the good life in
Yakutsk. Kazantsev urged the authorities to cancel the expedition. His
comments were scrutinised by the Admiralty College, the Senate, and
the Secret Chancellery.

If Kazantsev might possibly be regarded "an idealist defending the
interests of the State", lieutenant Mikhail Plautin's denunciations were
pitched at the level of everyday life and petty scandals. Plautin dispatched
several denunciations in 1735 and 1736, accusing Bering personally of
inefficient management of the expedition, bribery, distillation and il-
legal sale of spirits, and of enriching himself at the expense of the State.
Although Plautin was unable to produce reliable evidence for his accusations, the Admiralty College studied them carefully. Bering's salary was reduced, and the Admiralty sent him letters demanding rapid
progress.

The greatest nuisance, however, to Bering, Spangberg, and the
Second Kamchatka Expedition as a whole, was the exile Grigorii
Skornyakov-Pisarev. He was appointed director of the port of Okhotsk in
1731 and served until 1741. Expedition members accused Skornyakov-
Pisarev of negligence, poor preparations, failure to assist the expedition
and deliberate sabotage. The port director, on the other hand, accused
the expedition leaders of interfering in matters outside their sphere, of
collecting "yasak" from local indigenous people, of ignoring the fur tax
and of winning over personnel from the port of Okhotsk.

The entire population of Okhotsk sought, and found, shelter from
Skornyakov-Pisarev's arbitrary rule with Bering. Frequent conflicts
and scandals flared up on the slightest provocation. One scandal was
over the unhappy affair between the expedition pilot Dement'ev and

the former prostitute Mariya, whom Skornyakov-Pisarev would not allow to get married.

Denunciations throw light on many aspects of the Kamchatka expeditions that are not reflected in other kinds of documents: the way of life, daily routine, personal relations, individual characters and private life.

Наталья Охотина-Линд
Первая пианистка Охотска
Новые сведения об Анне Кристине Беринг

Хорошо известно, что в команде Беринга были военные музыканты, но недавно стало известно, что в Охотске звучал и другой музыкальный инструмент – клавикорды, принадлежащие жене Беринга.

Анна Кристина была дочерью состоятельного купца Матиаса Пюлсе из г. Выборга. Дата её рождения неизвестна, но родители поженились в 1690 г. Несколько поколений семьи Пюлсе жили в г. Нюене (тогда шведском), но в 1703 году переехали в Выборг, который в 1710 был завоёван Россией.

Национальность Анны Кристины трудно определить, но в семье говорили по-немецки. Помимо Анны, в семье было ещё трое детей: сын Бенедикт, как и отец, стал преуспевающим купцом; старшая дочь Евфимия Хедвига была замужем за адмиралом Томасом Сандерсом, а после его смерти за англичанином Циона Элволла; младшая сестра Анны Хелена Катарина была замужем за вице-президентом Статс-контор-коллегии Антоном фон Зальца. Анна и Витус Беринг сочетались браком 8 октября 1713 г. в Выборге, но вскоре Беринг попал в шведский плен. В 1716, когда г. Беринг сопровождал Петра Первого в Копенгаген, Анна поехала с ним.

Анна родила 9 детей, 4 из которых выжили: Йонас (1721), Томас (1723), Антон (1730) и Анна (1731). Когда Беринг отправился во Вторую Камчатскую Экспедицию, он взял с собой жену и двоих младших детей. Двое старших сыновей были отправлены учиться в гимназию в Ревель; поскольку Экспедиция затягивалась, родители беспокоились о мальчиках, писали письма из Сибири им и влиятельным друзьям. Беринги прожили в Якутске три года, в 1737 г. Витус Беринг отправился один в Охотск. Предполагалось, что жена с детьми вернётся в Петербург. Но Беринг заболел, и Анна приехала к нему в Охотск, где прожила до октября 1740 г. Супруги расстались перед отправлением Беринга в плавание, ставшее для него последним.

Вернувшись из Сибири в европейскую Россию, Анна сделала всё возможное и невозможное, чтобы сохранить семье материальные ценности, приобретённые во время экспедиции. Наиболее ценные личные вещи Беринга были посланы вдове Вакселем и Чириковым. Узнав о своём вдовстве, она неоднократно обращалась с просьбой о назначении ей пенсии. Последнее упоминание Анны в документах встречается под 1750 г.

Evgenii E. Rychalovskii
Cabinet Minister A.I. Osterman and the Second Kamchatka Expedition

The Cabinet of Ministers was established in 1731, in the early reign of Empress Anna Ioannovna. The present article deals with its role in organising and controlling the activities of the Second Kamchatka Expedition, in the years 1731-41. As the Cabinet's authority gradually increased, it became an oligarchical council to which the Senate was subordinate. The Cabinet controlled Russian foreign policy, the army and the navy, finances, the fiscal system, and foreign trade.

The Cabinet and the Senate took a particularly strong interest in the expedition during its early stage, when it was being planned and eventually dispatched. A later revival of interest occurred in 1736, as the question of value for money came up, inspired by the denunciations and petitions of the expedition member Vasilii Kazantsev. From 1739 the expedition's leaders were obliged to send reports not only to the Senate and the Admiralty College, but also to the Cabinet.

During the whole period the Cabinet was headed *de facto* by Vice-Chancellor A.I. Osterman, of German origin. He was a staunch supporter of the expedition and had probably taken part in formulating the famous ukase of 17 April, 1732 about the dispatch of the expedition, its purpose and tasks.

After Osterman's arrest in 1742, a considerable number of documents concerning the expedition were found among his personal papers. They included letters from Bering, with whom Osterman exchanged mail directly, bypassing the Admiralty College.

In 1740 the Cabinet seriously considered replacing Bering as the expedition's commander with Spangberg. The advocate of this substitution was not A. Volynskii, as suggested by some historians, but Osterman himself.

Osterman was thus not only one of the Second Kamchatka Expedition's initiators. During the following years he kept a watchful eye on the expedition's progress, playing an active role at crucial moments. In its final years he assumed the role of a strict and critical master, demanding results from Bering.

Петер Ульф Мёллер
Изменяющиеся образы Витуса Беринга. Критический анализ русских и датских исторических сочинений о его экспедициях

Цель статьи – проанализировать, как образ Беринга в литературе изменялся хронологически, начиная с первых сочинений о его экспедициях вплоть до настоящего времени, в зависимости от новой информации и от новых идеологических течений, в форме диалога или полемики между различными авторами. Для этой цели выделяются сочинения, в которых автор стремится дать характеристику капитана-командора. Особое внимание уделяется ранней литературе (18-19 вв.), поскольку именно в это время сложились устойчивые клише, которыми пользовалась и последующая историография.

Уже в отчете официального историографа экспедиций Миллера от 1758-го года создана яркая картина умирающего Беринга, засыпаемого в яме песком. Миллером же была заложена традиция скептического отношения к успехам Первой Камчатской экспедиции. Ещё большее влияние на последующих авторов оказал Штеллер, психологически убедительно, но весьма критично охарактеризовавший Беринга, не разрешившего адъюнкту провести больше времени на американском берегу.

Первая небольшая биография Беринга была написана в 1823 г. русским историком флота Берхом. Для него Беринг был фигурой равного масштаба с Колумбом и Дж. Куком. Противоположную оценку дал Соколов (1851 г.), упрекавший капитан-командора в нерешительности и медлительности, и отдававший в то же время лавры истинного первооткрывателя Чирикову.

В Дании о плавании Беринга поначалу было известно из записок о путешествиях по России фон Хавена (1743-57 гг.), публикации трёх писем Беринга и перевода отчета Миллера. Первая датская научная книга о Беринге была написана П. Лауридсеном в 1885 г. Лауридсен считал своей задачей обелить образ Беринга, принижаемого в жизни мелочной критикой и отдаваемого забвению из-за своего иностранного происхождения такими историками как Соколовым.

Накануне 200-летия смерти Беринга в России вышла первая биография мореплавателя, написанная Островским (1939 г.), также критиковавшим Соколова. Однако настроение существенно изменилось после Второй Мировой войны, когда в Советском Союзе велась «борьба с безродными космополитами». Главной персоной в Камчатских экспедициях стал Чириков, а заслуги Беринга оказались сильно уменьшены (Дивин, Лебедев). Белов даже обвинил Беринга в шпионаже в пользу «голландской торговой буржуазии».

В последующие годы тема камчатских экспедиций стала менее политизированной и идеологизированной; научо-популярная биография Чуковского носит более уравновешенный характер.

В Дании в период между двумя мировыми войнами общественный интерес к Берингу и его заслугам был довольно высоким, но серьёзных научных работ не появилось. В 1941 г. в условиях немецкой оккупации появилась написанная Й. Петерсеном биография, в которой всячески подчёркивается «датскость» Беринга.

Несмотря на большую разницу в субъективных акцентах, носящих зачастую национальный характер, различные образы Беринга по-прежнему во многом ограничиваются рамками, сложившимися ещё на заре изучения тематики. Хочется надеяться, что более полное опубликование архивных документов даст исследователям материал для выхода за пределы самых изношенных от повторения понятий о личности руководителя экспедиции.

Диттмар Дальманн
Иоганн Георг Гмелин и Вторая Камчатская экспедиция

В академическом отряде Второй Камчатской экспедиции естественнонаучные исследования были поручены Иоганну Георгу Гмелину, изучавшему естественные науки и медицину в его родном городе Тюбингене. В 1727 г. он получил докторскую степень в Тайнахе и в том же году, вместе со своими учителями Билфингером и Дуверном, переехал в Петербург для работы в Академии наук. В 1731 г., в возрасте 22 лет, он стал профессором химии и натуральной истории. Гмелин сам вызвался ехать в Камчатскую экспедицию, но в 1733 г. он заболел и был отставлен от предстоящей поездки. Однако после выздоровления он все-таки отправился в Сибирь и пробыл там до 1743 г.

Только три участника академического отряда Камчатской экспедиции опубликовали при жизни путевые журналы своего путешествия: Гмелин, Г.Ф. Миллер и С.П. Крашенинников. Четырёхтомный труд Гмелина «Путешествия по Сибири в 1733-1743 гг.» вышел в Гёттингене примерно через 10 лет после окончания экспедиции. Камчатская экспедиция была первой методологически научной экспедицией, и Гмелин постоянно подчёркивал, что он не путешественник – искатель приключений, а учёный и исследователь. Экспедиция финансировалась государством, её участники не могли заниматься только тем, что было интересно им самим. Кроме того они давали присягу ничего не публиковать без разрешения. Им была предоставленна возможность исследовать края, в которых раньше не бывали другие учёные, но результаты их труда припадлежали лишь государству.

Путевой журнал Гмелина «Путешествие по Сибири» явился первым научным описанием Сибири. Гмелин был добросовестным эмпириком, описывающим всё то, что наблюдал, даже если сам не понимал происходящего (шаманизм). Если в книге «Flora Sibirica» Гмелин сосредоточился только на флоре, то в журнале он описал многие разнообразные темы, казавшиеся ему интересными.

Журналы Гмелина дают нам богатую информацию по внутренней структуре Камчатской экспедиции, состоявшей из трёх больших групп: морская часть, призванная исследовать пути в Америку и Японию; северные морские отряды; и наконец – академическая группа, подчинявшаяся напрямую Сенату, а не Берингу.

Между профессорами и Берингом существовал дух соперничества, в первую очередь из-за того, что их интересы, опыт и задачи были различными. Чтобы не попасть под команду Беринга, профессора не поехали в Охотск.

Особая иерархия соблюдалась и внутри академической группы – это видно на примере взаимоотношений профессора Гмелина и адъюнкта Штеллера. Штеллер, как младший по званию и могущий принимать приказы от Беринга, был послан в плавание к берегам Америки на «Св. Петре».

Vladimir S. Sobolev
Documents on the Second Kamchatka Expedition from the G.F. Müller Archive

G.F. Müller was one of the professors in the Second Kamchatka Expedition's academic detachment. By special instruction from the Academy of Sciences he was made official expedition historiographer in 1733, with responsibility for keeping the official travel journal and preparing regular reports for the Senate and the Academy.

Müller's personal archive (f. 21) in the St. Petersburg branch of the Archive of the Russian Academy of Sciences consists of 1250 files. About one-third of them are related in some way to the Second Kamchatka Expedition. The huge amount of information in the Müller collection may be divided into eight thematic categories: 1) manuals and instructions, prescribing methods and procedures for investigations carried out by the expedition; 2) documents and correspondence concerning the administration of scientific work; 3) manuscripts of scholarly works by Müller himself; 4) descriptions and scholarly works by other expedition members; 5) lists and catalogues of things, documents, and books, brought in from the expedition; 6) illustrative materials; 7) material collected by the historian Tatishchev; 8) "The Siberian Archive", i.e., copies of documents from Siberian archives made by order of Müller.

In-depth study of the Second Kamchatka Expedition is impossible without drawing on the Müller Archive.

Гудрун Бухер
Инструкции Герарда Фридриха Миллера и начало научной этнографии

Историк Г.Ф. Миллер (1705-1783) был участником академического отряда Второй Камчатской экспедиции наряду с натуралистом И.Г. Гмелиным и астрономом Л. Делакроером.

Перед отправкой в экспедицию и во время путешествий по Сибири Миллером было составлено несколько инструкций. В первой инструкции, написанной вероятно в 1732 г. и состоящей из 10 пунктов, он сформулировал основные задачи экспедиции в области изучения истории. Уже здесь ясно видно, что Миллер считал сибирские народы частью Российской истории и считал важным сбор информации о них.

Позже, уже имея опыт работы в сибирских архивах и описания сибирских народов, Миллер составил две другие инструкции. Первая, написанная совместно с Гмелиным, была послана С.П. Крашенинникову в 1737 г. и содержала 89 параграфов, из них 11 касалось этнографии Камчатки. Но наиболее значительная инструкция была составлена Миллером в 1740 г. для И. Фишера. Инструкция состояла из 1228 вопросов, из которых 100 параграфов были посвящены археологии, а 923 – детальному описанию народов Сибири.

Это описание начинается с теоретических замечаний как следует выделять и систематизировать различные народности. Далее рассматриваются следующие вопросы: язык; внешний облик народа, его одежда и жилище; знания и мифология; войны и экономика, включая способ ведения хозяйства; воспитание детей; религия. В конце даются методологические указания по сбору наиболее достоверной информации и по написанию систематизированного описания сибирских народов. Инструкция Миллера 1740 г. явилась по сути теоретическим манифестом новой научной дисциплины – этнографии, и это произошло на 60 лет раньше, чем были написаны значительно более известные другие этнографические инструкции (Михаэлис, Дегерандо).

Таким образом, вклад Второй Камчатской экспедиции в создание этнографии как научной дисциплины был до сих пор недостаточно оценен.

Aleksandr Khr. Elert

G.F. Müller's materials on regional peculiarities in relations between Russians and the indigenous peoples of Siberia, in the seventeenth century and first half of the eighteenth century

The problem of relations between the Russians and the indigenous peoples of Siberia remains highly controversial. Addressing it requires taking regional differences into account, since Russian contacts with different Siberian peoples took various forms.

G.F. Müller was the first professional historian and ethnographer to study Siberia and its inhabitants. Moreover, he was also the first scholar to visit all Siberian "uezdy" [districts]. Müller's unpublished "Description of the Siberian Peoples", together with the drafts for this work and his ethnographic field diaries, encapsulate his views on relations between the Russians and the aborigines of Siberia.

Müller examines the specific circumstances of each incorporation of another people into Russia's overall structure, taking into consideration its geographical environment and level of "civilisation". Document sources, collected by Müller, indicate that the annexation of the peoples in the North-East (the Koryaki and the Chukchi) was a ruthless conquest. He was the first historian to notice that the size of the yasak taxes varied considerably in different regions of Siberia, and to attempt an explanation.

Müller observed that the specific composition of the Russian population in different places played an important role. He found considerable differences in the behaviour and morality of the Cossacks in Western and in Eastern Siberia, for example. They perpetrated considerably more atrocities against the local population in the remote areas of the North-East than elsewhere. There were also sharp conflicts with the Russian fur hunters who, according to Müller, ravaged Siberia. Only one category of Russians, the peasants, exercised what Müller considered to be a "civilising" and useful influence on the aborigines.

The conversion of the Siberian peoples to Christianity, initiated by the Russian government at about this time, was forcible and inefficient, in Müller's opinion. But he welcomed every effort to subdue "barbarism and savagery", by which he meant customs that were not in keeping with European standards of morality.

Диттмар Дальманн (Бонн)
Переписка Герарда Фридриха Миллера с Леонардом Эйлером
и Антоном Фридрихом Бюшингом во время Второй
Камчатской экспедиции и после неё (1733 – 1743 гг.)

Двадцатилетний Г.Ф. Миллер приехал работать в Петербург в Академию наук в 1725 г. с контрактом на один год. Математик Л. Эйлер приехал на год позже, но они одновременно получили профессорское звание в 1731 г., один – в области истории, другой – в области физики и высшей математики.

В том же году Миллер выехал в Камчатскую экспедицию, где его задачей стало описание истории народов, которые он встречал на пути. В течение 10 лет в Сибири Миллер обычно ездил вместе с натуралистом Гмелиным, и если они разлучались, то продолжали писать друг другу письма. Переписка между Миллером и Эйлером началась в 1734 г., и за семь лет пребывания Миллера в экспедиции ими было написано 13 писем (вся переписка до 1766 г. насчитывает почти 300 писем). Миллер не сообщал в своих письмах из экспедиции интересных деталей, поскольку Эйлер как член Академии наук был знаком с рапортами академического отряда. Зато оставшийся в Петербурге Эйлер посылал, например, этнографические описания похорон буддистского ламы. Из писем Миллера ясно видно, что отношения между участниками академического отряда были сложными; он плохо отзывается о Людовиге Делакройере и просит Эйлера пересылать ему из Петрбурга научные материалы Делакройера и Красильникова. Письма Миллера свидетельствуют также о том, что он и Гмелин хотели быстрее вернуться в Петербург, но их всё же удерживала в Сибири жажда научного познания.

Другого рода была переписка между Миллером и А.Ф. Бюшингом, географом и историком, руководителем берлинской гимназии, издателем ряда научных журналов и трудов. Они познакомились в 1750 г. в Петербурге, где Бюшинг некоторое время был пастором лютеранской церкви. Центральной темой их переписки стала история известных географических путешествий и географические открытия русских на севере и востоке Сибири и в Тихом океане; они оба вели научную полемику с Энгелем, считавшим карты Камчатской экспедиции неточными и отстаивавшим точку зрения о возможности плаваний по Арктике.

Оба корреспондента Миллера использовали сведения из его

писем: Эйлер сообщал своим европейским коллегам о некоторых результатах Камчатской экспедиции (которые были тогда секретными), а Бюшинг публиковал в своих трудах информацию, полученную из переписки с Миллером.

Виланд Хинтцше
Путевые журналы Георга Вильгельма Штеллера

Результаты, полученные академическим отрядом Второй Камчатской экспедиции, являются первыми действительно научными трудами о Сибири в таких различных областях знания как геология, география, ботаника, зоология, лингвистика, история и этнография. Документы, оставленные академическим отрядом, можно разделить на следующие типы: сугубо научные описания (начиная с беглых заметок и кончая подготовленными к публикации трудами); официальная переписка с администрацией; частная переписка; карты и рисунки; копии исторических документов из сибирских архивов; и наконец наиболее аутентичный и живой вид источника – дневники и путевые журналы.

Натуралист Г. В. Штеллер выехал в Камчатскую экспедицию в конце 1737 г. и умер при возвращении из Сибири в 1746 г. Из его собственных писем точно известно, что он вёл дорожные журналы по крайней мере с конца 1737 г. и до возвращения с зимовки на о. Беринга летом 1742 г. Сохранились следующие части журналов, написанные рукой самого Штеллера: 1) с марта по май 1739 г., путешествие от Енисейска до Иркутска с описанием всех населённых пунктов, флоры, фауны и местных народов; 2) с марта по сентябрь 1740 г., путешествие от Иркутска через р. Лену, Якутск и Охотск на Камчатку; 3) весна 1741 г. второе путешествие на мыс Лопатка (в писарской копии). Помимо этого автором обнаружены: 1) подлинный журнал Штеллера, ведшийся во время зимовки на о. Беринга с декабря 1741 г. до лета 1742 г., 2) журнал его путешествия от Петербурга до Енисейска (с декабря 1737 г. по февраль 1739 г.). Журнал путешествия Штеллера из Иркутска на Камчатку недавно опубликован автором и другими.

Natasha Okhotina Lind
A.I. Andreev and some unrealized "Beringiana"

During the Soviet period many Russian historians studied the two Kamchatka Expeditions. Several fundamental works and source publications appeared. But some interesting and promising plans for further publications were never completed for different reasons and have remained unknown to later scholars.

Research into the expeditions' history accelerated with the approaching bicentenary of Bering's death in December 1941. A special committee under the Presidium of the Academy of Sciences was appointed to organise the celebrations. The committee produced an impressive list of books to be published as part of the event. The outbreak of the war, however, disrupted the plans severely.

A central figure in these plans was the Russian historian A.I. Andreev. He was undoubtedly one of the most prominent scholars ever to have studied the Kamchatka Expeditions, and his works are landmarks in this field. His life in Stalin's reign was full of dramatic twists, however, and many of his works about Siberia and the expeditions were never published. The article attempts to assess Andreev's role in the study of the Kamchatka Expeditions.

Some documents about the bicentenary plans have survived in the archives and are also published here: a list of contents for a two-volume jubilee edition with scholarly articles and a publication of selected log-books to be edited by B.Yu. Vize; a list of contents for a two-volume source publication, entitled "The history of the incorporation of the Far North and the North-East Passage, in documents" to be compiled by Andreev, with an appendix of scholarly articles. The latter publication, obviously a huge and fundamental work, was actually ready for publication but never appeared due to the outbreak of the war.

Another project that never saw the light of day was a book about the First Kamchatka Expedition by the historical geographer S.I. Baskin, written in the late 1940s. Detailed reviews of his manuscript by two of his opponents have survived and are published here. They give us an impression of his book and at the same time an interesting picture of the complex challenge of studying the Kamchatka Expeditions during the Soviet Union's "campaign against Cosmopolitanism".

Addenda

The Bering Letters from Okhotsk, February 1740

Translated from the German by Anna Halager
Introduced and annotated by Peter Ulf Møller

New Year 1740 found four members of the Bering family in the small seaport of Okhotsk, on the eastern coast of Siberia. Vitus Bering had moved his headquarters here from Yakutsk in 1737. Shipyard workers were now finishing the packet boats *St. Peter* and *St. Paul* for his and Aleksandr Chirikov's voyage in search of America. After considerable delay, departure had been scheduled for the summer of 1740. Bering's wife, Anna Christina, and their two youngest children were preparing themselves for the long journey home to St. Petersburg through Siberia. In order to reach Yakutsk before winter, they were to start their westward journey just before the expedition was to leave Okhotsk in the opposite direction for Kamchatka. Thus the family had a mere half-year left before what was to be their final parting.

Okhotsk was not an endearing place. A cluster of houses, huts and barracks, hastily arranged by the waterfront, with a shortage of everything except wind and gravel, and incredibly distant from the Berings' kinsfolk and friends in St. Petersburg, Reval, and Karelian Vyborg. It was the kind of town where each arrival and departure of the mail courier was a very special event. Although news from home was about a year old by the time it reached Okhotsk, it nevertheless provided signs of life from loved ones, including the Berings' two older sons.

The Second Kamchatka Expedition played an important role in developing Siberia's infrastructure, including postal services. The Russian government was determined to keep tabs on the costly undertaking. For the expedition's entire duration, a steady stream of official mail – instructions, reports, applications and complaints – passed along the newly established postal routes, eastwards and westwards. Indeed, the naval officers spent more time writing than at sea. The private letters that accompanied the official mail only rarely survived to the present, whereas the archives of the Admiralty College and other institutions have preserved much of the government correspondence.

A mail courier was to leave Okhotsk in early February, 1740, so the Berings made an extra effort to write to as many friends and relatives as possible back home in the Gulf of Finland. They wanted to reply to a number of letters from early 1739, received in Okhotsk on 4 December, 1739 by the latest mail courier. In a few days in early February, they wrote sixteen letters in all, which by chance have survived to this day. All the letters are in German, which appears to have been the family's household language. Before the 1997 publication of the Okhotsk letters in the original German and in Danish translation, only one private letter by Vitus Bering was known – to his aunt in Horsens, in Danish.[1]

The Bering family wrote their private letters on fine, thin sheets of paper. The ink tended to seep through so that what is written on the back of the sheet appears on the front page, and vice versa. The completed letter was placed in a home-made envelope of a thicker quality of paper, which varied in size but tended to be 8 cm by 10.5 cm, and was sealed with red lacquer. The addressee's name and city were written outside in the Latin alphabet in a mixture of French and German. The letters gave no street address, probably due to the fact that the Berings gave the mail courier a single parcel containing all sixteen letters. On arrival in St. Petersburg, he would hand it over to someone who knew who was to receive each letter and would then redistribute them.

Letter No. 5 (p. 248) gives us a clue about who performed this role for the Berings when Anna explains to her sister, Mrs. Elfa, that she may hand any letters for Okhotsk to the "Mrs. Resident", by whom she meant the wife of Nikolai Sebastian von Hohenholz, permanent Austrian representative at the Court in St. Petersburg. Furthermore, letter No. 13 (p. 259) informs us that Anna received letters from other people in a parcel from Hohenholz. We may probably conclude that the Hohenholz couple, who were close friends of Anna and Vitus Bering and handled their affairs during their long absence, were the main addressee and that their name appeared on the parcel of private mail from Okhotsk.

For much of 1740 the Bering's small, neat letters lay in the mailbag among the thick reports and statements of the expedition. But those whom the family had in mind as they wrote never got to see the letters. Any attention which the letter writers attempted to pay across the vast distance, any influence they wished to exert on family matters at home, was utterly wasted. No-one opened the letters in happy expectation of greetings and news from beloved family, or broke the lacquered seals in worried premonition of parental injunctions. On the other hand, no-one threw them out or mislaid them as life passed by either.

Why were the letters not delivered? One possibility is that they were simply *mislaid* because the mail courier handed them over at the wrong place, unable for some reason to find their intended distributor. Another possibility is that they were *intercepted* by someone. The letters ought to have reached St. Petersburg by December 1740 or January 1741. This was a time of dramatic change and struggle for power, following the death of Empress Anna Ioannovna on 17 October, 1740. In this politically turbulent atmosphere a parcel of letters addressed to the Austrian resident might well have been intercepted. One suspect is the powerful field marshal Burchard Christoph Münnich, who fought vigorously in this period to turn Russia away from Austria.[2]

Today the letters are like a door that is opened ever so slightly, leading into a room full of the sounds of voices, only to be tightly closed again. They give an abrupt yet detailed insight into a particular moment in the Berings' lives, adding both to our knowledge of Vitus Bering as a person and that of his immediate family.

The Kamchatka Expedition split Bering's family in two. Vitus and Anna's youngest son, Anton, known in the family as Tongin, the fruit of the couple's unification at the end of the First Kamchatka Expedition, was with them in Okhotsk. He was nine years old when the letters were written. A fourth member of the family in the Pacific in 1740 was their daughter, Anna Hedvig Helena, known as Annushka. She was born soon after Anton, in 1731.

Two older sons, Jonas and Thomas, born in 1721 and 1723, respectively, were left behind in the Baltics. The boys had been at a boarding school in Reval (present-day Tallinn) for six years by this time. Their teacher, Professor Adolph Florian Sigismundi, was in charge of their upbringing during this period. The most urgent problem on their parents' minds on the day the letters were written was the fact (though it had occurred a year earlier) that nineteen-year-old Jonas had rebelled by leaving his school in Reval to join a regiment of musketeers in St. Petersburg.

Six of the letters are to Jonas and Thomas in Reval: three for each from their mother, father and younger brother, Anton (letters 6-11). Only little Annushka was unable to finish her letters. Another five letters were sent to members of the family in St. Petersburg and Vyborg in Karelia. The addressees were in-laws of Bering (letters 1-5).[3]

Besides the family, the letters throw light on the Berings' circle of friends and acquaintances in Reval and St. Petersburg. These were German expatriates from very different walks of life.

The correspondence between the Berings and the Sigismundis in Reval has a sword side and a distaff side: Bering's somewhat short letter to the professor (letter 12) is followed by a long letter to the professor's wife from Anna (letter 13). Thomas Bering was apparently about to become Professor and Mrs. Sigismundi's new son-in-law.

Mr. Resident and *Conseiller* von Hohenholz and his wife were certainly among the Bering couple's more influential friends. In letters that are extremely polite but also quite confidential (letters 14-16), the Berings asked for the favour of their influence in higher circles. The two women appear to have been on especially good terms. Anna also addressed a letter to the Resident.

Before the letters from Okhotsk were found, the long acquaintance between the Berings and Vice-Chancellor Heinrich Johann Friedrich Ostermann (Andrej Osterman), the architect of Russian foreign policy and one of the Empire's most powerful men, was unconfirmed. Yet the couple knew him well enough for Bering to suggest that his son, Thomas, could keep Ostermann's son company, and for Anna to recommend both her sons in a letter to him (cf. letters 10, 13 and 15, pp. 257, 260 and 264).

The Okhotsk letters are in the Archive for the Foreign Policy of the Russian Empire (AVPRI) in Moscow, in fond 14, opis 14/1, delo 91. Page references follow in square brackets after the text of each letter below.

Eleven letters to the family

Letter No. 1: Anna Christina
and Vitus Bering to Matthias Pülse [4]

To Mr. Matthias Pÿlse in Wÿburgh:
My dear Papa,
This is my third letter from Ochotski to my dear Papa. For some years now we have not had the fortune of receiving a letter from you, which pains us exceedingly. What the reason is we do not know. We were happy to learn from our brother, von Saltza,[5] and our sister, Elfa,[6] that thankfully you are in good health, and that the great fire has not damaged your house.[7] But since we were uncertain as to whether anything had happened to you or how you were otherwise, my Bering and I wrote a letter to Mr. v. Hohenholz[8] requesting him to enquire as to your well-being and if necessary to lend you, if you so wish, 300 roubles, or as much as you require, which we still offer provided you deem such sum useful, and we shall grant it to you. We would rather sacrifice than see our dear Papa suffer in his old age. May God keep you and give me the joy upon my arrival, which I hope will definitely take place by late 1741, to see and embrace you and kiss your hands, which we fervently hope. With this wish, I remain,

My honourable Papa's most respectful daughter,
Anna Christina v. Bering
Ochotski, 5 February 1740.

PS: I send my regards to my dear Mr. Papa at the same time offering my duties as a son, and remain,
Your respectful son,
W. Bering

Please greet and bid adieu to [my] brother Pülse[9] and [my] sister Anken[10] and their family, cousin Jenes[11] and all other good friends.

[Anna Bering added this lengthwise, in the left margin of p. 26[r]:]

P.S. Convey my greetings to the dean, cousin Jenisch. If it is not too much trouble, please convey my cordial greetings to Aunt Lund,[12] my

brother, [my] sister Anchin and her children; adieu, dearest Papa.
God bless you.
[pp. 15ʳ, 26ʳ-26ᵛ]

Letter No. 2: Vitus Bering
to Anton Johann von Saltza

To Monsieur
Monsieur von Saltza
Counsellor of State in Petersburg
S: T:

My dearest Anton Johann,
On 4 December 1739, I received your letter of January 1739. We are
all happy to learn that you, dear brother, my sister, your children, and
close relatives are in good health. May God keep you in future and let
us be reunited in joy. I thank you warmly for the trouble you took upon
yourself with regard to the money received from the Admiralty College.
I hope that I shall have the opportunity to reciprocate. I must admit that
I am much indebted to Mr. von Hohenholz for his great trouble with
and concern for my two oldest boys. I believe that it would have been
possible to keep both of them at school for another year or two, without
any waste of time. The oldest is still only 19. Some are quick, others
slow, on the uptake. What might have influenced matters somewhat is
the fact that the younger could advance to *primo classe,* and the older
was unable to advance thus far, making him insist on leaving school.
It is true that last year my wife and I gave him permission to join the
military, but little did I imagine that he would join the musketeer infantry. This is now the case, and I fear that he will forget more than he
learns, and may be influenced by bad company. If only he would use his
spare time to practice Russian, not just learning to read and write it, but
also to translate it, and all other necessary exercises. I doubt whether
poor eyesight and a bad memory will be paid well in the military. Their
expenses will not decrease, but increase. And I do not recommend that
he be sent to the army before his Mama arrives in St: Peterb; I suppose
he would not yet know how to steer a horse properly. I thank you for
the inconvenience you have endured because of my Jonas.[13] I am sorry
to hear of your oldest son as I understand that his health is precarious.
May God therefore bestow more luck upon the youngest. As far as we

are concerned, we thank the Lord for our good health. God permitting, I hope this summer to be able to continue my voyage. After having conveyed my kind regards to the family, I remain,

Your obedient brother & servant,
W. Bering
Ocotsch, 4 February 1740.

P.S.: Here follows a report from Chamsiatke – More than 30 Tunguses were baptised in Ocotsch over the past 2 1/2 months but many more on Chamsiatke in the preceding year. I need teachers both here and on Chamsiatke.
[pp. 29^r, 30^r-31^v]

Letter No. 3: Anna Christina Bering to Anton Johann von Saltza

My dear Anton Johann,
I have with me two of your letters, which I have not replied to as yet, from which I note with joy that thankfully you and your family are hale and hearty. May the gracious Lord preserve you in future and help us to be reunited once more. I thank you for the concern you express for my well-being.

My Bering had absolutely no idea where in the wilderness I had strayed, which made him slightly ill because a great number of my horses ran away, some succumbed, [which meant that] my children and I were in danger of dying from hunger and exposure. Thank God I overcame it without any great harm. When we meet one day, which I hope – provided the Father almighty keeps me in good health – [will be] in late 1741, what a lot I will then be able to tell you. I imagine that my joy will be so great that I shall have forgotten what I took upon myself. I feel sorry for sister Dongin that her dear husband has been shot lame, and also that your oldest son was wounded in the bloom of youth. The officers must be prepared for such events. It is an unpredictable life.

I thank you for notifying me about our dear Papa. It is important for us to know how he is. I am overjoyed to learn that the fire has not damaged anything for our dear Papa. I beseech you to exercise more concern for our dear Papa than for myself. May God grant me the happiness of seeing him. I ask you to see to it that he does not suffer in his old age. If need be, I will give everything I own to him because he must certainly not suffer but have it the way he wants. May God bless him.

My dear Anton Johann: I wish I could thank you in all sincerity for the inconvenience you have taken upon yourself with my Jonas. Oh dear. How have you employed him? With the musketeers, an ordinary regiment. Never in my life could I have imagined that it would come to this. Why not on horse with the guards or as a conductor with the engineers? If one accepts to take expenses upon oneself, then this is no big matter, although things move more slowly with the guards. Of what importance is it? Jonas has not wasted his time. He is now 19 years of age. He still has a lot to learn and must be more mature in his demeanour before he is sent to the army, learn to read and write Russian, to translate, ride and much more which he still lacks. This is not the path that leads to this goal. I fear he will forget all he has learnt during the past 6 years. Colonel Uxquil is very likely to have some Livonians with his regiment. Not all parents will and can spend money on their children, and it will not be wasted at all if he learnt something one year more and covered once again what he has already done. He could always have become what he is now even if he had not learnt anything. How did Peterson become a lieutenant from the very beginning? What else was he capable of apart from reading and writing, bookkeeping and French? Yet he was 26 years old. This is something one can always become if one is an absolute catastrophe, and has not learnt anything. Since Jonas pleaded to join the military, I had wanted him to be employed on horse with the guards. Then he can use his spare time advantageously. This has vexed me exceedingly. What has he now learnt all the while, and it is bound to have been expensive. May God let him change his mind once more and pursue what will be of use to him as a civil servant. The expenses are not a burden provided our children benefit in the future. If we had been able to imagine this, it would have been much better if he had come to us with the newly arrived lieutenant. Then he would have been under his father's wings and joined him on the voyage. Then he would have served as aide-de-camp to his father. Then it would have been possible to proceed onwards. We thought about it but resolved that for the moment he was to begin there because here there is nothing he can learn nor is there any opportunity of getting used to the world at large and how to come to grips with it. And now it is much worse. Even more so if he has had his table in pubs frequented by all sorts of people and where he, so my sister writes me, would be obliged to pay 5 roubles per month for board and lodging, etcetera. I leave all this for you [to decide] whether to learn how to handle the musket is worth the cost [moreover] dangling through yet another year or more [in order to] become a non-commissioned officer with an ordinary regiment. All I know is that there are many people with gracious manners with the horse guards. What costs little is not always useful, in particular [as regards] those with whom one mingles. Here we have learnt from experience that bad company is of little use. I do hope that my brother does not mind that I do not keep my opinion to myself in this matter because I have shed many tears because of it, and I shall not be happy until I receive better news. Besides my most obedient greetings to you all, I remain,

My brother's most obedient servant,
A: Christ: v. Bering
Ochotski
5 February 1740

[At the bottom of p. 32^r in Roman handwriting and in a different hand:]
to Monsieur von Salza, counsellor of state in Saint P:bourg.
[pp. 32^r-33^v]

Letter No. 4: Anna Christina Bering
to Mrs. Von Saltza

Dearest Helena,
I am overjoyed to learn that you and your family are in good health in every way. You must not be upset that God blesses you with many children. May the gracious Lord bless [you] my sister and your dear husband and children and keep you in good health. It vexes me exceedingly to hear that sister Saunders[14] experiences adversity, and that my brother does not pay better attention to his duties as a son towards our dear Papa. He will certainly realise it as time goes by. I intended to be with you in Petersbürg by now. Even if I would have dearly loved to have commenced my journey, as stated in my letters, many circumstances have brought me to Ochotski instead of Petersburg, and God willing, when my dear Bering leaves on his voyage I intend to commence my return journey to Iacutski this summer. May the Father almighty make both [undertakings] happen.

You say that our two sons have paid you a visit, and that the younger

[of the two] has returned to Reval once again, and that my sister would have liked to have kept the older [son], who remains in Petersburg, but that there was no spare room. I certainly thank you for your good will. This I had not expected. I know only too well that your house is full of small children. It would certainly not have been of any use to him to lodge in Wassili Ostrowa,[15] for which reason I have entrusted Her Ladyship, Mrs. von Hohenholz,[16] with this matter besides all the other duties. Colonel Uxquil, of whom you speak so favourably and to whom my brother v Saltza has recommended my Ionas, and whom I know, if he is the same person who was captain of the horse guards, divorced his wife. He very likely has many Livonians under his command. There are many among them, as well as among others, where the parents neither will nor are able to spend any money on their children. We shall be glad to do our utmost provided it will stand them in good stead. You write that you believe that expenses in St Petersburg will not amount to more than they would had he remained in Reval, and that you think that he will have to pay 5 roubles for board and lodging, 3 roubles for his laundry and fuel, 2 roubles for a servant. But what will he learn from all this? To handle the musket. Thank God the costs are not important but Heaven forbid that he may have staggered into such houses where he can find board and lodging for this amount [of money] in Petersburg. This is where all the lackeys come. It vexes me exceedingly. If I had wings I would definitely fly to you so that you could help me out of my anguish. This is how I feel because Ionas has been employed such. Or maybe he leads a disorderly life so that he is incapable of everything else, [and therefore] they conceal it from me so as not to sadden me. I want you to rest assured that what you are doing for my children during my absence I shall reciprocate towards your children provided the gracious Lord will allow me to do so. Give my warmest regards to our dear Papa and likewise to our brother. It is an enigma why for so many years I have not received but one letter from our dear Papa, for which reason you must let our Papa know when the opportunity arises that The College sends mail out here at least three or four times per annum. [Please convey] my kindest regards to Mr. Vice-president Prinssestern and his wife, and to sister Elfa[17] and all good friends, who send me kind thoughts.
I remain,

Your loyal sister,
Anna C: v Bering

PS: Give your dear children a kiss from me. My Anusca and Thongin[18] also send greetings to their aunt and uncle, and their cousins adieu.
Ochotski
5 February 1740

[Added lengthwise on the paper in the margin of p. 36^r:]

PS: Please let me know whether Papa gets my letters because we have not heard from him at all
adieu –
[pp. 35^r-36^v]

Letter No. 5: Anna Christina Bering to Mrs. Elfa

To Madame
Madame Elfa:
In
St: Petersburg

Dearest Eufemia,
With the last mail from Petersburg I received letters from all my friends and children. Only I received nothing from you. However, Mrs. Resident von Hohenholz informs me that you are well and that you expect to give birth to your third child in this marriage. I am overjoyed to learn that you are all well – the registry of the College of the Admiralty can tell you when mail will be despatched. Do let me know how you all are: you, my Betzi, and my Matisgin,[19] and all the other members of your family. Thankfully, we and our children are well in the wilderness. My Bering, who sends his cordial greetings to you all, will commence his voyage this summer, and, God willing, I will definitely be on my journey back this summer. I do not expect to be with you until late 1741. When I arrive, I shall begin by asking you whether you have a few spare rooms until I see how everything turns out. God only knows how my Ionas is doing there, whom contrary to our assumption they have employed so poorly. I am not at all satisfied with his current state [and] have asked that they employ him with the horse guards until I am back. Can you not pump him why he so desires to be with the military, which does not suit us at all. We would have

preferred him to join the civil service. If you write me, then please pass your letter on to Mrs. von Hohenholz.[20] How is our dear old Papa? I hear that, thankfully, the fire in Wÿburg has not damaged his house. We have arranged it so that if there is anything our dear Papa needs, we shall be glad to let him have it. May the gracious Lord keep him alive so that upon my arrival I may have the joy of seeing him in good health, which I would certainly consider a special blessing. If you write to [our] brother, please convey my own and my family's love to him, his wife, and also the children. Janeman[21] always receives letters from his sister in Petersburg and from his brother in Wÿburg; but not I. Heaven knows how they are getting along. This time my children beg to be excused for not writing to their aunt and dear cousins. However, they assure you of their great affection and send their love to their dear aunt. Anusca is working on the letter to her brother as she wants it to go with the mail courier. However, she will not make it this time. You may rest assured that I, together with my Bering, share the same devotion for you as ever, which, God willing, I hope to be able to prove in due course. Please give my Bedsinka, and little Matis, a kiss from me together with all my greetings and love, also to your dear husband, from my husband and myself, not forgetting you, of course.
I remain,

Your faithful sister and servant,
Anna Christ: v Bering
Ochotski, 5 February
1740

[Added lengthwise on the paper in the margin of p. 37^r:]

PS: Do let me know whether our dear Papa gets my letters. This letter was written in great haste
    adieu –
[pp. 37^r-37^v]

Vitus Bering's letter to his "dear son" Jonas (cf. p. 250 for English translation).

Letter No. 6: Vitus Bering
to Jonas Bering.

My dear Jonas,
I see from your two letters dated Reval and S: Peterbourg [respectively]
that thankfully you are well. Also that at your request and with the ap-
proval of His Excellency, Mr. von Hohenholz, you have been employed
with the military. I admit that in my previous letter – at your request
– your dear Mama and I gave you permission to do so; however, we
could not imagine that things would turn out the way they have. Nevertheless, I wish that this will lead to your future prosperity. Moreover,
I recommend that you steadfastly bear in mind what your dear Mama
urges in her letter, and that you persevere through your exercises to
study what you have already covered; also that you not only practice
Russian in reading and writing but also in translation, so that you do
not waste your spare time [unduly]. Then I shall do my utmost to render you all possible assistance provided I do not sense otherwise from
you than that you act as a good Christian: honourably and respectably,
and that you endeavour to do good deeds. I therefore place you in the
protection of the Father almighty, and remain,

Your loyal father,
W. Bering
Ocotsch, 4 February
1740
[p. 21^r]

Letter No. 7: Anna Christina Bering
to Jonas Bering

My dear Jonas,
On 4 December, we received here in Okhotsk your letters, both addressed to your dear Papa, one from Reval dated 18 January, the other
from S:t: Petersburg dated 8 February. I am overjoyed to know you are
in good health but am exceedingly vexed that you did not have enough
spare time in which to write a separate letter to your affectionate Mama.
Your pursuits cannot have been so great that they have prevented you
from doing so. Neverthcless, I shall certainly bestow my maternal love
and sincere advice upon you. I shall also tell you how much I have

grieved, and how many tears I have shed upon learning that you have been employed as a musketeer with an ordinary regiment. As you have always been especially interested in the military and therefore requested your dear Papa for permission to join, your dear Papa and I gave you permission to do so in our prior letter to Mr. von Hohenholz. We must admit that we were not altogether happy to know that you did not persevere with your studies but we had certainly not imagined – Heaven forbid – that you have now enlisted as a soldier in an ordinary regiment. Thus anybody can be whatever he pleases no matter whether he has the necessary skills or not for anything in life. Even our domestic help might be employed. It would have been far better had we imagined this if you had journeyed to us with the lieutenant who brought your letters. Then you would have been able to complete your first campaign as a naval cadet under the command of your Papa and the second campaign as a midshipman, and on land they have the rank of sub-lieutenants, and subsequently as aide-de-camp to your Papa. Then you would be under the protection of your dear Papa until our gracious Lord had granted you a better chance in life. With the new statutes now in force, they are much better off at sea than on land. We could certainly have mentioned this to you at the time, only we did not do so as there was nothing to see or learn that would be useful to you. So we thought that it would be more useful for you to stay where you are and sharpen your sense of judgement because you are not yet ready to leave school. You are only nineteen. You were born in 1721. We had imagined that you might be employed with the horse guards or as a conductor with the engineers. Then you would have had the chance to socialise with gracious people, which would make you more mature and worldly. There is always a way out for a young man with skills, who is neither lazy nor untidy. Many men leave the regiments and change profession, but the ones who have not learnt anything but only how to be a soldier, are compelled to remain there, which is an unstable way of life. And when they make the rank of, say, Captain, and Mayor, and want to wear the gala uniform of their rank, they must make do with very poor board and lodging until they have paid their debt in full for the uniform. It is quite a different matter for well-to-do men and noblemen with estates. They do so to obtain status and rank, and such people are not sent to dangerous places. But will you continue to be in the army? Your arm or leg will be shot to pieces in the first flush of youth. Then you will be a broken man for the rest of your life. You can see this for yourself with the son-in-law, and, in fact, also the son, of your uncle, v. Saltza.

No, my dear Jonas: You are too young for that. Do persevere with your studies, and afterwards you must give this much careful thought. This is my advice and before then, God will have brought me to you. You tell me that your poor eyesight has bothered you in your studies. Why then have you not practised with the music? This is also one of the skills you need to master – which you cannot blame on your eyesight – and so is the ability to read and write Russian, and you still need to learn the language if you have not already done so. We shall not spare the expenses so long as we know that this will be beneficial to you. But I am extremely vexed because my sister, Von Saltza, writes me that you must pay 5 [roubles] per month for board and lodging, and also that she does not have a spare room. Otherwise she would have housed you. I certainly never expected something like this of her. I only hope you have not staggered into pubs, and that our honourable friends, Mr. von Hohenholz and Madam have not allowed this to happen. In my previous letter I requested them to honour my son at their table and in their home, and I have committed myself to repay what I owe them. This, however, has not been possible because of your current poor state of affairs. I would imagine that you have forgotten everything you have learnt in the past six years thanks to the excellent people one encounters under such circumstances but instead can tell us what makes a good soldier. I cannot rest assured until I know how you are now, where you have board and lodging, where you have spent your time, and whether you feel any remorse. I have written to Mr. and Mrs. von Hohenholz imploring them to take you out of the regiment, and, if you still very much want to remain in the army, and if this is feasible, to have you employed as a non-commissioned officer with the horse guards or to find any other solution that best serves your well-being. I do not for one moment doubt that Mr. von Hohenholz, whom I trust after God, and who has acted as a father for you during our absence, will see to this. I am firmly convinced that he would never have reached this decision had it not been for my brother-in-law, von Saltza. You may ponder this. God knows that on our journey we do not shrink away from any sacrifice in endeavouring to help our beloved children in life, nor shall we spare any expenses that may help serve your future prosperity and well-being. But with this current state of affairs, all I see is that in a few years you will have forgotten everything you have learnt in the past six years. There was Peterson, the son of a merchant, who joined the army and became a lieutenant with one of the field regiments right from the very day he enlisted. But he was twenty-six at the time. One can always enlist with them since they are a last resort. I would have dearly loved you to have learnt sufficient to enable you to make your fortune as a civil servant. There they not only employ professional people. You still have plenty of time. Give this much thought. Pray to the Father almighty that He will let you know what is best for your body and soul.

Write how your life has turned out since you came to Petersburg; who has bestowed their kindness upon you so that I may know whom I am indebted to during my absence, and also to tell me everything about your state of affairs.

Otherwise my admonition as a mother shall be: Fear God at all times because He is the source of our well-being at all times; avoid bad company, which may lead to gambling, drinking and other debauchery; always seek better company than yourself; use diligently your spare time beneficially; make yourself esteemed by people from all walks of life; be at peace and never open-mouthed so that you avoid causing grief to your affectionate parents. Be neat and tidy, thus setting a good example of your parents, who have spared no effort in educating you to the best of our ability. Then the gracious Lord will surely shed His blessing upon you. May God lead you by the Holy Spirit. May He bless and preserve you in all your pursuits. If you write to your dear brother, Thomas, please convey my love and that of your sister and brother, who are, thankfully, in good health and well here in the wilderness. Above all, do not forget to write frequently to your grandfather and convey my heartfelt love to him. I complete this letter with a great wish to hear how you are at the moment, and pray that the Father almighty will bless and preserve you. So long as you behave well, I remain,

Your loving and affectionate Mama,
Anna Christ: v. Bering
Ochotski
5 February
1740

[Added lengthwise on the paper in the margin of p. 24^r:]

PS: I just had to add this here, which is that you must always seek the advice of Mr. von Hohenholz and also that of Mrs. von Hohenholz; be obedient in their mercy; be careful not to be extravagant; take care of what your affectionate parents have striven so hard to provide, and appreciate what they have already spent on you, and will continue to do so for your future prosperity. Live well. Adieu –

[Added lengthwise on the paper in the margin of p. 24ᵛ:]

PS: God willing, and provided I am alive by then, I shall most certainly commence my return journey from here in May of the coming spring –
[pp. 22ʳ-24ᵛ]

Letter No. 8: Anton Bering
to Jonas Bering

To Monsieur
Monsieur Ionas de Bering
In
St: Petersbourg.

Mon tres cher frere[23],
The more I am assured of your brotherly affection, the more I am concerned that so far I have not had the honour of receiving but one single line from you, for which reason I am extremely confused as I now have every reason to worry about your well-being. Considering my distance from you, I may be quite justified in fearing that you have forgotten me completely. In order to extricate myself from such vexatious thoughts, I hereby wish to enquire about your well-being and also, if this is permitted, to ask about your promotion in the services.
I remain,

Your obedient servant,
Antoni Bering
OchotsKi
5 February
1740.
[p. 27ʳ]

Letter No. 9: Vitus Bering
to Thomas Bering

My dear Thomas,

Your dear Mama and I are grateful that in future you will give us joy. Mr von Hohenholz tells us that he is pleased with you. Likewise, the same gentleman assures us that provided you strive to continue with what you set out to do from the start, you will have chosen an utterly different path than your brother. We therefore hope that you will bring joy to your dear parents and that for your future prosperity you will persevere to perfect yourself in what you have set out to do, and we promise to render you every assistance. On 18 January of last year [1739] your Professor[24] wrote that provided you had striven just as much as the Professor, you would have augmented your knowledge even more. Nevertheless, my admonition as a father shall be: Fear God, above all else; pray to the Father almighty for His blessing and wisdom; then He shall guide and lead you and give prosperity to all your endeavours. Be at peace will all men; seek company that is better than yourself; despise none; do not be open-mouthed, [be] also clean and tidy in the manner in which you dress; do not consider yourself wiser than others; [be] also obedient towards the Professor, who certainly means well. Moreover, I refer to the letter of your dear Mama. I hereby beseech the Lord to protect you, and remain,

My dear son's loyal father,
W. Bering
Ochotsch, 4 February
1740
[pp. 18ʳ-18ᵛ]

Letter No. 10: Anna Christina Bering
to Thomas Bering

My dear Thomas,

We rejoice that you are in good health and persevering with your studies and written exercises, mentioned in the letter from Mr. von Hohenholz and your own dear letter of 8 February 1739, both received here on 4 December 1739. You promise to endeavour to bring joy to us, especially your loving Mama when I arrive, which we pray by the Father almighty

will be soon. You may rest assured that we shall spare no efforts whatso-
ever for your future happiness, no matter how much toil and trouble this
may mean to us so long as we sense your diligence and good will. You
say nothing of how my friends have received you in St. Petersburg nor
whether I am indebted to various people for their kindness towards you.
I would certainly be grateful to know of this in order that I may repay
my gratitude to them. I cherish the love and affection that others bestow
upon my children – especially now that I am away – more than anything
else in this world, even my own happiness and well-being. Please keep
me posted. We are not at all satisfied that your brother, Jonas, has been
taken away so soon from Professor Sigismundi and employed so poorly.
Since his only interest is the military, which at his request we granted
him permission to enter, why then not with the horse guards or as a
conductor with the engineer corps? We could not have imagined this,
and he is still too young to join the army. Therefore we have written to
Mr. von Hohenholz, requesting him to offer assistance if he still insists
on being in the military, to join the horse guards where he can remain
until I am back with you. I grieve exceedingly over this current state
of affairs – God only knows how much I take the happiness of my dear
children upon myself – so long as you want the very best for yourselves.
However, we pray to the gracious Lord for this because He provides our
well-being. Therefore my admonition as a mother shall be: Fear God;
keep peace; be reasonable; not open-mouthed; be righteous, clean, neat
and tidy; not spendthrift; seek better company than yourself; yet do not
despise anybody who is less than you; be kind and humble towards all
men; avoid bad company. Be obedient of your dear foster-parents,[25] who
certainly mean well and hold you in their affections. Thus you may rest
assured that the Father almighty will preserve you from all evil and shed
His blessing upon you. May the Father almighty bless and preserve you.
He will lead you by the Holy Spirit. May the Lord give you wisdom and
strength for all your pursuits. My dear Thomas: Those who want to make
their fortune in this country are obliged to read and write Russian, and
you must therefore learn it. Please speak to Professor Sigismundi if there
is anything else you would like to learn. Then he will employ a tutor
for you and put the expense on the bill. You must practice the *viola da
gamba* diligently in order to play a masterpiece for me upon my return.
You may then rest assured that I shall not forget the promised presents.
As I cannot now hope until 1741 to commence my return journey from
Iacutski, for which, God willing, I intend to leave this summer at the
same time as your dear Papa's voyage from here, and certainly to be in

Petersburg or thereabouts late that same year provided I am still alive by then – may the Father almighty give His blessing to this journey – we imagine that provided you have been diligent up until then, it could be that there is nothing more for you to learn in Reval. And you are still too young to go to university.[26] Therefore your dear Papa has written to Count von Ostermann, requesting His Excellency to take care of you and to kindly employ you with what you are good at. If at our request the Count takes care of you, this will be the beginning of your career as a civil servant, which is what we intend for you, and which will bring you future happiness and prosperity. However, at the moment it is a matter of getting the necessary practice because we wish to support you ourselves, which is why I now intend to write to Mrs. von Hohenholz, requesting them to see to all necessary matters regarding you. At the same time your dear Papa has asked the Count whether you might have the honour of joining his son, the young Count, if he plans to journey abroad.[27] We commit ourselves to using as much of our money as we can afford for this purpose. I hope that you will not depart before I have returned home because I genuinely wish to see you. May God make it happen at an hour that He sees fit. I have a vague idea that when you advance to the *primo classe* at the school of Reval, you have to make an oration. I presume that you have done so. But why has this oration not been written down and sent to us? I still wish to see it. Your sister, Anuschka, and youngest brother, Anton, send their warmest love. They will not write to you because you have not written them, but always make excuses. I commit you to God, and remain,

Your everlasting, loving Mama,
Anna Christ. v: Bering
Ochotski
5 February
1740

[Added lengthwise in the margin of p. 20ʳ of the letter:]

P.S.: My cordial greetings to your most honourable professor – I shall not forget his fur coat – and also to his wife. My affectionate greetings also to your beautiful lady friend. Adieu. Live well –
[pp. 19ʳ-20ᵛ]

Letter No. 11: Anton Bering
to Thomas Bering

To Monsieur
Monsieur Thomas de Bering
In
Reval.

Mon tres cher Frere[28],
Much as I realise that you are not averse to hearing good news about
me, you may rest assured that I cannot live if I do not receive a report
or letters from you. In order to fulfil both wishes, let me assure you of
my own good health and ask you to send me the same very good news
about yourself. This I wish from the bottom of my heart. I remain,

Your most loyal and obedient servant,
Antoni Bering
ochotsKi
5 February
1740
[pp. 25^r-25^v]

Five letters to the professor, the resident, and their wives

Letter No: 12. Vitus Bering
to professor Sigismundi

To Monsieur
Monsieur Professor Sigesmund:
In
Reval

Sir,
On 4 December 1739, I received your kind letter of 17 January 1739.
Thank you for your kind sentiments, which I most cordially reciprocate.
I am particularly grateful for all the trouble you have taken in teaching

my children. You may rest assured that I shall repay your kindness.[29]
Since at the order of Mr. von Hohenholz my children left for St: Peterbourg and after he saw them – I was informed of this by letter to me
– you have gained the reputation of having taught them exceedingly
well, especially as regards the younger, who is by far the more gifted in
literature. Mr. von Hohenholz has told me so, and I am much obliged.
I only wish that my eldest son could have remained with Your Lordship for still some time so that he could have completed his studies.
But since he was not inclined to study because of his poor eyesight and
slow disposition, Mr. von Hohenholz arranged for him to do military
service, and although we do not approve of his employment, we must
nevertheless be content. But I suggest that you continue tutoring my
younger son. Since it will stand him in good stead later on in life, I
would be particularly grateful if he learns to read, write and translate
Russian so much as his private lessons will allow. My dear wife and I
convey our greetings to Your Lordship and Madam. God willing, my
wife will commence her journey from here to St. Peterbourg in the
coming spring.

Your Lordship's
Obedient servant,
W' Bering
Ochotzk, 4 February
1740

[Added at the bottom of the first page in a different handwriting:]
To Mon. Prof. Sigesmund in Reval
[pp. 8ʳ-8ᵛ]

Letter 13: Anna Christina Bering to Mrs. Sigismundi

Madam,
My dear friend,
Although I was absolutely delighted at seeing the package with the address of Mr. von Hohenholz on it, it did bring some unpleasant news,
namely that my eldest son had left his Professor and was now employed
with the musketeers. I am devastated. We cannot change the course
of events. But as I went over all my letters, I found none from you, my

friend. I am sure you have not forgotten me. In the meantime, I am surprised that there is not a greeting from the Professor nor my children. This would have been the least because we so desperately long to hear something. I personally believe that the task of helping my children off to Petersburg prevented you from doing so. I hope that you and the Professor are well. Please teach and advise my son, Thomas, as before. I want him to spend his time diligently and to learn all that he needs to learn. We shall not spare the expenses so long as it is beneficial to his future prosperity. As I cannot now hope to be in Petersburg until 1741 – provided I live that long – it could be that prior to this point in time there is no more for my son to learn in Reval. This is why I wrote Count Ostermann. I have asked His Excellency to take care of my son when he has completed school, and to employ him with what the Count finds he is good at, so that he becomes skilled in what we hope will be his future career. I would dearly have loved my eldest son to learn sufficiently to join the civil service. I would be unhappy to see my youngest son leave school before I return as he is still too young to be sent to university. He will turn seventeen in May. He will have to learn to read, write and translate Russian. If there is no teacher available, I ask Your Lordship to give my son gambe lessons. I shall not forget the promised fur coat, not even if both my children have left you before my return. You may rest assured of this provided the Father almighty will keep me from all evil, which I sincerely hope. I ask you to please take care of my son in everything as if he were your son. I shall cherish such love for as long as I live.

Please convey my warmest regards to my future daughter-in-law and assure her of the promised present. Ask her to just remain loyal. Likewise, I ask to please admonish my son and your foster-son to strive to acquire decorum so that he is worthy of the beautiful young lady. My dear husband conveys his cordial greetings to Madam, as do I to our dear Professor.
I remain,

Your obedient servant,
Anna Christ: v. Bering
Ochotski, 5 February 1740

Please remember me to Mrs. Rudberg although I have never been introduced to her – warm greetings to all my good friends. Adieu –
[pp. 9ʳ-9ᵛ]

Letter No. 14: Vitus Bering
to Hohenholz

To Monsieur
Monsieur de Hohenholz
Resident and Adviser to His Imperial and Catholic Majesty
At the Imperial Court of Russia
In
St. Petersburg

Excellency,
On 4 December 1739, I received Your Excellency's esteemed letter of 10
February of the same year. In it, from the very beginning, you accuse
me firstly of neglecting my correspondence with you, and secondly you
reproach me of having asked strangers about the welfare of my children.
In short, I am accused of having no confidence in you. Having listened
to all this, I can do nothing else but assure Your Excellency that I have
every confidence in what you have done for my children. Let me tell
you that when I was in St. Petersburg, I could not make up my mind
whether to put the care of my two sons in the hands of even the clos-
est of my relatives. Our absence in distance and time has certainly not
diminished the slightest bit our confidence in Your Excellency. On the
contrary. The many tokens of your sincere friendship testify to this. I
only hope that I shall have the opportunity to reciprocate your generosity. The reason why I have not written to you until today about the care
of my children is simply that my dear wife's departure from Iakutzkÿ
to St. Petersburg seemed absolutely certain. However, because I fell ill
she was not only prevented from going but she also had to journey to
Ockotzk. My dear wife wrote to Madam about this. Please convey my
warmest regards to Madam. It now seems that I was not only prevented
from discharging my duties but have also been suspected of wanting to
discontinue writing to you, which I do not intend. I thank you for yet
another sincere token of your friendship by having my children come
to you from Reval to sit for their exams. While there, and because of
my eldest son's poor eyesight, which meant that he could not expect
to make good progress in literature and therefore is not academically
inclined, you kindly had him join the army in order that this may be his
future career. I fully realise that it was very important for you to keep
your promise, and I am much obliged to you for doing so. However,
since soldiers in the army must be not only healthy, but also possess

decorum and be gracious in manners, which, because of his young age, my son lacks, and since he will have plenty of opportunity to mingle with despicable people among the musketeers, it would have been better for him to remain in St. Petersburg for a while so that he could pursue *Studio civili* and practice courtesy and decorum. I grant you that in my previous letter to you, at the insistence of my eldest son, I asked you to have him join the military but I could certainly not imagine that it would end like this. I shall just have to be content with matters as they now stand. If in a while he discovers that the military does not appeal to him any more and he wants to change profession, I would appreciate it if you could have him join the civil service. This is because if he was to join the field regiments, he might be forced to join the army,[30] which I would not recommend happens too early. Or he might join the life-guards of the cavalry as this regiment is permanently based in St. Petersburg, which would be most profitable for him since this is where the Court is. He would then be forced to become fluent in Russian, mainly in reading, writing and translating it. I would greatly appreciate it if this could be done. As regards Your Excellency's kind arrangements for my younger son, he can continue his studies in Reval until my dear wife – God willing – arrives in St. Petersburg after commencing her journey from here next spring. I would be grateful if you will continue to make decisions on my behalf until my wife is back and can pay you what we owe for your services. You have taken countless difficulties upon yourself not only on behalf of my children but also of myself by notifying me that in conjunction with the expedition entrusted upon me your colleagues are, nevertheless, pleased with me although the expedition took longer than planned due to lack of the necessary provisions here in Okhotsk, not to mention all the other obstacles we have encountered. I also wish to express my gratitude to Your Excellency for your promise in helping to have me promoted in my absence. I thank you for this gesture and hope to have the opportunity to reciprocate your generosity to the utmost. When my journey is completed, which by the grace of the Father almighty I intend to commence this summer, and if there is anything noteworthy you need to know, I shall not hesitate to communicate this swiftly to you. I am much obliged to you for sending me the newspapers, which I very rarely see in this remote place. Please accept my heartfelt condolences for the serious lung disease with which you are inflicted. I am extremely happy to learn that the gracious Lord has given you strength through the medicine, and that you are responding so well to the treatment that you may expect to be completely cured. May the Father almighty continue to let His mercy shine upon you and give you strength. May the Lord not only let you regain your strength but also preserve you for many years to come. My wife joins me in conveying our cordial greetings to Your Excellency and Madam, and remain,

Your obedient servant,
W Bering
Ockotzk, 2 February 1740
[pp. 3^r-4^v]

Letter 15: Anna Christina Bering to Hohenholz

Excellency,
I am much obliged to you for the great kindness mentioned in your esteemed letter to my husband of 10 February 1739 and the kind words you added to your wife's letter to me. Not being there, all I can say is that I am indebted to you forever. Suffice it for me to express my sincere sentiments. I want you to know how immensely grateful I am to you for having my children come from Reval to see what they have learnt during the past six years. I am happy to know that the youngest of them is now back in Reval where he is continuing his studies and written exercises. But, my dear Badska[31], why have you employed my eldest son so badly? This was undoubtedly my brother-in-law, von Saltza's advice. This has made me extremely unhappy. But it is too late to change it now. However, I find it difficult not to tell you how I feel about it as you may rest assured that you have been most kind to my children. You kindly notified me that you will have my son promoted as an ensign at a field regiment. Instead, if he wishes to remain in the armed services, would you then kindly help him to enlist with the horse guards even if they are slower in promoting. He is still too young and only nineteen years of age. But this will be more useful and honourable for him than to be sent to the army. He must first learn what he still needs to, which is to read and write Russian, and to ride a horse, which I kindly ask you, my dear Badska, to see to as you have a more mature understanding of what is necessary for his future happiness and skills. We agree to pay any expenses you find justifiable. Since he has already been with an ordinary regiment for a long while, I would be extremely grateful if it would be possible for him to join as a petty officer with

the aforesaid horse guards since he has already served for some time with an ordinary regiment. I had hoped that he would join the civil service but as he is not interested, he can remain with the guards until my return, which I hope – provided it is God's will that I remain alive – will certainly take place in late 1741. In the meantime, he can use this time advantageously. I have written to Count von Osterman and recommended both my children to His Excellency. I hope you will not mind. My dear Mr. von Hohenholz: I shall not forget the reminder to bring some extra green tea and *bou* tea. If I have the opportunity before my departure, I shall send you a basket in advance. Here we live in the wilderness, and Irkutsk is 3,000 versts from here. I wish that the Father almighty will preserve you and Madam in the new year and for many years to come. May God bestow upon me the joy of finding you both happy and content. I almost forgot to thank you for kindly reproaching my husband because he forgot to mention me in his letter to my brother-in-law, von Saltza. I can assure you that at the time he had no idea where in the wilderness I had strayed because I was away for so long. I do appreciate that my friends think and enquire about me. I am most grateful, and remain,

Your obedient servant,
Anna v Bering
Ochotsk
5 February
1740

[Erroneously added at the bottom of the first page in print and in a different handwriting:] To Mr. Mathias Pyls
[pp. 16ʳ-17ᵛ]

Letter No. 16: Anna Christina Bering to Mrs. Hohenholz

To Madame
de Hohenholz
In
St. Petersburg

Madam,
On 4 December 1739, a lieutenant brought your kind letter of 8 Feb-

ruary of that same year as well as the two letters enclosed, for which
I thank you. After having read them, I am completely assured of your
eternal friendship, and that you have not forgotten me because you let
my children come to you from Reval, bestowing your warm hospitality
upon them. I am much obliged to you. Being so far away, all I can do
is but wish that the Father almighty may keep you and your husband
and that He will grant me the joy of proving my affection in actual fact.
However, my happiness is tinged with sorrow: I am extremely upset
at my son's current situation. It is true that I asked your husband to
employ my son with the war military since he insisted on joining, but
we had no idea it would be in this manner: I believe that this advice
was given by my brother-in-law, von Saltza. Why not with the horse
guards even if they are slower in promoting? Or he could have become
a conductor with the engineers. He is still young and is only nineteen.
There might be some noblemen from Livonia with the same regiment
as Jonas. The circumstances might be different inasmuch as the parents will not, or cannot, cover expenses. We, on the other hand, would
be pleased to help our children and not save on such expenses, which
may benefit them. This is not the way to learn what he still lacks nor
to experience the world at large and how to socialise with people. This
is why I asked you, my dearest friend, to provide my son with board
and lodging while he is in St. Petersburg. However, I doubt this has
been the case considering his current bad situation, especially since
my sister, v: Saltza, tells me that he will have to pay 5 roubles for board
and lodging, 3 roubles for laundry and fuel, etc. and that the expenses
will not amount to more than when he was in Reval. But to us, this
is not the crux of the matter: I imagine him staggering into inns and
getting accustomed to such people that frequent such places, and that
he has absolutely forgotten the little he has learnt for the past six years,
which makes me extremely upset. – My dearest friend: Please do not
be angry with me because I have no better friend to pour my heart to,
and it is difficult for me to keep silent in this matter. In his letter to
my husband, His Excellency tells me that he will help Jonas become
an ensign with the field regiments and send him to the army for which
he is still too young. He still has much to learn. My dear Badska[32] assures me in the lines added in your letter that he will take care of my
children as if they were his own, and I shall be forever grateful to him
for this. However, I wish that instead of my son being sent as an ensign
to the army, you help him join the horse guards as a petty officer, or
whichever way would be best for him. Then he can remain there until

I arrive in St. Petersburg, which I hope will be in late 1741 provided God will let me live that long. The rumour that has reached you about my return journey is fairly correct. Although I was most anxious to commence my journey to St. Petersburg, as mentioned in my letter to you, many factors prevented me from doing so. But now, God willing, it is absolutely certain provided I am still alive. This summer, my husband goes to sea. May the gracious Lord give His blessing to this voyage. I, on the other hand, will return to Iacutski. From there I hope to have company so I can proceed on my journey. As far as Thomas is concerned, we believe that prior to my arrival it could be that there is nothing more for him to learn in Reval. And he is still too young to go to university. So I have written to Count v. Ostermann and asked His Excellency to take care of my son and employ him with what His Excellency deems suitable for his future prosperity. I hope that His Excellency and Madam will agree to this. If at my request the Count takes care of my son, I ask you, my dear friend, to favour him with advice and compassion now as before. Kindly see to it that he is properly attired so that he can pass among such people. I leave this at your discretion. I have also requested that in case he intends to send his son abroad, my son could be in the party. We shall pay any expenses incurred as best we can. We would have liked the eldest to learn so much that he would also be suitable for the civil service because a soldier's life is rough, and it hardly leads to anything good. We must endure much, we suffer a lot, and what joy do we gain from all our efforts? If only there were some people one could socialise with in a proper way in this wilderness where we are now. There are plenty of pagans even if many of them have been baptised in the past year. The women are just as accomplished at riding the reindeer as the men. These people[33] are far more attractive than the Yakut. In my previous letter I asked you, my dear friend, to send with captain Spanberg a few items, which will always be useful for me even if I receive them en route. However, this captain has received orders not to come, so he remains in Yakutski, awaiting further orders. My husband had ordered him to go there, which the College had approved.[34] I would be grateful if you send what I have asked for via the two express messengers.

I shall write to you, my dear friend, when my husband has left and I am in Iacutski. My children, Anuska and Tongin, are well, thank God, and are growing. They send their love. Please remain my friend and please do not leave my children, who are at your place. I shall be eternally grateful for your love. May the Father almighty let us meet again with joy. With greetings from my husband and myself, I remain,

Your most obedient servant,
Anna Christ. v: Bering
Ochotski
5 February
1740

P.S.: Please keep in touch until you receive a letter from me written in Tabolski. From now on, the letters must be addressed to me. This is also the case if you send some things to me, which I ask of you. Should captain Spanberg depart before me, I shall definitely send a hamper of *shöar* tea with him. I enclose a small sample of flower tea, which is very costly here. Let me know whether you like it, and whether I should find some more of it. If Thomas arrives at the Count's, I would be grateful if you could buy a golden or silver waistcoat for him. Adieu, my dear friend. Live well. If it is at all feasible that my son, Ionas, could be promoted to become an ensign with the horse guards before I return – provided he still insists on joining the military – I am prepared to spend a large sum of money to make this come true. However, we would prefer that he changes his mind and aims at joining the civil service instead. I should be most grateful if you, my dear friend, and my dear Badska will advise me as best you can. After God, I trust you. Adieu.

[Added at the bottom on page 11ʳ in Roman writing and in a different handwriting:]
To Mme la Residente de Hohenholz

[Added lengthwise on the paper in the margin of page 14ʳ]:

Please make me happy by writing a letter to me as soon as possible. But Jonas must not be sent to the army but must remain in Petersbourg until I return.
[pp. 10ʳ, 11ʳ-14ʳ]

Notes

1   Bering's letter from 1731 to his aunt was originally published in: Hans de Hofman, *Samlinger af publique og private Stiftelser, Fundationer og Gavebreve*. Tome II. Copenhagen 1755. Republished in the original Danish and in Russian translation in: Н. Охотина-Линд и П.У. Меллер (2001) *Вторая Камчатская экспедиция. Документы 1730-1733*, Часть 1: *Морские отряды*, Moscow, pp. 30-35.

2   An argumentation in support of this possibility may be found in: Natasha Okhotina Lind & Peter Ulf Møller (1997) *Kommandøren og konen*, Copenhagen, pp. 43-50.

3   For further information on Bering's wife and in-laws, cf. Natasha Okhotina Lind's article "The First Pianist in Okhotsk" in the present volume.

4   Matthias Pülse (c. 1666-1740), merchant in Vyborg, the father of Anna Christina Bering. Married to Margareta Hedvig Lund (c. 1671-1735).

5   Anton Johann von Saltza (1683-1753), Russian civil servant, Vitus Bering's brother-in-law, married in 1729 to Helena Katarina, née Pülse (c. 1710-1753).

6   Eufemia Hedvig, née Pülse (c. 1702-1754), married twice. Her first husband was Thomas Saunders (d. 1733), rear-admiral in the Russian Navy. She married again before 1740. Her second husband was Zion Ellvoll (or Elfa).

7   The great fire in Vyborg occurred on 17 June 1738.

8   Nikolai Sebastian von Hohenholz (Hohenholtz) (d. 1747), Austrian resident in St. Petersburg from 1727 to his death.

9   Bendix Pülse (d. 1752), merchant in Vyborg, son of Matthias Pülse, brother of Anna Christina Bering, brother-in-law of Vitus Bering. Married, in Vyborg 1720, to Anna (Anken, Anchin), née Sesemann.

10   Anna Sesemann (c. 1704-1748), the wife of Bendix Pülse; Vitus Bering's sister-in-law.

11   Jaenisch (Jenes, Jenisch), dean, Anna Christina Bering's cousin.

12   Anna Lund, widow of Vyborg-merchant Jakob Lund, the brother of Anna Christina Bering's mother, Margareta Hedvig Lund. The son of Anna Lund, Johann Lund (called "Janeman"), joined the Kamchatka Expedition in 1733, but was sent home from Okhotsk in July 1740 at his mother's earnest request.

13   Jonas Bering (1721-1786), the oldest son of Vitus and Anna Christina B., died in the rank of colonel.

14   I.e. Eufemia Hedvig, cf. note 6.

15   Васильевский остров, a part of St. Petersburg, situated on the island of the same name.

16   The wife of the Austrian resident in St. Petersburg.

17   I.e. Eufemia Hedvig, cf. note 6.

18   Anusca and Thongin are the Berings' youngest children: Anna Hedvig

Helena (c. 1731-1786), married in St. Petersburg 1750 to Fromhold Georg v. Korff (d.1758, in the rank of lieutenant-general); and Anton (1730-1779), d. in the rank of colonel.

19 Betzi (Bedsinka) and Matisgin (Matis) are Eufemia's children by her first marriage: Elisabeth Saunders (b. 1725) and Matthias Saunders (b. 1727).

20 This advice suggests that Mrs. Resident von Hohenholz may have acted as an intermediary, sending and receiving parcels of private correspondence between the Berings in Okhotsk and their family and friends in the Gulf of Finland.

21 I.e. Johann Lund, cf. note 12.

22 Thomas Bering, b. 1723, the second son of Vitus and Anna Christina Bering, d. after 1770, in the civil rank of assessor.

23 French: My very dear brother.

24 Professor Adolph Florian Sigismundi (1687-1750).

25 I.e. Mr. and Mrs. Sigismundi.

26 I.e. to a university abroad, probably in Germany. There were no universities in Russia at that time.

27 Anna Christina Bering knew, of course, which of vice-chancellor Ostermann's two sons she was referring to, but we do not, since no name is mentioned. It could be Fedor Osterman (1723-1804) or Ivan Osterman (1725-1811). By 1741, they were both captains of the Preobrazhenskii Guards.

28 Cf. note 22.

29 The reward Bering had in mind included a fur coat for the professor, cf. letter 13, from Anna Bering to Mrs. Sigismundi, p. 260, and letter 10 to Thomas Bering, p. 257.

30 I.e. possibly go to war.

31 Probably a contraction of the Russian «батька» (father). The word expresses respect.

32 Cf. note 30.

33 I.e. the Tunguses.

34 In September 1739, after the completion of Spangberg's voyage to Japan, Bering ordered Spangberg to journey to St. Petersburg to report in person about the success. Having arrived in Yakutsk in October, Spangberg received new orders from the Admiralty College, instructing him not to come in person.

Vitus Bering and the Kamchatka Expeditions
A Bibliography

Compiled by Peter Ulf Møller

The bibliography is divided into two parts: 'Literature in Russian' and 'Literature in other languages'. Each part is subdivided into two sections: 'Sources' and 'Secondary literature'.

1. Literature in Russian

1.1. Sources

Алькор, Я.П. и А.К. Дрезен (ред.) (1935) *Колониальная политика царизма на Камчатке и Чукотке в XVIII веке. Сборник материалов.* Предисловие С.Б. Окуня, Ленинград.

Андреев, А.И. (ред.) (1944а) *Русские открытия в Тихом океане и Северной Америке в XVIII-XIX веках,* Москва-Ленинград.

Андреев, А.И. (ред.) (1948) *Русские открытия в Тихом океане и Северной Америке в XVIII веке. Сборник документов,* Москва.

[Беринг, Витус] (1847) «Донесение Флота Капитана Беринга об экспедиции его к восточным берегам Сибири», *Записки Военно-топографического депо,* СПб., часть 10, с. 69-79.

Ваксель, Свен (1940) *Вторая камчатская экспедиция Витуса Беринга.* Перевод с рукописи на немецком языке Ю.И. Бронштейна. Под редакцией и с предисловием А.И. Андреева. Ленинград-Москва.

Ден, Д. (1999) *История Российского флота в царствование Петра Великого,* СПб.

Дивин, В.А., К.Е. Черевко, Г.Н. Исаенко (1979) (сост.), *Русская тихоокеанская эпопея,* Хабаровск (= Дальневосточная историческая библиотека).

Документы о плавании капитан-командора Беринга к берегам Америки в 1741 году, Chicago 1893.

«Из истории освоения Северного морского пути (Экспедиция Беринга 1732-1743)» (1935-1936), с предисловием П. Горина,

Красный архив, 4 (71), с. 137-169; 5 (72), с. 160-181; 6 (73), с. 191-203; 1 (74), с. 142-161. Москва-Ленинград.

[Кирилов, И.] (1900) «Проект обер-секретаря Ивана Кирилова о Камчатских экспедициях и об удержании в русском подданстве киргиз и способах управления ими, 1733», в кн.: А.И. Добросмыслов, *Материалы по истории России,* т. 1, Оренбург, с. 1-34.

Крашенинников, С.П. (1755) *Описание земли Камчатки,* 2 т., СПб.

Крашенинников, С.П. (1786) *Описание земли Камчатки,* 2 т., 2-е изд., СПб.

Крашенинников, С.П. (1949) *Описание земли Камчатки. С приложением рапортов, донесений и других неопубликованных материалов,* Москва-Ленинград.

[Крашенинников, С.П.] (1966) *С.П. Крашенинников в Сибири. Неопубликованные материалы.* Подготовка текста и вступительная статья Н. Н. Степанова, Москва-Ленинград.

Крашенинников, С.П. (1994) *Описание земли Камчатки в двух томах,* СПб. Петропавловск-Камчатский. [Предисловие на русском и английском языках Б.П. Полевого].

[Лаптев, Харитон] «Описание, содержащее от флота лейтенанта Харитона Лаптева в Камчатской экспедиции, меж реками Лены и Енисея, в каком расстоянии лежат реки и на них всех живущих промышленников состояние», *Записки гидрографического департамента,* т. IX, СПб.

Лебедев, Д.М. (1951) *Плавание А.И. Чирикова на пакетботе «Св. Павел» к побережьям Америки. С приложением судового журнала 1741 г.,* Москва.

Летопись Российской Академии наук, т. 1, 1724-1802. Ответственный редактор Н.И. Невская, СПб. 2000.

Материалы для истории императорской Академии наук, тт. I-IX, СПб. 1885-1900. Ред.: М.И. Сухомлинов.

Материалы для истории русского флота, часть VII-IX, СПб. 1879-1882. Ред.: Ф.Ф. Веселаго, СПб.

Миллер, Г.Ф. [Müller] (1758) «Описание морских путешествий по ледовитому и по восточному морю с российской стороны учиненных», *Сочинения и переводы, к пользе и увеселению служащие,* VII, январь, с. 3-27; февраль, с. 99-120; март, с. 195-212; апрель, с. 291-325; Май, с. 387-409; VIII, июль, с. 9-32; август, с. 99-129; сентябрь, с. 195-232; октябрь, с. 309-336; ноябрь, с. 394-424.

Охотина-Линд, Н.А., П.У. Мёллер (сост.) (2001) *Вторая Кам-чатская экспедиция. Документы 1730-1733*. Часть 1. *Морские отряды*. Москва (= Источники по истории Сибири и Аляски из российских архивов, т. IV, 1).

Памятники сибирской истории XVIII в., 2 тома, СПб., 1882-1885.

Покровский, А. (ред.) (1941) *Экспедиция Беринга: сборник доку-ментов*, Москва. [Книга рецензирована А.И. Андреевым, см. Андреев 1943в, в отделе 1.2. Secondary literature].

Полное собрание законов российской империи, с 1649 года, т. VIII-X, СПб. 1830.

Стеллер, Г.В. (1928) *Из Камчатки в Америку (Von Kamtschatka nach Amerika). Быт и нравы камчадалов в XVII веке*, Ленинград.

Стеллер, Г.В. (1995) *Дневник плавания с Берингом к берегам Америки 1741-1742*. Перевод с английского Е.Л. Станюкович. Редакция, предисловие и комментарии А.К. Станюковича. Москва.

Троицкий, В.А. (1982) *Записки Харитона Лаптева*, Москва. 1982. 143 с.

Федорова, Т.С. (отв. сост.) (1984) *Русские экспедиции по изучению северной части Тихого океана в первой половине XVIII в. Сборник документов* (= Исследования русских на Тихом океане в XVIII-первой половине ХИХ в.), Москва.

Штеллер, Г.В. (1998) *Письма и документы 1740*. Редакционная кол-легия тома Виланд Хинтцше, Томас Николь, О.В. Новохатко, Москва (= Источники по истории Сибири и Аляски из росси-йских архивов, том I).

1.2. *Secondary literature*

А.П., см. Полонский, А.С.

Агранат, Г.А. (1957) «Новые американские работы о русской Америке», *Летопись севера*, II, Москва, с. 247-255.

Алексеев, А.И. (1958) *Охотск – колыбель русского Тихоокеанского флота*, Хабаровск.

Алексеев, А.И. (1962) «Витус Беринг», в кн.: Кузнецов (ред.) *Люди русской науки*, Москва, с. 290-297.

Алексеев, А.И. (1970) *Сыны отважные России*, Магадан.

Алексеев, А.И. (1975) *Судьба русской Америки*, Магадан.

Алексеев, А.И. (1982) *Освоение русскими людьми Дальнего Востока и Русской Америки до конца XIX века*, Москва.

Альперович, М.С. (1993) *Россия и новый свет (последняя треть XVIII века),* Москва.

Андреев, А.И. (1939а) *Очерки по источниковедению Сибири. XVII век,* Ленинград.

Андреев, А.И. (1939б) «Жизнь и научные труды Степана Петровича Крашенинникова», в кн.: Ковязин, Н.М. (ред.) (1939) *Сборник статей, посвященных памяти С.П. Крашенинникова к 225-летию со дня рождения* (= Советский север, 2), с. 5-64.

Андреев, А.И. (1943а) «Экспедиции В. Беринга», *Известия ВГО,* 75, № 2 (март-апрель), с. 3-44.

Андреев, А.И. (1943б) «Первая русская экспедиция XVIII в. в Северном Ледовитом океане», в отделе «Мелкие сообщения», *Известия ВГО,* 75, № 2 (март-апрель), с. 57-58.

Андреев, А.И. (1943в) [рецензия] «Экспедиция Беринга. Сборник документов. Подготовил к печати А. Покровский», в отделе «Рецензии», *Известия ВГО,* 75, № 2 (март-апрель), с. 60-64.

Андреев, А.И. (1943г) «Ньютон и русская география XVIII в.», *Известия ВГО,* 75, № 3 (май-июнь), с. 3-12.

Андреев, А.И. (1943д) «Русские открытия в Тихом океане в первой половине XVIII века», *Известия ВГО,* 75, № 3 (май-июнь), с. 35-52.

Андреев, А.И. (1943е) «Новые материалы о русских плаваниях и открытиях в Северном Ледовитом и Тихом океанах в XVIII-XIX вв.», в отделе «Мелкие сообщения», *Известия ВГО,* 75, вып. 5, с. 34-36.

Андреев, А.И. (1944) «Вторая камчатская экспедиция 1733-43 гг.», *Известия ВГО,* 76, вып. 1 (январь-февраль), с. 56-58.

Андреев, А.И. (1947а) «Основание Академии наук в Петербурге», в кн.: А.И. Андреев (ред.) *Петр Великий. Сборник статей,* 1, с. 283-333.

Андреев, А.И. (1947б) «Роль русского военно-морского флота в географических открытиях XVIII в.», *Морской сборник,* 4, Ленинград.

Андреев, А.И. (1949) «Сибирские зарисовки первой половины XVIII века», *Летопись севера,* I, Москва-Ленинград, с. 123-135.

Андреев, А.И. (1959) «Труды Г.Ф. Миллера о второй камчатской экспедиции», *Известия ВГО,* том 91, вып. 1 (январь-февраль), с. 3-16. [Список литературы для этой статьи находится в АРАН, ф. 934, оп. 1, дело 66].

Андреев, А.И. (1960) *Очерки по источниковедению Сибири XVII в.*, вып.1. Москва- Ленинград. 2-е дополн. изд. [см. Андреев 1939а].

Андреев, А.И. (1965) *Очерки по источниковедению Сибири XVIII в.*, вып. 2. Москва-Ленинград [глава II, «Обзор материалов первой и второй камчатских экспедиций», с. 45-72].

Андреев, А.И. (1965) «Гидрографические работы и исследовательские экспедиции русского флота в 1696-1725 гг.», в кн.: М.И. Белов (ред.) *Путешествия и географические открытия в XV-XIX вв.*, Москва- Ленинград, с. 31-45.

Андреев, В. (1893) «Документы по экспедиции капитан-командора Беринга в Америку, в 1741 г.» [первая часть статьи под названием: «Сведения об экспонатах, отправленных главным гидрографическим управлением на колумбийскую выставку в Чикаго»], *Морской сборник,* № 5, Май, неофициальный отдел, с. 1-16.

Артемьев, А.Р. (ред.) (1992) *Русские первопроходцы на Дальнем Востоке в XVII-XIX веках (историко-археологические исследования. Сборник научных трудов,* т. 1. Владивосток.

Атлас Российский, состоящий из 20 специальных карт, представляющих все Российское государство сочинен по правилам геометрии и новейшим обсервациям при Академии наук (1742), СПб.

Атлас Российский, состоящий из 19 специальных карт, представляющих Всероссийскую империю с пограничными землями (1745). СПб.

Авадяева, Е.Н. и Л.И. Здановиц (1999) *100 великих мореплавателей,* Москва. [Витус Беринг, с. 199-205; Чириков, с. 206-211].

Багров, Л.С. (1914) *Карты Азиатской России. Исторические заметки,* Петроград.

Баскин, С.И. (1949) «Большой чертеж камчадальской земли», *Известия ВГО,* т. 81, вып. 2 (март-апрель), с. 226-238.

Баскин, С.И. (1952) «Путешествие Евреинова и Лужина в Курильский архипелаг (1719-1722)», *Известия Всесоюзного географического общества,* т. 84, вып. 4 (июль-август), с. 363-379.

Башмаков, П. (1941) «Петр Ласиниус и Дмитрий Лаптев», *Советская Арктика,* 1941, 6, с. 68-72.

Белковец, Л.П. (1988) «Г.Ф. Миллер и публикации источников в первом историческом журнале Петербургской Академии наук», в кн.: Покровский, Н.Н. (ред.) *Источники по истории общественной мысли и культуры эпохи позднего феодализма,* Новосибирск, с. 62-77.

Белковец, Л.П. (1990) *Иоганн Георг Гмелин 1709-1755.* Москва 1990.

Белов, М.И. (1954) «О составлении Генеральной карты Второй Камчатской экспедиции 1746 г.», в кн.: *Географический сборник,* М.-Л., с. 131-145.

Белов, М.И. (1956) *Арктическое мореплавание с древнейших времен до середины XIX века* (= История открытия и освоения северного морского пути, т. 1). Москва.

Белов, М.И. (1957) «Новые данные о службах Владимира Атласова и первых походах русских на Камчатку», *Летопись Севера,* II, Москва, с. 89-106.

Белов, М.И. (ред.) (1964) *Русские арктические экспедиции XVII-XX вв. Вопросы истории изучения и освоения Арктики,* Ленинград.

Белов, М.И. (1965) «Дания и Витус Беринг», в кн.: М.И. Белов (ред.) *Путешествия и географические открытия в XV-XIX вв.,* Москва-Ленинград, с. 46-56.

Белов, М.И. (1975а) «К вопросу о классификации историко-географических исследований», в кн.: *Теоретические вопросы географии. Сборник научных трудов, 9. Из-Зб, Ленинград.*

Белов, М.И. (1975б) «Роль Петра I в распространении географических знаний в России», в кн.: Белов, М.И. (ред.) *Вопросы географии петровского времени,* Ленинград, с. 4-23.

Белов, М.И. (ред.) (1975в) *Вопросы географии петровского времени,* Ленинград.

Белов, М.И. (1977) *По следам полярных экспедиций,* Ленинград.

Берг, Л.С. (1924) *Открытие Камчатки и камчатские экспедиции Беринга,* Москва-Петроград.

Берг, Л.С. (1925) «Роль Академии наук в истории географических открытий (XVIII век)», *Природа,* 7-9, Москва., с. 143-160.

Берг, Л.С. (1929) *Очерк истории русской географической науки (вплоть до 1923 г.),* Москва.

Берг, Л.С. (1935) *Открытие Камчатки и экспедиции Беринга,* 1725-1742, Ленинград.

Берг, Л.С. (1942) «Экспедиция Беринга», *Известия ВГО,* 74, с. 5-15.

Берг, Л.С. (1943) "Первые карты Камчатки», *Известия ВГО,* 75, № 4 (июль-август), с. 3-7.

Берг, Л.С. (1946) *Открытие Камчатки и экспедиции Беринга*, 1725-1742, Москва-Ленинград.

Берг, Л.С. (1959) *Избранные труды*, том 1. *История науки*, Москва. [Из содержания: «Открытия русских в Тихом океане», с. 11-21; «История географического ознакомления с Якутским краем», с. 30-57; «Ломоносов и первое русское плавание для отыскания северо-восточного прохода», с. 160-163; «Путешествия С.П. Крашенинникова по Камчатке (1737-1741)», с. 294-302; «Открытие Семеном Дежневым Берингова пролива (1648-1948)», с. 312-320, «Открытие Камчатки Владимиром Атласовым», с. 321-327; «Открытие русскими северо-западной Америки», с. 360-369].

Берг, Л.С. (1962) *История русских географических открытий*, Москва.

Берг, Л.С. (1974) *Открытие Камчатки и экспедиции Беринга 1725-1742*, 3-е изд.

Берг, Л.С., А.А. Григорьев и Н.Н. Баранский (ред.) (1948) *Русские географы и путешественники*, вып. 1, Москва-Ленинград. [содержит краткую биографию В. Беринга].

Березовский, Н.Ю. и др. (1993) *Российский императорский флот 1696-1917. Военно-исторический справочник.* Москва.

Берх, В.Н. (1818) «Путешествие капитан-командора Беринга и капитана Чирикова к северо-западному берегу Америки, *Благонамеренный*, 1818, 6.

Берх, В.Н. (1823а) *Первое морское путешествие Россиян, предпринятое для решения географической задачи: соединяется ли Азия с Америкой, (и совершенное в 1727, 28 и 29 годах под начальством Флота капитана 1-го ранга Витус Беринга. С присовокуплением краткого биографического сведения о Капитане Беринге и бывших с ним офицерах*, СПб.

Берх, В.Н. (1823б) «Жизнеописание Беринга», *Русский архив*, 1823, кн. 6.

Берх, В.Н. (1823в) *Биографическое сведение о капитан-командоре Витусе Беринге*, СПб.

Берх, В.Н. (1823г) *Хронологическая история открытия Алеутских островов, или подвиги Российского купечества. С присовокуплением исторического известия о меховой торговле*, СПб.

Берх, В.Н. (1833) «Жизнеописание Капитан-Командора Витуса Беринга», в кн.: Берх, В.Н., *Жизнеописания первых российских адмиралов или опыт истории российского флота,* часть вторая, СПб., с. 202-234.

Богданов, В.В. (2001) «Первая русская полярница», *Природа,* № 1, с. 92-96 [о Прончищевой].

Боднарский, М.С. (1926) *Великий северный морской путь: Историко-географический очерк открытия северо-восточного прохода.* [В приложении: извлечения из Норденскиольда, «Вокруг Европы и Азии на пароходе 'Вега' в 1878-80 гг.»], Москва-Ленинград.

Болховитинов, Н.Н. (ред.) (1997) *История русской Америки 1732-1867,* том I: *Основание Русской Америки 1732-1799,* Москва.

Болгурцев, Б.Н. (1990) *К неизведанным берегам,* Ленинград.

Борисов, В.И. (1990) *«Пойдем ныне по своему отечеству ...» Сборник историко-краеведческих статей,* Усть-Камчатск.

Бэр, К.М. (1849а) «Заслуги Петра Великого по части распространения географических познаний», *Записки Русского географического общества,* СПб., книжка III, с. 217-253.

Бэр, К.М. (1849б) «Беринг и Чириков», *Русский инвалид,* № 121-123.

Бэр, К.М. (1850) «Заслуги Петра Великого по части распространения географических познаний», *Записки Русского географического общества,* СПб., книжка IV, с. 260-283.

Вареп, Э.Ф. (1959) «О картах составленных русскими, в атласе И.Б. Гомана, 1725 г.», *Известия ВГО,* 91, № 3 (Май-Июнь), с. 290 ??.

Вахрин, С.И. (1989) «Из истории происхождения камчатских фамилий», *Краеведческие записки,* вып. 6. Петропавловск-Камчатский, с. 160-161. [О членах Камчатских экспедиций, бывших крестными отцами новокрещенных камчадалов].

Вахтин, В. (1890) *Русские труженики моря. Первая морская экспедиция Беринга для решения вопроса соединяется ли Азия с Америкой.* СПб.

Вдовин, И.С. (1943) «Чертежи Чукотки 1742 и 1746 гг.», [в отделе «Мелкие сообщения»], *Известия ВГО,* 75, вып. 4, с. 52-54.

Вернадский, В.И. (1988) *Труды по истории науки в России,* Москва. [Главы IV: «Выяснение формы Азии и составление географической карты России» (с. 93-147) и VI: «Учреждение Академии наук и ее первые проявления в области изучения России», о Гмелине, Стеллере и Крашенинникове (с. 170-201)].

Веселаго, Ф.Ф. (ред.) (1888, 1891, 1895, 1898, 1902, 1906) *Описание дел Архива Морского министерства,* тт. 5-10, СПб.

Веселаго, Ф.Ф. (1893) *Краткая история русского флота,* выпуск I, СПб.

Вигилев, А.Н. (1977-79) *История отечественной почты*. Части первая и вторая, Москва.

Визе, В.Ю. (1948) *Русские полярные мореходы из промышленных, торговых и служилых людей XVII-XIX вв. Биографический словарь*, Москва-Ленинград.

Виноградов, В.Н. и В.П. Бякина (1967) «Результаты экспедиции в бухту Командор», *Вопросы географии Камчатки*, вып. V, Петропавловск-Камчатский, с. 43-52. [Об археологической экспедиции на остров Беринга].

Возгрин, В.Е. (1975) «Витус Ионассен Беринг: Обзор зарубежной литературы», в кн.: *Страны и народы Востока*, вып. 17, Москва.

Волобуев, Е.И. и М.И. Ципоруха (1995) *Кто вы, великий неизвестный? Очерки по истории исследований морей и океанов на кораблях российского флота в XVIII-XX вв.* Научные консультанты А.К. Станюкович и И.В. Диваков, Москва.

Врангель, Ф.П. (1841) *Прибавления к путешествию по северным берегам Сибири и по ледовитому морю, совершенное в 1820, 1821, 1822, 1823 и 1824 годах, экспедициею, состоявшею под начальством флота лейтенанта Фердинанда фон-Врангеля*, СПб.

Врангель, Ф.П. (1948) *Путешествие по северным берегам Сибири и по ледовитому морю, совершенное в 1820, 1821, 1822, 1823 и 1824 гг. экспедицией под начальством флота лейтенанта Ф.П. Врангеля*, Москва.

Гейман, В. (1943) «Свен Ваксель. Вторая камчатская экспедиция Витуса Беринга ...» [в отделе «Рецензии»], *Известия ВГО*, 75, № 2 (март-апрель), с. 60.

Герье [Guerrier], В.И. (1870) «Отношения Лейбница к Петру великому», *Журнал Министерства народного просвещения*, 147 (янв.), с. 1-48, (февр.), с. 345-415, 148 (апр.), с. 308-90.

Глушанков, И.В. (1980) *Навстречу неизведанному*, под ред. В.М. Пасецкого, Ленинград.

Глушанков, И.В. (1986) *Славные навигаторы российские*, Хабаровск.

Гнучева, В.Ф. (ред.) (1940) *Материалы для истории экспедиций Академии наук в XVIII и XIX веках. Хронологические обзоры и описание архивных материалов* (= Труды архива АН СССР, вып. 4), Москва- Ленинград. [О Камчатских экспедициях, см. с. 36-69].

Гнучева, В.Ф. (1946) *Географический департамент Академии наук XVIII века* (= Труды архива АН СССР, 6).

Голенищев-Кутузов, И. (1764) *Собрание списков, содержащее имена всех служивших в российском флоте в начале оного,* СПб.

Гольденберг, Л.А. (1984) *Между двумя экспедициями Беринга,* Магадан.

Гольденберг, Л.А. и О.М. Медушевская (1961) «О методике изучения картографических источников», *Исторический архив,* 4, с. 193-203.

Горин, П. (ред.) (1935) – см. «Из истории освоения Северного морского пути» в отделе 1.1. Sources.

Греков, В.И. (1956) «Наиболее раннее печатное известие о первой камчатской экспедиции (1725-30 гг.)», *Известия АН СССР, серия географическая,* № 6 (но.-дек.), с. 108-12.

Греков, В.И. (1960) *Очерки из истории русских географических исследований в 1725-1765 гг.* Москва.

Дивин, В.А. (1950) *А.И. Чириков – замечательный русский мореплаватель и ученый,* Москва.

Дивин, В.А. (1953) *Великий русский мореплаватель А.И. Чириков,* Москва.

Дивин, В.А. (1956) *К берегам Америки: Плавания и исследования М.С. Гвоздева, первооткрывателя северо-западной Америки,* Москва.

Дивин, В.А. (1957) «Вторая сибирско-тихоокеанская экспедиция и вопросы хозяйственного освоения дальнего востока», *Летопись севера,* II, с. 156-75, Москва.

Дивин, В.А. (1971) *Русские мореплавания на Тихом океане в XVIII веке,* М.

Дмитриев, В.В. (1991-94) *Морской энциклопедический журнал,* 1-3, Ленинград/ СПб.

Дридзо, А.Д. и Р.В. Кинжалов (1994) *Русская Америка. По личным впечатлениям миссионеров, землепроходцев, моряков, исследователей и других очевидцев,* Москва.

Евтеев, О.А. (1950) *Первые русские геодезисты на Тихом океане,* Москва.

Егерман, Э. (1914) «'Путь до Япон'», *Записки по гидрографии,* т. XXXVIII, вып. 3, СПб. [О плавании Шпанберга в Японию].

Епишкин, С. (1998) «Лицо командора», *Странник,* № 2, с. 14-19.

Есаков, В.А. и Д.М. Лебедев (1971) *Русские географические открытия и исследования с древних времен до 1917 года,* Москва.

Есаков, В.А. (1975) «Академик К.М. Бэр и его роль в развитии географической науки», *Известия АН СССР. Серия геогр.,* № 5, с. 121-125.

Ефимов, А.В. (1948) *Из истории русских экспедиций на Тихом океане. Первая половина XVIII века,* Москва.

Ефимов, А.В. (1949) *Из истории великих русских географических открытий,* Москва (= Библиотека учителя).

Ефимов, А.В. (1950) *Из истории великих русских географических открытий в Северном Ледовитом и Тихом океанах. XVII – первая половина XVIII в.,* Москва.

Ефимов, А.В. (1958) «Из истории картографии Дальнего Востока», в кн.: М.Н. Тихомиров (ред.) *Сборник статей по истории Дальнего востока,* Москва, с. 81-88.

Ефимов, А.В. (ред.) (1964) *Атлас географических открытий в Сибири и в северо-западной Америке XVII-XVIII вв.,* Москва.

Ефимов, А.В. (1971) *Из истории великих русских географических открытий,* Москва.

Ефимов, А.В. и Л.А. Гольденберг (1962) [Рецензия книги Грекова 1960 г.] *Вестник АН СССР,* сер. 5, № 2, с. 120-121, Москва.

Жданко, М. (1916) «Работы русских моряков в Охотском море», *Записки по гидрографии,* т. XL, вып. 5, с. 843-881, Петроград.

Знаменский, С. (1929) *В поисках Японии. Из истории русских географических открытий и мореходства в Тихом океане,* Благовещенск.

Зубов, Н.Н. (1954) *Отечественные мореплаватели – исследователи морей и океанов,* Москва.

Звягин, В.Н., Ш.М. Мусаев и А.К. Станюкович (1995), *Витус Йонассен Беринг (1681-1741). Медико-криминалистический портрет,* Баку. [Предисловие, пять глав, заключение, всё и на русском и на английском языках].

Иванов, В.Н. (1989) *Историческая мысль в России XVIII- середины XIX в. о народах северо-востока Азии,* Москва.

Иванов, В.Ф. (1974) *Историко-этнографическое изучение Якутии XVII-XVIII вв.,* Новосибирск. [О Камчатских экспедициях, см. главу 2].

Иванов, В.Ф. (1991) *Русские письменные источники по истории Якутии XVIII-начала XIX в.,* Новосибирск.

История академии наук. Т. I. Москва-Ленинград (1958).

Ковязин, Н.М. (ред.) (1939) *Сборник статей, посвященных памяти С.П. Крашенинникова к 225-летию со дня рождения* (= Советский север, 2).

Коган, М.Л. (1975) «О моделировании плаваний прошлых веков», *Известия ВГО,* т. 107, № 6, с. 502-509.

Козыревский, И. – см. *Памятники сибирской истории XVIII в.* в отделе 1.1. Sources.

Колчинский, Э.И. (1998) «Стеллериана в России», в кн.: Славгородская, Л.В. (ред.) *Немцы в России. Проблемы культурного взаимодействия,* СПб., с. 106-116.

Комков, Г.Д., Б.В. Левшин и Л.К. Семенов (1977) *Академия наук СССР. Краткий исторический очерк,* т. 1. (1724-1917), Москва.

Копелевич, Ю.Х. (1977) *Основание Петербургской Академии наук,* Ленинград.

Копелевич, Ю.Х. (1999) «Г.Ф. Миллер и Петербургская Академия наук», в кн.: Г.И. Смагина (ред.) *Немцы в России. Петербургские немцы,* СПб., с. 475-483.

Копылов, А.Н. (1974) *Очерки культурной жизни Сибири XVII-начала XIX в.,* Новосибирск.

Кох, Н. (1867) «Памятник капитану Берингу в Петропавловске», *Морской сборник,* т. LXXXVIII, № 1, отд. «Морская хроника», с. 31-36.

Крушинский, М. (2002) «Неоконченный подвиг. Как был найден прах великого командора», *Родина,* январь, с. 12-13.

Кузнецов, И.В. (ред.) (1948) *Люди русской науки: Очерки о выдающихся деятелях естествознания и техники,* 1-2, с предисловием С.И. Вавилова, Москва-Ленинград.

Кузнецов, И.В. (ред.) (1962) *Люди русской науки: Очерки о выдающихся деятелях естествознания и техники. Геология. География,* Москва-Ленинград. [О Беринге, с. 290-97; о Кирилове, с. 317-336; о Чирикове, с. 345-372; о Крашенинникове, с. 382-418; о Челюшкине и Лаптевых, с. 559-566].

Кусков, В.П. (1966а) «Был ли Федот Попов на реке Камчатке?», *Вопросы географии Камчатки,* 4. Петропавловск, с. 94-100.

Кусков, В.П. (1966б) «Памятник мореплавателю Берингу», *Дальний Восток,* 4.

Кушнарев, Е.Г. (1964) «Нерешенные вопросы истории первой камчатской экспедиции», в кн.: М.И. Белов (ред.) *Русские арктические экспедиции XVII-XX вв,* Ленинград, с. 5-15.

Кушнарев, Е.Г. (1976) *В поисках пролива: Первая камчатская экспедиция, 1725-30,* Ленинград.

Лебедев, Д.М. (1950) *География в России петровского времени,* (серия «Итоги и проблемы современной науки»), Москва-Ленинград.

Лебедев, Д.М. (1951) *Плавание А.И. Чирикова на пакетботе*

«Св. Павел» к побережьям Америки. С приложением судового журнала 1741 г., Москва.

Лебедев, Д.М. (1957) Очерки по истории географии в России XVIII в. (1725-1800 гг.), Москва.

Лебедев, Д.М. и В.А. Есаков (1971) – см. Есаков и Лебедев (1971) в отделе 1.2. Secondary literature.

Леньков, В.Д., Г.Л. Силантьев, А.К. Станюкович (1988), Командорский лагерь экспедиции Беринга (Опыт комплексного изучения), Москва.

Лялина, М.А. (1892) Русские мореплаватели арктические и кругосветные, СПб.

Лялина, М.А. (1898) Русские мореплаватели арктические и кругосветные, 2-е изд., СПб.

Ляпунова, Р.Г. (1987) Алеуты. Очерки этнической истории, Ленинград.

Ломоносов, М.В. (1952) Труды по русской истории, общественно-экономическим вопросам и географии, 1747-65 г. (= Полное собрание сочинений, т. 6), Москва.

Лубченкова, Татьяна (2002) Русские колумбы. Художник А. Чаузов. Москва.

Магидович, И.П. (1962) История открытия и исследования Северной Америки, Москва.

Майков, Л.Н. (ред.) (1891а) «Рассказы Нартова о Петре великом», Записки Императорской академии наук, т. 67, книжка первая, 1891, приложение к LXVII-му тому Записок Импер. Академии Наук, № 6. СПб., с. I-XX, 1-138.

Майков, Л.Н. (ред.) (1891б) Рассказы Нартова о Петре Великом, СПб. [рассказ о том, как Петр 1 затеял экспедицию].

Макарова, Р.В. (1968) Русские на Тихом океане во второй половине XVIII в., Москва.

Мёллер, П.У., Н. Охотина-Линд (1999) «'Командорша' – так называли в России Анну Кристину Беринг», Природа, № 3, с. 124-128.

Миллер, Г.Ф. (1890) История Академии наук Г.-Ф. Миллера, с продолжениями И.-Г. Стриттера (1725-43), СПб. (= Императорская академия наук, Материалы для истории Императорской академии наук, т. 6).

Миллер, Г.Ф. (1996) Сочинения по истории России. Избранное. Составление, статья А.Б. Каменского. Примечания А.Б. Каменского и О.М. Медушевской, Москва. [Из содержания: «Описание морских путешествий ...», 1758 (см. выше), с. 19-

126; «Известия о новейших кораблеплаваниях ...», с. 127-179. Книга рецензирована в ежегоднике: *Jahrbücher für Geschichte Osteuropas* 47 (1999), с. 587-88].

Миллер, Г.Ф (1999-2000) *История Сибири.* Издание второе, дополненное, т. I-II, Москва.

Морской биографический справочник Дальнего Востока России и Русскои Америки (XVII-начало XX вв., Владивосток 1998.

Муратов, М. (1941) *Два путешествия капитана Беринга,* Москва-Ленинград.

Накамура, Синтаро (1983) *Японцы и русские: Из истории контактов.* Пер. с яп. с сокр. Вступ. статья Ю.Д. Кузнецова, Москва. [О Шпангберге, см. с. 49-55].

Нартов, А.К. (1891) – см. Майков 1891 в отделе 1.2. Secondary literature.

Наврот, М.И. (1971) «Новый вариант итоговой карты Первой Камчацкой экспедиции», *Летопись севера,* 5, с. 173-179.

Новлянская, М.Г. (1964) *Иван Кирилович Кирилов: географ XVIII века,* Ленинград.

Новлянская, М.Г. (1970) *Даниил Готлиб Мессершмидт и его работы по исследованию Сибири,* Ленинград.

Общий морской список. Ред.: Ф.Ф. Веселаго, СПб. 1885-94, части 1-2 [биографии и послужные списки].

Оглоблин, Н.Н. (1891) «Две 'скаски' Вл. Атласова об открытии Камчатки», *Чтения в императорском Обществе истории и древностей российских при Московском университете,* 1891, 3, с. 1-18.

Окладников, А.П. (ред.) (1968) *История Сибири с древнейших времен до наших дней. В 5-ти т.* Т. 1-2. Москва-Ленинград.

Окладников, А.П. (1979) *Открытие Сибири с древнейших времен до наших дней,* Москва.

Окунь, С.Б. (1935) *Очерки по истории колониальной политики царизма в камчатском крае,* Ленинград.

Островский, Б.Г. (1935) *Великая северная экспедиция 1733-1743,* Архангельск.

Островский, Б.Г. (1939) *Беринг,* Ленинград. 197 с.

Охотина-Линд, Н. (2003) «Капитан-командорша. Сибирская экспедиция Анны Кристины Беринг», *Родина,* 8, с. 30-36.

Пасецкий, В.М. (1957) *Витус Беринг,* Москва.

Пасецкий, В.М. (1964) *Находки, которые открывают тайны,* Москва.

Пасецкий, В.М. (1982) *Витус Беринг 1681-1741.* (Научно-биографическая серия), Москва.

Пасецкий, В.М. (1986) *Путешествия которые не повторятся,* Москва.

Пасецкий, В.М. (1995) *Звездные мгновения Арктики,* СПб. [Об экспедициях Беринга, с. 40-123].

Пасецкий, В. М. (2000) *Русские открытия в Арктике,* в двух частях. Часть первая, СПб. Под редакцией Е.П. Борисенкова. [Об экспедициях Беринга, с. 163-278].

Пекарский, П.П. (1862) *Наука и литература в России при Петре Великом,* т. I-II. СПб.

Пекарский, П.П. (1870-73) *История императорской академии наук в Петербурге,* 1-2, СПб.

Перевалов, В.А. (1949) *Ломоносов и Арктика: из истории географической науки и географических открытий,* Москва-Ленинград.

Покровский, А. (ред.) (1941) – см. в отделе 1.1. Sources.

Покровский, Н.Н., Е.К. Ромодановская (1977) *Источниковедение и археография Сибири,* Новосибирск.

Покровский, Н.Н. (1988) «Сибирские материалы XVII-XVIII вв. по 'Слову и делу государеву' как источник по истории общественного сознания», в кн.: Покровский, Н.Н. (ред.) *Источники по истории общественной мысли и культуры эпохи позднего феодализма,* Новосибирск, с. 24-61.

Полевой, Б.П. (1964) «Главная задача первой камчатской экспедиции по замыслу Петра I (О новой интерпретации инструкции Витусу Берингу 1725 г.)», *Вопросы географии Камчатки,* № 2, с. 88-94. Петропавловск-Камчатский.

Полевой, Б.П. (1965) «Водный путь из ледовитого океана в Тихий: Забытый наказ А.А. Виниуса 1697 года», *Природа,* № 5, с. 94.

Полевой, Б.П. (1967) «Из истории открытия северо-западной части Америки (от первого известия сибирских землепроходцев об Аляске до петровского плана поиска морского пути к Америке», в кн.: И.Р. Григулевич (ред.) *От Аляски до огненной земли ...,* с. 107-120, Москва.

Полевой, Б.П. (1970) «О карте 'Камчадалии' И.Б. Гомана», *Известия АН ССР, серия географическая,* № 1, с. 99-105.

Полевой, Б.П. (1973) «О картах северной Азии Н.К. Витсена», *Известия АН СССР, Серия географическая,* № 2, с. 124-133.

Полевой, Б.П. (1975а) «Колумбы русские (к 250-летию экспедиции Витуса Беринга)», *Дальний восток,* Хабаровск, № 1, с. 127-132.

Полевой, Б.П. (1975б) «Петр Первый, Николай Витсен и проблема 'сошлася ли Америка с Асией'», в кн.: Ю.В. Маретин (ред.) *Страны и народы бассейна Тихого океана*, кн. 3 (= *Страны и народы востока*, выпуск VII).

Полевой, Б.П. (1977) «По поводу спора о первом чертеже Сибири», в кн.: Н.Н. Покровский и Е.К. Ромодановская (ред.) *Источниковедение и археография Сибири*, Новосибирск, с. 5-13.

Полевой, Б.П. (1982) *Первооткрыватели Курильских островов. Из истории русских географических открытий на Тихом океане в XVIII в.*, Южно-сахалинск.

Полевой, Б.П. (1991) «К берегам Америки», *Дальний восток*, № 7, с. 147-154.

Полевой, Борис П. (1994) «Дореволюционный Петропавловск (1740-1916 гг.)», в кн.: Гропянов, Е.В. (ред.) *Петропавловск-Камчатский. История города в документах и воспоминаниях 1740-1990*, Владивосток, с. 3-154.

[Полонский, А.С.] А.П. (1850) «Поход геодезиста Михаила Гвоздева в Берингов пролив, 1732 года», *Морской сборник*, том четвертый, ноябрь, СПб., с. 389-402.

[Полонский, А.С.] А.П. (1851) «Первая камчатская экспедиция Беринга 1725-1729 года», *Отечественные записки*, т. LXXV, 3-4 (год тринадцатый), VIII [Смесь], с. 1 24, СПб.

Полонский, А.А. (1871) «Курилы», *Записки императорского русского географического общества по отделению этнографии*, т. IV, с. 367-576, СПб.

Пузырев, В.П. и др. (ред.) (1995) *Под флагом России. История зарождения и развития морского торгового флота*, Москва [О Беринге, с. 72-73].

Резун, Д.Я. (1982) *Очерки изучения сибирского города конца XVI-первой половины XVIII века*, Москва.

Резун, Д.Я. (1991) *Очерки истории изучения сибирского города XVIII век*, Новосибирск.

Резун, Д.Я. и Асеев, И.В. (ред.) (1989) Памятники быта и хозяйственное освоение Сибири: сборник научных трудов, Новосибирск.

Русские мореплаватели, Москва. 1953. [О Беринге и Чирикове, см. с. 33-56. В приложении около 500 кратких биографических справок о русских землепроходцах и полярных мореходах].

Рясин, Владимир (1993) «Беринг с трудом обретает лицо», *Правда*, 30.XII.

Сафронов, Ф.Г. (1977) «Записка Генриха Фика о якутах и тунгусах первой половины XVIII в.», в кн.: Н.Н. Покровский и Е.К. Ромодановская (ред.) *Источниковедение и археография Сибири*, Новосибирск, с. 235-250.

Сафронов, Ф.Г. (1978) *Русские на северо-востоке Азии в XVII – середине XIX в. Управление, служилые люди, крестьяне, городское население*, Москва.

Сгибнев, А.С. (1868) "Большой камчатский наряд (экспедиция Ельцина)», *Морской сборник*, том XCIX, № 12 (декабрь), Неофициальный отдел, с. 131-139.

Сгибнев, А.С. (1869а) «Попытки русских к заведению торговых сношений с Японией в XVIII и начале XIX столетий», *Морской сборник*, т. С, № 1 (янв.), с. 37-72 (часть 2: неофициальный отдел).

Сгибнев, А.С. (1869б) «Исторический очерк главнейших событий в Камчатке», *Морской сборник*, т. CI, № 4 (апрель), с. 65-142; т. CII, № 5 (Май), с. 53-84; т. CII, № 6 (июнь), с. 37-69; т. CIII, № 7 (июль), с. 1-129; т. CIII, № 8 (август), с. 33-111.

Сгибнев, А.С. (1869в) «Материалы для истории Камчатки», *Морской сборник*, т. С, № 2 (февраль), с. 1-34 (65-83).

Сергеева, Н.Г. (1995) *Российский флот (1720-1917). Библиографический справочник изданий морского ведомства*, СПб.

Северин, Н.А. (1956) *Отечественные путешественники и исследователи*, Москва. [См. главу «Витус Беринг, Алексей Ильич Чириков. XVIII век»], с. 47-62,

Скрябин, Г.К. (ред.) (1974) *Академия наук СССР. Персональный состав, кн. 1, 1724-1917*, Москва. [Репринт Токио 1978].

Старков, В.Ф. и др. (2002) *Исторические памятники Второй камчатской экспедиции*, Москва [сборник статей].

Соколов, А.П. (1849) «Беринг и Чириков», *Северная пчела*, № 98, 5-го мая, с. 391-392, № 99, 6-го мая, с. 395-396.

Соколов, А.П. (1850) «Первая Камчатская экспедиция, Беринга, 1725-29 года», *Записки гидрографического департамента морского министерства*, часть VIII, с. 535-556.

Соколов, А.П. (1851а) «Первый поход русских к Америке. 1732 года», *Записки гидрографического департамента морского министерства*, часть IX, с. 78-107.

Соколов, А.П. (1851б) «Северная экспедиция 1733-43 года», *Записки гидрографического департамента морского министерства*, часть IX. II [История], с. 190-469.

Соколов, И. (1905) «Петр Аврамович Чаплин», *Русский библиографический словарь*, XXII, с. 25-26.

Соколовская, З.К. (1982) *300 биографий ученых. Свод аннотированных библиограф. описаний*, Москва.

Соколовская, З.К. (1988) *400 биографий ученых. Свод аннотированных библиограф. описаний*, Москва.

Сопоцко, А.А. (1983) *История плавания В. Беринга на боте «Св. Гавриил» в Северный Ледовитый океан*, Москва.

Стенцель (1876) «Русские экспедиции», *Кронштадтский вестник*, 1876, № 78-127.

Степанов, Н.Н. (1943) «Первая экспедиция русских на Тихий океан», *Известия ВГО*, 75, вып. 2, с. 45-48.

Степанов, Н.Н. (ред.) *С. П. Крашенинников в Сибири. Неопубликованные материалы*, Москва-Ленинград 1966.

Струве, В.Я. (1849) «О рукописи астронома Делиля». *Записки Русского географического общества*, кн. 3, СПб.

Тюрин, Г. (1997) «Японец по фамилии Помортсев», *Полярная звезда*, 1, 1997, Архангельск, с. 74-81.

Томашевский, В.В. (1957) *Материалы к библиографии Сибири и Дальнего Востока (XV-первая половина XIX века)*, Владивосток.

300 путешественников и исследователей. Биографический словарь. Пер. С.Н. Фрадкиной и Н.Г. Фрадкина, научный редактор Лебедев, Д.М. Москва 1966 [с краткими биографиями Беринга и Чирикова. Перевод книги Walter Krämer (1961) *Die Entdeckung und Erforschung der Erde*, Leipzig].

Файнберг, Е.Я. (1960) *Русско-японские отношения в 1697-1875 гг*, Москва.

Федорова, Т.С. и О.Н. Меньшикова (1989) *Русский Север: Исследования и исследователи. Справочник, часть 2. Историко-культурное наследие русского Севера. Аннотированная библиография 1976-1986*, Москва.

Федорова, Т.С. (1998) «Первый строитель судов Охотского порта», *Гангут*, выпуск 17, СПб., с. 100-105 [о Макаре Ругачеве].

Федорова, Т.С. (2000) «Кто вы, капитан Шпанберг», *Неизвестная Камчатка*, 1 (5), Петропавловск-Камчатский, с. 2-11.

Федорова, Т.С. (2002) «Доносы и жалобы на В. Беринга как источник по истории второй камчатской экспедиции», в кн.: Чубарьян, А.О. (ред.) 2002, с. 195-204.

Фель, С.Е. (1960) *Картография России XVIII века*, Москва.

Ферсман, А.Е. (ред.) (1926) *Тихий Океан. Русские научные исследования,* Ленинград.

Филиппов, А.Н. (1898-1899) *Бумаги Кабинета министров императрицы Анны Иоанновны 1731-1740 гг.,* т. 1: 1731-32; том 2: 1733
(= Сборник Императорского русского исторического общества,
т. 104 и 106).

Цехановская, К.В. (1989) *Колумбы земли русской. Сборник
документальных описаний об открытиях и изучении Сибири,
Дальнего Востока и Севера в XVII – XVIII вв.* Составление, предисловие, комментарии, словарь К.В. Цехановской.
Хабаровск.

Чекуров, М.В. (1991) *Загадочные экспедиции.* Издание 2-е, пере-
работанное, дополненное, Москва [глава «Загадки Камчатских
экспедиций», с. 94-140].

Черевко, К.Е. (1975) «Игнатий Козыревский – автор 'Описания
Апонского государства'», *Проблемы Дальнего Востока,* 1975, 2,
с. 137-139.

Черевко, К.Е. (1999) *Зарождение русско-японских отношений
XVII-XIX века.*

Чикачев, А.Г. (1990) *Русские на Индигирке. Историко-этно-
графический очерк,* Москва.

Чубарьян, А.О. (ред.) (2002) *Русское открытие Америки: Сборник
статей, посвященный 70-летию академика Николая Николаевича
Болховитинова,* Москва.

Чубинский, В. (1869) *Историческое обозрение устройства управления морским ведомством в России,* СПб. [глава «Адмиралтейская
коллегия и ея конторы (1718-1764)», с. 32-91].

Чуковский, Николай К. (1961) *Беринг, биография,* Москва.

Чуковский, Николай К. (1996) *Беринг,* СПб. [Второе издание].

Ширина, Д.А. (1983) *Летопись экспедиций Академии Наук на
северо-восток Азии в дореволюционный период,* Новосибирск.

Шкловский, В. и И. Осипов, при участии Юрия Швырева (1969)
Баллада о Беринге («Берега несправедливости»). Режиссерская
разработка Ю. Швырева, Москва.

Шопотов, А.А. (1995) *Капитан-командор Чириков* (серия Морской
Пантеон), Москва.

Элерт, А.Х. (1988) «Анкеты Г.Ф. Миллера 1734-1742 гг. как
источник по истории освоения Сибири», в кн.: Покровский,
Н.Н. (ред.) *Источники по истории общественной мысли и
культуры эпохи позднего феодализма,* Новосибирск, с. 78-91.

Элерт, А.Х. (1990) *Экспедиционные материалы Г.Ф. Миллера как источник по истории Сибири*, Новосибирск.

Элерт, А.Х. (1996) *Сибирь XVIII века в путевых описаниях Г.Ф. Миллера* (= История Сибири. Первоисточники. VI выпуск), Новосибирск.

Элерт, А.Х. (1997) «Г.Ф. Миллер о судопроизводстве у коренных народов Сибири», в кн.: *Проблемы истории местного управления Сибири XVI-XX веков*, Выпуск II, Новосибирск, с. 10-13.

Элерт, А.Х. (1998) «Проблемы вхождения коренных народов Сибири в состав России в неопубликованных трудах Г.Ф. Миллера», в кн.: Е.К. Ромодановская (ред.) *История русской духовной культуры в рукописном наследии XVI-XX вв. Сборник научных трудов Г.Ф. Миллера как источник по истории Сибири*, Новосибирск, с. 121-133.

Элерт, А.Х. (1999а) *Народы Сибири в трудах Г.Ф. Миллера*, Новосибирск, 239 стр.

Элерт, А.Х. (1999б) «Г.Ф. Миллер – этнограф сибирских народов», в кн.: Г.И. Смагина (ред.) *Немцы в России. Петербургские немцы*, СПб, с. 484-489.

Яковлев, И.И. (1973) *Корабли и верфи*. Издание второе, Ленинград.

Яников, Г.В. (1949) *Великая северная экспедиция*, Москва. [О северных отрядах Второй Камчатской экспедиции]

2. Literature in other languages

2.1. Sources

Andreev, A.I. (ed) (1952) *Russian Discoveries in the Pacific and in North America in the Eighteenth and Nineteenth Centuries: A Collection of Materials,* trans. from the Russian by Carl Ginsburg, Ann Arbor, Mich.

[anon.] "Udi Aaret 1725[…]", *Nye Tidender om Lærde og Curieuse Sager,* No. 17, Den 27. April 1730. [brief note in Danish weekly on Bering's return from Kamchatka to St. Petersburg].

Büsching, Anton Friedrich & Gerhard Friedrich Müller (1995) *Geographie, Geschichte und Bildungswesen in Russland und Deutschland im 18. Jahrhundert. Briefwechsel Anton Friedrich Büsching – Gerhard Friedrich Müller 1751 bis 1783.* Herausgegeben von Peter Hoffmann in Zusammenarbeit mit V.I. Osipov (= Quellen und Studien zur Geschichte Osteuropas, Neue Folge, Band XXXIII), Berlin.

Delisle, Guillaume (1741) *Atlas nouveau, contenant toutes les parties du monde*, Amsterdam.

Delisle, Joseph N. (1752) *Explication de la carte des nouvelles découvertes au nord de la Mer du Sud*, Paris.

Delisle, Joseph N. (1753) *Nouvelles cartes des découvertes de l'Amiral de Fonte, et autres navigateurs... dans les mers septentrionales*, Paris.

Dmytryshyn, Basil, et al. (ed) (1988) *Russian Penetration to the North Pacific Ocean 1700-1797. A Documentary Record*, Portland (= To Siberia and Russian America: Three Centuries of Russian Eastward Expansion, 1558-1867, vol. 2).

Euler, Leonhard (1959-76) *Die Berliner und die Petersburger Akademie der Wissenschaften im Briefwechsel Leonhard Eulers*, 3 Bd., Berlin.

Gmelin, Johann Georg (1748) *Leben G.W. Stellers*, Frankfurt.

Gmelin, Johann Georg (1751-52) *Reise durch Sibirien, von den Jahr 1733 bis 1743* (= Sammlung neuer und merkwürdiger Reisen zu Wasser und zu Land, 4-7), 4 volumes, Göttingen.

Gmelin, Johann Georg (1767) *Voyage en Sibérie...* Traduction libre par M. de Keralio, Tome 1-2, Paris.

Gmelin, Johann Georg, G. W. Steller(1990) *Die grosse Nordische Expedition von 1733 bis 1743* (= Bibliothek des 18. Jahrhunderts), Leipzig.

Gmelin, Johann Georg (1999) *Expedition ins unbekannte Sibirien* (= Fremde Kulturen in alten Berichten, Band 7). Herausgegeben, eingeleitet und erläutert von Dittmar Dahlmann, Sigmaringen.

Golder, Frank A. (1922-25) *Bering's Voyages. An Account of the Efforts of the Russians to Determine the Relation of Asia and America*, 2. vols., New York. (=American Geographical Society Research Series, No. 1 and No. 2).

Golder, Frank A. (1968) *Bering's Voyages. An Account of the Efforts of the Russians to Determine the Relation of Asia and America*, 2 vols., New York. (=American Geographical Society Research Series, No. 1 and No. 2). Reprint [cf. Golder 1922-25]. Volume I: The Log Books and Official Reports of the First and Second Expeditions 1725-1730 and 1733-1742, with a chart of the second voyage by Ellsworth P. Bertholf. Volume II: Steller's Journal of the Sea Voyage from Kamchatka to America and Return on the Second Expedition 1741-1742. Translated and in part annotated by Leonhard Stejneger. Index to both volumes.

Haven, Peder von (1743) *Reise udi Rusland*, Copenhagen.

Haven, Peter von (1744) *Reise in Russland*, Copenhagen [German translation of Haven 1743].

Haven, Peder von (1747) *Nye og forbedrede Efterrætninger om Det russiske Rige*, Copenhagen.

Haven, Peder von (1757) *Reise udi Rusland*, Sorø (Second revised edition of Haven 1743).

Haven, Peder von (2003) *Reise udi Rusland. Første udgave fra 1743*. Republished with comments by Peter Ulf Møller and Jesper Overgaard Nielsen (= Beringiana, vol. 2), Århus. [Modern edition of Haven 1743].

Hofman, Hans de (1755), *Samlinger af publique og private Stiftelser*, t. II, København. [Includes three letters in Danish from Vitus Bering, pp. 247-253].

Krasheninnikov, S.P. [Krascheninnikow] (1766) *Beschreibung des Landes Kamtschatka, in englischen Sprache bekannt gemacht von Jacob Grieve*, Lemgo.

Krasheninnikov, S.P. [Kracheninnikow] (1768) *Voyage en Sibérie, fait par ordre du Roi en 1761*, Tome 1-2. Paris.

Krasheninnikov, S.P. [Kracheninnikow] (1769) *Voyage en Sibérie, fait par ordre du Roi en 1761*, Tome 1-2. Amsterdam.

Krasheninnikov, S. P. (1770) [Kracheninnikow] *Histoire et description du Kamtschatka*, trad. du Russe. T. 1-2. Amsterdam.

Krasheninnikov, S. P. (1972) *Exploration of Kamchatka: North Pacific Scimitar*, transl. E.A.P. Crownhart-Vaughan, Portland, Oregon.

Lind, N.O., P.U. Møller (1997) *Kommandøren og Konen. Arkivfund om danske deltagere i Vitus Berings ekspeditioner*. Copenhagen.

Messerschmidt, Daniel G. (1968) *Forschungsreise durch Sibirien 1720-27* in Verbindung mit zahlreichen Fachgelehrten herausgegeben von E. Winter, G. Uschmann und G. Jarosch, Teil 4, *Tagebuchaufzeichnungen Februar 1725 – November 1725*. Mit 8 Kunstdrucktafeln und 1 Karte (= Quellen und Studien zur Geschichte Osteuropas, herausgegeben von Eduard Winter & Heinz Lemke, Band VIII, Teil 4) Berlin 1968. [on meeting with Bering og Spangberg in Yeniseisk, 23 July – 12 August 1725, cf. pp. 172 – 196, 228-29].

Müller, Gerhard Friedrich (1753) *Lettre d'un officier de la marine russienne à un seigneur de la cour concernant la carte des nouvelles decouvertes au nord de la Mer du Sud...*, Berlin.

Müller, Gerhard Friedrich (1754a) *A Letter from a Russian Sea-Officer, to a Person of Distinction at the Court of St. Petersburgh ...*, London.

Müller, Gerhard Friedrich (1754b) *Nouvelle carte des decouvertes faites par les vaisseaux russes aux cotes inconnues de l'Amerique Septentrionale avec les pais adjacentes...*, SPb.

Müller, G.F. (1758a) "Nachrichten von Seereisen, und zur See gemachten Entdeckungen, die von Russland aus längst den Küsten des Eissmeeres und auf dem Ostlichen Weltmeere gegen Japon und Amerika geschehen sind. Zur Erläuterung einer bey der Akademie der Wissenschaften verfertigten Landkarte." *Sammlung Russischer Geschichte. Des dritten Bandes erstes, zweytes u. drittes Stück.* St. Petersburg, bey der Kayserl. Academie der Wissenschaften, pp. 1-304.

Müller, G.F. (1761) *Voyages from Asia to America, for completing the Discoveries of the North West Coast of America.* London.

Müller, G.F. (1764) *Voyages from Asia to America, for completing the Discoveries of the North West Coast of America.* The Second Edition. London.

Müller, G. F. (1766) *Voyages et découvertes faites par les Russes le long des côtes de la Mer Glacial & sur l'Océan Oriental, tant vers le Japon que vers l'Amerique.* 1-2. Amsterdam.

Müller, G. F. (1784) "Efterretninger om Søe-Reiser og til Søes giorte Opdagelser som ere foretagne fra Rusland af langs med Kysterne af Iishavet og fornemmelig i det østlige Ocean, imod Japon og Amerika", in: Hallager, M. [translator and publisher] *Udførlige og troeværdige Efterretninger [...]*, Copenhagen, pp. 1-248.

Müller, Gerhard Friedrich (1986) *Bering's Voyages: The Reports from Russia.* Translated, with commentary by Carol Urness. Fairbanks, Alaska: University of Alaska Press (= The Rasmuson Library Historical Translation Series, Vol. III).

[Spanberg] (1740a) [Notice on Spanberg], *The Gentleman's Magazine: For February 1740*, X, 95.

Spanberg (1740b) [Extract from a letter of Spanberg], *The Gentleman's Magazine: For April 1740*, X, 205.

Steller, Augustin (1747) "Zuverlässige Nachricht von dem merkwürdigen Leben und Reisen Herrn Georg Wilhelm Steller". In: *Ergetzungen der vernünftigen Seele.* Ed. Johann Heinrich Gottlob von Justi, V, pp. 362-384.

Steller, Georg Wilhelm (1753) *Ausführliche Beschreibung von sonderbaren Meerthieren,* Halle.

Steller, Georg Wilhelm (1774) *Beschreibung von dem Lande Kamtschatka,* Ed. Johann Benedict Scherer, Frankfurt und Leipzig.

Steller, Georg Wilhelm (1781) "Topographische und physikalische Beschreibung der Berginsel, welche im östlichen Weltmeer an der Küste von Kamtschatka liegt", in: *Neue Nordische Beyträge zur physikalischen und geographischen Erd-und Völkerbeschreibung, Naturgeschichte und Oekonomie,* Bd. 2, SPb. & Leipzig.

Steller, Georg Wilhelm (1793) *Reise von Kamtschatka nach Amerika mit dem Commandeur-Capitän Bering...,* Ed. Peter Simon Pallas, SPb.

Steller, Georg Wilhelm (1926) *Von Kamtschatka nach Amerika,* (= Alte Reisen und Abenteuer 16), Leipzig.

Steller, Georg Wilhelm (1974) *Beschreibung von dem Lande Kamtschatka. Reise von Kamtschatka nach Amerika. Ausführliche Beschreibung von sonderbaren Meerthieren,* Stuttgart. Med indledning af Hanno Beck. Kilde: Jacobsen, Steller 1990. [Reprint of Steller 1753, 1774 & 1793].

Steller, Georg Wilhelm (1988) *Journal of a voyage with Bering 1741-1742,* Stanford.

Steller, Georg Wilhelm (1990) *Berings rejse fra Sibirien til Amerika. Kaptajn Vitus Berings opdagelse af Alaska 1741-1742.* Ed. Volker Matthies. Tranlated by Knud A. Holst. Copenhagen (= Tidens Eventyrlige Rejser).

Steller, Georg Wilhelm (2000) *Briefe und Dokumente 1740.* Herausgegeben von Wieland Hintzsche, Thomas Nickol und Ol'ga Vladimirovna Novochatko, Halle (= Quellen zur Geschichte Sibiriens und Alaskas aus russischen Archiven, Band I).

Steller, Georg Wilhelm, Stepan Kraseninnikov, Johann Eberhard Fischer (2000) *Reisetagebücher 1735 bis 1743.* Bearb. von Wieland Hintzsche unter Mitarbeit von Thomas Nickol, Ol'ga Vladimirovna Novochatko, Dietmar Schulze, Halle (= Quellen zur Geschichte Sibiriens und Alaskas aus russischen Archiven, Band II).

Steller, Georg Wilhelm (2001) *Briefe und Dokumente 1739.* Bearb. von Wieland Hintzsche unter Mitarbeit von Thomas Nickol, Ol'ga Vladimirovna Novochatko, Dietmar Schulze, Halle (= Quellen zur Geschichte Sibiriens und Alaskas aus russischen Archiven, Band III).

Waxell, Sven (1948) *Vitus Berings eventyrlige opdagerfærd 1733-1743,* skildret af hans rejsefælle og første officer Sven Waxell. Forord af Hakon Mielche, Copenhagen.

Waxell, Sven (1952) *The American Expedition.* Trans. M. A. Michael, London [translated from the Danish edition].

Waxell, Sven (1953) *Den stora expeditionen. Utdrag ur såväl mina egna som ur andra officerares journaler från den Kamtjatka-expedition...* Av Sven Waxell. Kapten i den ryska flottan. Utgiven och med kommentar försedd av Juri Semjonow. Stockholm [translated from the Danish edition].

Waxell, Sven (1962) *The Russian Expedition to America*. With an introduction and notes by M.A. Michael. Translated from Johan Skal-
berg's Danish version by M.A. Michael, New York.

Waxell, Sven (1968) *Die Brücke nach Amerika. Abenteuerliche Entdeckungsfahrt des Vitus Bering 1733-1743. Reisebericht seines ersten Offiziers und Stellvertreters Sven Waxell. Ergänzt durch Beschreibungen des
mitreisenden Naturforschers G.W. Steller*, Olten & Freiburg.

2.2. Secondary literature

*Academy of Sciences of the Union of the Soviet Socialist Republics: The
Pacific. Russian scientific investigations*, Leningrad 1926.

Adami, Norbert R. (1981) "Zur Geschichte der russisch-japanischen
Beziehungen bis zum Beginn des 19. Jahrhunderts," *Bochumer Jahrbuch zur Ostasienforschung*, Bochum, pp. 196-325.

Adelung, J. Chr. (1768) *Geschichte der Schiffahrten und Versuche, welche
zur Entdeckung des Nordöstlichen Weges nach Japan und China von
verschiedenen Nationen unternommen worden. Zum Behufe der Erdbeschreibung und Naturgeschichte dieser Gegenden entworfen*, Halle.

Albrethsen, Svend E. (1993a) "Vitus Berings sidste rejse", *National-
museets Arbejdsmark 1993*, Kbh., pp. 135-150.

Albrethsen, Svend E. (1993b) "Vitus Bering's second Kamchatka expedition — the journey to America and archaeological excavations on
Bering Island", in: Jacobsen, N. Kingo (ed) *Vitus Bering 1741-1991*,
English edition. Copenhagen (= Kulturgeografiske skrifter, bd. 13,
nr. 2), pp. 66-96.

Amburger, Erik (1936) "Vitus Berings Nachkommen in Russland",
Personalhistorisk Tidsskrift, 1936, t. III, s. 35-38.

Baer, Karl E. von [Бэр] (1872) *Peters des grossen Verdienste um die Er-
weiterung der geografischen Kenntnisse*, SPb. (= Beiträge zur Kenntnis
des russischen Reiches und der angrenzenden Länder Asiens, 16).

Bagrov, L. (1938) "Ivan Kirilov, Compiler of the First Russian Atlas,
1689-1737", *Imago Mundi*, II, pp. 78-82.

Bagrov, L. (1948-49) [Bagrow] "The Vitus Bering First Voyage Maps",
Geografisk Tidsskrift, XLIX, pp. 32-40. Copenhagen.

Bagrov, L. (1952) "The First Russian Maps of Siberia and Their Influence on the West-European Cartography of N. E. Asia", *Imago
Mundi*, Leiden, 9, pp. 83-93.

Bagrov, L. (1955) "The First Map Printed in Russia", *Imago Mundi*,
Leiden, 12, pp. 152-156.

Bagrov, L. [Leo Bagrow] (1975)*A History of Russian Cartography up to 1800.* Ed. by Henry W. Castner, Wolfe Island, Ont.

Baker, J.N.L. (1937) *A History of Geographical Discovery and Exploration,* Boston and New York (pref. 1931); new ed. rev., London, repr. 1945.

Bancroft, H.H. (1886) *History of Alaska, 1730-1885,* San Francisco.

Bancroft, Hubert Howe (1970) *History of Alaska, 1730-1885,* new edition, Darien.

Barratt, Glynn (1981) *Russia in Pacific Waters, 1715-1825: A Survey of the Origins of Russia's Naval Presence in the North and South Pacific,* Vancouver & London.

Bashkina, N.N. & N.N. Bolchovitinov et al. (eds.) (1980) *The United States and Russia: The Beginning of Relations 1765-1815,* Moskva & Washington [also with Russian title:*Россия и США: Становление отношений 1765-1815*].

Bayer, Konrad (1970) *Der Kopf des Vitus Bering,* Frankfurt a. M. [novel].

Berkh, V.N. (1974) [Берх] *A Chronological History of the Discovery of the Aleutian Islands or The Exploits of Russian Merchants. With a Supplement of Historical Data on the Fur Trade.* Translated by Dmitri Krenov. Edited by R.A. Pierce. (= Materials for the Study of Alaska History, No. 5), Kingston, Ont.

Berg, L. S. (1954) *Geschichte der Russischen geographischen Entdeckungen,* Leipzig.

Birket-Smith, Kaj (1928) "Vitus Bering og hans Rejser", *Geografisk Tidsskrift,* 31, pp. 131-138.

Birket-Smith, Kaj (1942a) *Vitus Bering,* (= Ledetraad ved Folkelig Universitetsundervisning, 139).

Birket-Smith, Kaj (1942b) "Morten Spangberg", *Dansk Biografisk Leksikon* XXII (1942), pp. 329-30.

Birket-Smith, Kaj (1954) "Bering 1681-1741", in: Kurt Kayser (ed) *Die berühmten Entdecker und Erforscher der Erde,* Köln.

Birket-Smith, Kaj (1979) "Vitus Bering", *Dansk Biografisk Leksikon,* 3. udg., bd. 2, pp. 14-16.

Björkbom, Carl (1941) "Two Bering Maps in the Royal Library at Stockholm", *Ethnos,* 6. Aargang, pp. 128-134, Stockholm.

Breitfuss, L. (1939) "Early Maps of North-Eastern Asia and of the Lands around the North Pacific. Controversy between G.F. Müller und N. Delisle, *Imago Mundi,* 3, London, pp. 87-99.

Broch, Erik (1976) *Bering-slægtens stamgård i Bjerring,* Bjerringbro.

Brooks, Alfred H. (1953) *Blazing Alaska's Trails*, Fairbanks, Alaska (2nd edition 1973).

Buache, Ph. (1753) *Considerations géographiques et physiques sur les nouvelles découvertes au nord de la grande mer appelée vulgairement la Mer du Sud, avec des cartes qui y sont relatives*, Paris.

Bucher, Gudrun (2002a) *"Von Beschreibung der Sitten und Gebräuche der Völcker": die Instruktionen Gerhard Friedrich Müllers und ihre Bedeutung für die Geschichte der Ethnologie under der Geschichtswissenschaft*, Stuttgart: Steiner (= Quellen und Studien zur Geschichte des östlichen Europa, 63).

Bucher, Gudrun (2002b) "Gerhard Friedrich Müllers *Unterricht, was bey Beschreibung der Völker, absonderlich der Sibirischen, in acht zu nehmen* vom Jahre 1740", in: Erich Donnert (ed) *Europa in der Frühen Neuzeit*, Band 6, pp. 1005-1010.

Burney, James (1818) "A Memoir on the Geography of the North-Eastern Part of Asia, and on the Question Whether Asia and America Are Contiguous, or Are Separated by the Sea", *Philosophical Transactions of the Royal Society of London* 108, part 1: 9-23.

Burney, James (1819/ 1969) *A Chronological History of the North-eastern Voyages of Discovery; and of the Early Navigations of the Russians*, London. Reprint: Amsterdam 1969.

Cahen, Gaston (1911) *Les cartes de la Sibérie. Essai de bibliographie critique*, Paris (= Nouvelles archives des missions scientifiques et littéraires, 19, nouvelle série, fasc. 1).

Chevigny, Hector (1965) *Russian America: The Great Alaskan Adventure, 1741-1867*, New York.

Chew, Allen F. (1977) "Bering, Vitus Jonassen", in: Joseph L. Wieczynski (ed.) *The Modern Encyclopedia of Russian and Soviet History*, 4, pp. 39-42.

Clark, Henry W. (1930) *History of Alaska*, New York.

Clausen, Jacob (1992) *Rejsen til Håbets Ø*, Copenhagen.

Dahlgren, E. W. (1890-94) "Berings karta öfver Sibirien", *Ymer*, 1890: 111-169; 1894: 93-94.

Dahlman, Dittmar (2002) "Die 'fremden Völker' Alaskas und Sibiriens in deutschsprachigen Reisebeschreibungen des 18. und frühen 19. Jahrhunderts, in: Erich Donnert (ed) *Europa in der Frühen Neuzeit*, Band 6, pp. 1011-1016.

Dall, William H. (1870) *Alaska and its resources*, Boston.

Dall, William H. (1890) "A Critical Review of Bering's First Expedition, 1725-30, Together with a Translation of His Original Report on It" (with a map), *The National Geographic Magazine* (Washington D.C.) 2 (1890 [1891]), pp. 111-166.

Dall, William H. (1891) "Notes on an Original Manuscript Chart of Bering's Expedition of 1725-30, and on an Original Manuscript Chart of His Second Expedition. Together with a Summary of a Journal of the First Expedition, Kept by Peter Chaplin, and Now First Rendered into English from Bergh's Russian Version", *Report of the Superintendent of the U.S. Coast and Geodetic Survey Showing the Progress of the Work During the Fiscal Year Ending with June 1890.* App. no 19 (1890), pp. 759-74. Washington.

Divin, V. A. (1993) [Vasilii A. Divin] *The Great Russian Navigator, A.I. Chirikov,* translated and annotated by Raymond H. Fisher (= The Rasmuson Library. Historical Translation Series, Vol. VI), Fairbanks, Alaska.

Dobbs, Ernest S. (1754) *Observations upon the Russian Discoveries,* London.

Donnert, Erich (ed) (2002) *Europa in der Frühen Neuzeit. Festschrift für Günter Mühlpfordt,* Band 6, *Mittel-, Nord- und Osteuropa,* Köln, Weimar, Wien. [cf. the section "Beiträge zur eurasisch-amerikanischen Entdeckungsgeschichte", pp. 837-1086].

Dörflinger, Johannes (1975) "Die Namensgeschichte der Bering-Strasse", *Anzeiger der Österreichischen Akademie der Wissenschaften Philosophisch-Historische Klasse* 1975, 112(13): 128-146.

Elert, A. Ch. (1996) "Die Völker Sibiriens in der Sicht Gerhard Friedrich Müllers", *Berliner Jahrbuch für osteuropäische Geschichte,* 2. Sibirien: Kolonie – Region, Berlin, pp. 37-54.

Falk, A. (1941) *Vitus Bering,* Hellerup (= Faglig Læsning, 137).

Fedorova, T.S., Birgit Leick Lampe, Sigurd Rambusch & Tage Sørensen (1999) *Martin Spangsberg. En dansk opdagelsesrejsende i russisk tjeneste,* Esbjerg.

Fedorova, T.S., Birgit Leick Lampe, Sigurd Rambusch & Tage Sørensen (s.a. [2002]) *Martin Spangsberg. A Danish Explorer in Russian Service.* Esbjerg.

Fisher, Raymond H. (1969) "Kerner, Bering, and the Amur", *Jahrbücher für Geschichte Osteuropas,* München, neue Folge, 17, Heft 3 (September): 397-407.

Fisher, Raymond H. (1977) *Bering's Voyages. Whither and Why,* Seattle and London.

Ford, Corey (1967) *Where the Sea Breaks Its Back. The epic story of a pioneer naturalist and the discovery of the Alaska,* N.Y.

Forster, Johann R. (1786) *History of the Voyages and Discoveries Made in the North,* transl. from the German, London.

Frost, O. W. (ed) (1992) *Bering and Chirikov. The American Voyages and their Impact, Anchorage.* Anchorage, Alaska.

Frost, Orcutt W. (1994) "Vitus Bering and Georg Steller: Their Tragic Confict on the American Expedition", *Pacific Northwest Quarterly* 84, 1994/5, No. 1, pp. 3-16.

Frost, Orcutt W. (1997) "Von Deutschland über Russland und Sibirien nach Nordamerika. Der Naturforscher Georg Wilhelm Steller", in: Erich Donnert (ed), *Europa in der frühen Neuzeit. Festschrift für Günther Mühlpfordt,* vol. 2, Weimar et al. 1997, pp. 515-538.

Gabe, Niels (1968) *Vitus Berings opdagelsesrejser,* Copenhagen.

Gibson, James R. (1969) *Feeding the Russian Fur Trade: Provisionment of the Okhotsk Seaboard and the Kamchatka Peninsula, 1639-1856,* Madison, Milwaukee, and London.

Gmelin, M. (1879) "Johann Georg Gmelin", *Allgemeine deutsche Biographie,* IX, pp. 269-270.

Gmelin, Otto (1911) *Johann Georg Gmelin 1709-1755. Der Erforscher Sibiriens,* München.

Golder, Frank A. (1914) *Russian Expansion on the Pacific, 1641-1850. An Account of the earliest and later expeditions made by the Russians along the Pacific coast of Asia and North America; including some related expeditions to the arctic regions.* Reprinted, Gloucester, Mass., Cleveland, Ohio, 1914.

Golder, Frank A. (1960) *Russian Expansion on the Pacific 1641-1850. An Account of the earliest and later expeditions made by the Russians along the Pacific coast of Asia and North America; including some related expeditions to the arctic regions.* Gloucester, Mass. [reprint, cf. Golder 1914].

Goodhue, Cornelia (1944) *Journey into the fog. The story of Vitus Bering and the Bering Sea,* N. Y.

Greely, A. W. (1892) "The Cartography and Observations of Bering's First Voyage", *The National Geographic Magazine,* III, pp. 205-230.

Gross, Onno (2001) "Auf der Spur von Steller", *National Geographic Deutschland,* August 2001, pp. 108-111.

Hagerup, H. (1942) *Vitus Bering: 1741-1941,* Copenhagen.

Harrison, John A. (1971) *The Founding of the Russian Empire in Asia and America,* Coral Gables, Fl.

Henze, Dietmar (1975) "Bering", in: *Enzyklopädie der Entdecker und Erforscher der Erde*, Graz.

Hintzsche, Wieland & Thomas Nickol (eds) (1996a) *Die Grosse Nordische Expedition: Georg Wilhelm Steller (1709-1746) – ein Lutheraner erforscht Sibirien und Alaska*. Gotha.

Hintzsche, Wieland & Thomas Nickol (eds) (1996b) *Monumenta Sibiriae: Quellen zur Geschichte Sibiriens und Alaskas aus russischen Archiven*. Gotha.

Hintzsche, Wieland & Thomas Nickol (1997) "Eine Topographie der Stadt Tobol'sk von Gerhard Friedrich Müller", in: Erich Donnert (ed), *Europa in der Frühen Neuzeit. Festschrift für Günter Mühlpfordt*, Band 3, *Aufbruch zur Moderne*, Weimar, Köln, Wien. Sonderdruck, pp. 79-93.

Hirabayashi, Hirondo (1957) "The Discovery of Japan from the North", *Japan Quarterly*, bd. 4, nr. 3. Tokyo, pp. 318-328.

Hjernøe, Leif (1972) *Romanen om Vitus Bering*, Løgstrup. [Historical fiction, 246 pp.]

Hjernøe, Leif (1992) *Vitus Bering: den store danske ekspeditionsleder, der i 1741 opdagede Amerika bagfra og fik vores verdensbillede til at hænge sammen – i begge ender*, s.l. [Copenhagen].

Hünefeld, Hans (1964-65) "Zur Geschichte der Stellerforschung. Eine bibliografische Untersuchung", in: *Jahresbericht des Stellergymnasiums*.

Ipsen, Paul (1941) "Vitus Jonassen Bering i anledning af 200 året for hans død", *Tidsskrift for Søvæsen*, 112. årgang, 1941, nr. 11. [27 pp.]

Isnard, Albert (1915) "Joseph-Nicolas Delisle, sa biographie et sa collection de cartes géographiques à la Bibliothèque nationale", *Bulletin de la Section de Géographie*, XXX, pp. 34-164.

Jacobsen, N. Kingo (1951) "Arktiske problemstillinger i relation til besejlingen", *Geografisk Tidsskrift*, 51, pp. 94-133.

Jacobsen, N. Kingo (1993a) *Vitus Bering 1741-1991*, Danish edition, Copenhagen (= Kulturgeografiske skrifter, bd. 13, nr. 1).

Jacobsen, N. Kingo (1993b) *Vitus Bering 1741-1991*, English edition. Translation: Richard Barnes, Copenhagen (= Kulturgeografiske skrifter, bd. 13, nr. 2).

Jensen, Johannes V. (1941) "Vitus Bering", pp. 39-45 in: ejusdem, *Mindets tavle. Portrætter og personligheder*, Copenhagen.

Jensen-Rix, Ellen (ed) (1981) *Litteratur om Vitus Bering*, Horsens: Læsesalen, Horsens Bibliotek. 17 pp. [A bibliography of Bering, mostly in

Danish; books, periodicals and newspapers, 1941-1981. For Danish literature before 1941, cf. Stensgård 1941].

Kejlbo, Ib Rønne (1992) "Hidtil ukendt Vitus Bering-kort i Det kongelige Biblioteks eje", *Magasin fra Det kgl. Bibl.*, 7. årg. no. 1, juni 1992, pp. 3-22

Kerner, Robert J. (1931) "Russian Expansion to America: Its Bibliographical Foundations", *Papers of the Bibliographical Society of America*, 25, pp. 111-129, New York.

Kish, George (1971) "Guillaume Delisle", *Dictionary of Scientific Biography*, IV, pp. 22-25.

Kruta, Vladislav (1972) "Johann Georg Gmelin", *Dictionary of Scientific Biography*, V, pp. 427-429.

Kušnarev, E.G. (1981) *På jagt efter strædet: første Kamčatka-ekspedition*, Horsens. [Danish translation by Kirsten Marie Møller-Sørensen of Кушнарев 1976].

Kushnarev, E. G. (1990) *Bering's Search for the Strait: The First Kamčatka Expedition, 1725-30* (= North Pacific Studies Series, 15).

Lantzeff, Georg V. & Richard A. Pierce (1973) *Eastward to Empire: Explorations and Conquest on the Russian Open Frontier, to 1750*, Montreal.

Lauridsen, P. (1885) *Vitus J. Bering og de russiske Opdagelsesrejser fra 1725-43*, Copenhagen.

Lauridsen, P. (1889) *Vitus Bering: The Discoverer of Bering Strait*, rev. by the author and trans. from the Danish by Julius E. Olson, Chicago.

Lauridsen, P. (1891) "Vitus J. Bering og W. H. Dall", *Geografisk Tidsskrift* 11, pp. 41-57.

Lauridsen, P. (1969) *Vitus Bering: The Discoverer of Bering Strait*, trans. Julius E. Olson; with an introduction to the American ed. by Frederick Schwatka. Freeport/NY [Reprint of Lauridsen 1889].

Lebedev, D.M. (1967) & Vadim I. Grekov "Geographical Explorations by the Russians", in: Herman R. Friis (ed.) *The Pacific Basin*, N.Y., pp. 170-200.

Lenkov, V.D., G.L. Silantiev, A. K. Stanyukovich (1992) *The Komandorskii Camp of the Bering Expedition (An Experiment in Complex Study)*, Transl. by Katherine L. Arndt. Edited by O. W. Frost. Anchorage.

Lensen, George Alexander (1959) *The Russian Push toward Japan: Russo-Japanese Relations, 1697-1875*, Princeton.

Lincoln, W. Bruce (1994) *The Conquest of a Continent. Siberia and the Russians*. NY/ London.

Lind, N.O., P.U. Møller (1998) "Kommandørfruens ekspedition til Sibirien", *Siden Saxo. Udgivet af Statens Arkiver*, 3, Juli kvartal, pp.2-9.

Lind, N.O., P.U. Møller, S. Rambusch (1999) "Vitus Berings og Martin Spangbergs våbenskjolde på nyfundne laksegl i russiske arkiver", *Heraldisk Tidsskrift*, bind 8, nr. 80, oktober 1999, pp. 445-450.

Lind, N.O. [Okhotina-Lind] (2002) "Zwei Pläne zur Verbesserung der Lebensbedingungen auf Kamčatka. Ein Vergleich der Ansichten und Vorschläge von Bering und Steller", in: Erich Donnert (ed) *Europa in der Frühen Neuzeit*, Band 6, pp. 931-935.

Lower, J. Arthur (1978) *Ocean of Destiny: A Concise History of the North Pacific, 1500-1978*, Vancouver.

Lütgen, Kurt (1976) *Vitus J. Bering*, Balve.

Lütgen, Kurt (1977) *Hoch im Norden neues Land... Geschichte und Gestalten der russischen Polarforschung*, Bayreuth.

Maier, Lothar A. (1979) "Die Krise der St. Petersburger Akademie der Wissenschaften nach der Thronbesteigung Elisabeth Petrovnas und die 'Affäre Gmelin'", *Jahrbücher für Geschichte Osteuropas*, neue Folge, XXVII:3, pp. 353-373.

Makarova, R. V. (1975) *Russians on the Pacific, 1743-1799*, transl. Richard A. Pierce & Alton S. Donnelly (= Materials for the Study of Alaska History, 6) Kingston.

Massie, Robert K. (1948) & Helen Brower (eds) *Bering's Successors, 1745-80: Contributions of Peter Simon Pallas to the History of Russian Exploration toward Alaska,* Seattle.

Middendorff, A. Th. v. (1842) *Reise in den Äussersten Norden und Osten Sibiriens.* IV, 1. Abth.

Middendorff, A. Th. v. (1843) *Sct. Petersburger Akad. Memoirer (Bull. phys. math.,* T. III, No. 10).

Murphy, Robert (1961) *The Haunted Voyage*, New York.

Murphy, Robert (1962) *The Haunted Journey. An Account of Vitus Bering's voyages of discovery,* London.

Murphy, Robert (1968) *Vitus Berings opdagelsesrejser*, Copenhagen [Danish translation of Murphy 1961].

Møller, Peter Ulf (2002) "Der Welt wahrheitsgetreu berichten. Peder von Haven über Bering, Spangberg und die beiden Kamčatka-Expeditionen", in: Erich Donnert (ed) *Europa in der Frühen Neuzeit*, Band 6, pp. 937-942.

Møller, Peter Ulf & Wieland Hintzsche (2003) "Hvornår og hvor blev Morten Spangberg født?", *Personalhistorisk Tidsskrift* 2003:1, pp. 1-12.

Nielsen, Niels (1941) "Vitus Berings Mindefond og Vitus Bering Medaillen", *Geografisk Tidsskrift*, 44, pp. 10-14, Copenhagen.

Nordenskiöld, A.E. (1881a) *Vegas reise omkring Asia og Europa*, Anden del, Kristiania, 1881.

Nordenskiöld, Nils Adolf E. (1881b) *The Voyage of the Vega round Asia and Europe with a Historical Review of Previous Journeys along the North Coast of the Old World*, transl. from the Swedish by Alexander Leslie, 2 vols., London.

Okhuizen, Edwin (1992) "Exploration and Mapping of the Northeast Passage and Northern Eurasia, 15th-19th Centuries", in: Nils-Erik Raurala, *The Northeast Passage from the Vikings to Nordenskiöld*, Helsinki, pp. 10-49 + bibliography pp. 273-274.

Omont, M. H. (1915) "Lettres de J.-N. Delisle au Comte de Maurepas et à l'Abbé Bignon sur ses travaux géographiques en Russie (1726-1730)". Comité des travaux historique et scientifique, *Bulletin de la Section de Géographie*, III, 1915, pp. 130-164.

Parker, John (1956) *The Strait of Anian: An Exhibit of Three Maps in the James Ford Bell Library at the University of Minnesota, Portraying Sixteenth and Eighteenth Century Concepts of the Waterway between Asia and America, which is known as the Bering Strait*, Minneapolis.

Petersen, Josef (1941) *Søfareren Vitus Bering*, Copenhagen.

Petersen, Josef (1947) *Vitus Bering, der Seefahrer*, translated from the Danish by H. Kurtzweil, Hamburg.

Petersen, Josef (s.a., [1966]) *Vitus Bering, de Zeevaarder*, translated from the Danish by Dr. Annie Posthumus, Den Haag.

Pierce, Richard A. (1980) "Vitus Jonassen Bering", in: *The Discoverers: An Encyclopedia of Explorers and Exploration*, NY.

Plieninger, Dr. Guil. Henr. Theodor (1861) *Joannis Georgii Gmelini [...] Reliquias quae supersunt commercii epistolici cum Carolo Linnaeo, Alberto Hallero, Guilielmo Stellero et al. [...] ex mandato et sumtibus Academiae scientiarum Caesareae Petropolitanae publicandas curavit [...] Plieninger*, Stuttgart.

Rambusch, Sigurd (2000) "Martin Spangsberg – en dansk opdagelsesrejsende gravet frem af russiske arkiver", *Siden Saxo*, Nr. 2, April kvt., 17. årg., pp. 36-42.

Rasmussen, Vang (1983) *Vitus Bering* (= Dansk dåd, 3). Copenhagen.

Robel, Gert (1976) "Die Sibirienexpeditionen und das deutsche Russlandbild im 18. Jahrhundert. Bemerkungen zur Rezeption von Forschungsergebnissen", in: Amburger, Erik (hrsg.) *Wissenschaftspolitik in Mittel-und Osteuropa: wiss. Gesellschaften, Akad. u. Hochsch. im 18.*

u. beginnenden 19. Jh. (= Studien zur Geschichte der Kulturbezie-
hungen in Mittel-und Osteuropa, 3), Berlin.

Scheidegger, Gabriele (1984) "Das russiche Vordringen in Sibirien
und nach Alaska", in: Eberhard Schmitt (ed) *Die grossen Entdeckungen. Dokumente zur Geschichte der europäischen Expansion,* Bd. 2,
München.

Seedorff, Hans Hartvig (1941) "1741 – 19. December – 1941", *Politiken.*
[Poem dedicated to Vitus Bering].

Seedorff, Hans Hartvig (1943) *Vitus Berings Minde.* [Poem], s.l. [Co-
penhagen].

Semjonow, Juri (1937) *Die Eroberung Sibiriens,* Berlin 1937.

Semjonow, Juri (1955) *Sibirien. Den ryska expansionen österut genom
tiderna.* Stockholm.

Semyonov, Yuri (1963) *Siberia. Its Conquest and Development,* translated
from the German by J. R. Foster, Montreal.

Sneedorff, Frederik (1796) *Samlede Skrifter.* Part 3, Vol. 2. *Forelæsninger
over de vigtigste Statsrevolutioner i de tre sidste Aarhundreder,* Copenhagen. [Sneedorffs lecture on "Revolutions in Russia" has a section
on Danes and Norwegians in the service of the Russian navy, pp.
289-294, including two pages on "Biering" and "Spangenberg"].

Stejneger, Leonhard (1934) "An Early Account of Bering's Voyages",
The Geographical Review, Vol. XXIV, No. 4, October, pp. 638-642.
[On Haven 1747].

Stejneger, Leonhard (1936) *Georg Wilhelm Steller: The Pioneer of Alaskan
Natural History,* Cambridge, Mass.

Stejneger, Leonhard (1970) *Georg Wilhelm Steller: The Pioneer of Alaskan
Natural History,* Farnborough, Hants., England.

Stensgård, Erling (1941) *Den danske Søfarer og Opdagelsesrejsende Vitus Bering 1681-1741 i den danske Litteratur og Presse. En Bibliografi,*
Horsens: Vitus Bering-Komitéen. 20 pp. [A bibliography of Bering
in Danish books, periodicals and newspapers, 1730-1940. For Danish
literature 1941-1981, cf. Jensen-Rix 1981].

Stieda (1917) "Gerhard Friedrich Müller", *Allgemeine deutsche Biographie,* XXXII, pp. 547-553.

Store danske personligheder. Bind 1: Fra Knud den Store til Christian
X, Kbh. 1949.

Sutton, Ann and Myron (1965) *Irrfahrt im Beringmeer. Das abenteuerliche
Leben des Naturforschers Georg Wilhelm Steller,* Zürich.

Thomas, Lars (2000) "Ung skibslæge bliver ekspeditionens helt",
Illustreret Videnskab nr. 11/2000, pp. 67-70 [on Steller].

Urness, Carol Louise (1987) *Bering's First Expedition. A Re-examination Based on Eighteenth-Century Books, Maps, and Manuscripts*, N.Y. & London.

Urness, Carol (2002) "Die Erste Kamčatka-Expedition unter Vitus Bering 1725-1730", in: Erich Donnert (ed) *Europa in der Frühen Neuzeit*, Band 6, pp. 899-902.

Varep, Endel F. (1963) "Über einige Karten Russlands in J.B. Homanns Atlas von 1725", *Petermanns Geographischen Mitteilungen*, Gotha, 1963, no. 4, pp. 308-11.

Vedel, Else (1972) *Vitus Bering. Historien om et skib*, Copenhagen (Anton Serien).

Vedel, Else (1993) "Vitus Bering. Historien om et skib", *Kulturgeografiske Skrifter*, Bd. 13, nr. 1, pp. 93-219, Copenhagen.

Vermeulen, Han F. (1999) "Anthropology in colonial contexts. The second Kamchatka expedition (1733-1743) and the Danish-German Arabia Expedition (1761-1767)", in: Jan van Bremen o.a. (ed) *Anthropology and Colonialism in Asia and Oceania*, Richmond, pp. 13-39.

Weimann, Robert (1921) *Georg Wilhelm Steller. Zum 212. Geburtstage eines berühmten Sohnes der Stadt Windsheim*, Bad Windsheim.

Wendt, Herbert (1952a) *Das Schiff der Verdammten. Roman einer Expedition*, Hamm.

Wendt, Herbert (1952b) *Entdeckungsfahrt durchs Robbenmeer. Georg Wilhelm Stellers Reise ans "Ende der Welt"*, Stuttgart.

Winter, Eduard (1953) *Halle als Ausgangspunkt der deutschen Russlandskunde im 18. Jahrhundert*, Berlin.

Wolff, Odin (1822) *Levnetsefterretninger om den berømte Søemand og udødelige Landopdager Commandeur Vitus Jonassen Beering. De Danske Søefarende tilegnede.* Copenhagen.

Wood, Alan (ed) (1991) *The History of Siberia. From Russian Conquest to Revolution.* London & New York.

Wotte, Herbert (1967) *In blauer Ferne lag Amerika. Reisen und Abenteuer des deutschen Naturforschers Georg Wilhelm Steller*, Leipzig.

Wroth, Lawrence C (1944) "The Early Cartography of the Pacific", *The Papers of the Bibliographical Society of America*, XXXVIII:2, pp. 85-268.